刻意诚信

以最低成本达成目标

HOW SMART COMPANIES CAN LEAD
AN ETHICAL REVOLUTION

INTENTIONAL INTEGRITY

［美］
罗伯特·切斯纳特（Robert Chesnut）
琼·汉密尔顿（Joan O'C. Hamilton）
著

中国青年出版社
CHINA YOUTH PRESS

图书在版编目（CIP）数据

刻意诚信：以最低成本达成目标/（美）罗伯特·切斯纳特，（美）琼·汉密尔顿著；池明烨译.—北京：中国青年出版社，2022.6
书名原文：Intentional Integrity: How Smart Companies Can Lead an Ethical Revolution
ISBN 978-7-5153-6586-2

Ⅰ.①刻… Ⅱ.①罗…②琼…③池… Ⅲ.①企业信用—研究 Ⅳ.①F272-05
中国版本图书馆CIP数据核字（2022）第044487号

INTENTIONAL INTEGRITY
Text Copyright © 2020 by Robert Chesnut
Published by arrangement with St. Martin's Publishing Group. All rights reserved.
Simplified Chinese translation copyright © 2022 by China Youth Press.
All rights reserved.

刻意诚信：以最低成本达成目标

作　　者：〔美〕罗伯特·切斯纳特　琼·汉密尔顿
译　　者：池明烨
责任编辑：肖妩嫔
文字编辑：周楠楠
美术编辑：张　艳
出　　版：中国青年出版社
发　　行：北京中青文文化传媒有限公司
电　　话：010-65511272 / 65516873
公司网址：www.cyb.com.cn
购书网址：zqwts.tmall.com
印　　刷：大厂回族自治县益利印刷有限公司
版　　次：2022年6月第1版
印　　次：2022年6月第1次印刷
开　　本：787×1092　1/16
字　　数：280千字
印　　张：19.5
京权图字：01-2020-3930
书　　号：ISBN 978-7-5153-6586-2
定　　价：59.90元

版权声明

未经出版人事先书面许可，对本出版物的任何部分不得以任何方式或途径复制或传播，包括但不限于复印、录制、录音，或通过任何数据库、在线信息、数字化产品或可检索的系统。

中青版图书，版权所有，盗版必究

免责声明

我在做这个项目之前,跟爱彼迎的领导人聊过。他们一直以来都大力支持公司的道德项目,倡导在爱彼迎内部大力秉持诚信原则。感谢爱彼迎的创始人布莱恩、柏思齐、乔,以及爱彼迎许许多多的领导层成员,包括贝琳达·约翰逊、贝斯·埃克斯罗德、克里斯·勒汉、格雷格·格里利、阿里·巴洛格、里奇·贝尔等人,感谢他们多年来跟我分享了自己对道德的想法。撰写这本书期间,我在爱彼迎工作,但这并不是"爱彼迎"的书。爱彼迎对这本书并无编辑控制权,也并未认可或批准这本书里的任何材料。除非另有具体说明,这本书表达的所有意见(包括有关法律或法律相关事宜的意见)纯属个人观点,未必代表爱彼迎、其高级职员或员工的立场。最后,我曾经为多家公司担任律师或顾问,这本书并不包含这些公司的受特权保护材料。

谨以此书献给我的家人：

我的妻子吉莉恩、

我的孩子比安卡和克利夫、

我的父母姬蒂和鲍勃、

延伸家庭成员贾斯廷、阿曼达、

布莱克、尼克和布罗克，

当然还有我挚爱的舅舅。

目 录

引言：以全新的眼光看待诚信　009

第1章　价值观异同：
　　　　企业文化受到冲击的根源　/ 027

第2章　六个C流程：
　　　　在工作场所培养诚信氛围的关键步骤　/ 045

第3章　首席领导：
　　　　诚信从最高层做起　/ 055
　　　　守则案例1：雷吉娜和泄密短信　/ 075
　　　　守则案例2：查利的顾客是谁　/ 076

第4章　量身定制的道德守则：
　　　　界定诚信对你的组织有何意义　/ 077
　　　　守则案例3：保罗、塞雷娜和一只死鸭子　/ 095
　　　　守则案例4：违反"呵护"口号的道德两难困境　/ 096

第5章　10种最常见的诚信问题：
　　　　别让企业使命脱离正轨　/ 099
　　　　守则案例5：是简单地玩游戏，还是玩得太过火了　/ 126
　　　　守则案例6：这个酒吧归你负责吗　/ 126

　　　　　　　守则案例7：马蒂要如何应对媒体询问 / 127
　　　　　　　守则案例8：如何界定"学术"咨询 / 128

第6章　　传达守则：
　　　　　加入变化，大力宣传，再三重复 / 129
　　　　　　　守则案例9：托里和10张复印纸 / 147
　　　　　　　守则案例10：是皆大欢喜，还是好心没好报 / 147

第7章　　清晰的举报制度：
　　　　　及时发现问题、采取行动 / 149
　　　　　　　守则案例11：高管和助理间的猫腻 / 162
　　　　　　　守则案例12："照顾"两个家庭的职员 / 163

第8章　　违反守则的后果：
　　　　　处分适当，公平公正 / 165
　　　　　　　守则案例13：特里的"机密"任务 / 184

第9章　　经常性的提醒：
　　　　　不要放过企业文化的任何细节问题 / 187
　　　　　　　守则案例14：带着面具的匿名者 / 199

第10章　　并非简单的约会：
　　　　　工作场所的性行为不端 / 201
　　　　　　　守则案例15：萨姆，她就是对你不感兴趣 / 222
　　　　　　　守则案例16：马尔科，他在诬陷你吗 / 222

第11章　　你的客户间接反映你的为人：
　　　　　向整个社区传递诚信信息 / 225

第12章　　诚信的"超能力"：
　　　　　平衡所有利益相关者的需求 / 239

附录：对守则案例的讨论　257
后记：危机之际见诚信　293
致谢　305

引 言

以全新的眼光看待诚信

公司50名左右的新员工齐聚一堂。我环顾全场,提出了一个总会让人局促不安地笑起来、面面相觑的问题:

"我们来做个调查,在座的各位,认为自己有诚信的,请举手看看。"

有些人马上举起了手。还有些人举了一半,左右张望一下,心里想着:要不要举手呢?

"看来还是有一些的。"我微笑着说。

大家笑了,紧张的气氛被打破了,但随后又陷入沉默。举手的人慢慢把手放下,大家都在座位上挪动了一下身子。

我们就是这样开始讨论诚信问题的——每当有新员工加入公司,我们都要直截了当、公开坦诚地一起探讨怎样才算在工作场所秉持"刻意诚信"原则。这样的讨论大致上还算愉快,但有时也会让人忐忑不安。

◆

2016年,我加入爱彼迎(Airbnb),担任公司的法律总顾问。爱彼迎成立于2008年。当年,三位联合创始人都年仅20多岁,在自己位于旧金山的小公寓地板上铺上充气床垫,对外出租。发展至今,这家公司帮助几千万旅客找到独特的住所。爱彼迎的创始人是"共享经济"的先行者。所谓"共享经济",就是盘活现有的闲置资源,提供各式各样的服务,从住所、艺术品到服装和车辆等，不一而足。像eBay、优步（Uber）、来福车（Lyft）、Upwork、Poshmark①等众多互联网平台，都是个中例子。

其中许多公司在成立之初，以其创新模式赢得一片赞誉，但时至今日，它们所发挥的作用却成为了一些重要讨论的焦点：究竟科技对社会产生了怎样的影响；政客和媒体纷纷提出尖锐的问题，质疑这些平台产生的最大影响是什么。例如，像Upwork这样的自由职业者平台，究竟是开创了全新的弹性工作模式、有助于释放人们的潜力呢，还是只是方便了大公司剥削"零工"工人？顺风车企业是为驾驶员提供了新的收入来源，也更有利于保障道路交通安全呢，还是集中了未受监管的经营者、让他们掌握了太多的乘客行程信息？爱彼迎是帮助了许多人分享闲置空间、赚取额外收入呢，还是降低了邻里的生活质量？我们是应该鼓励这些平台的发展，还是应该对这些平台加强监管，或者分拆这些平台呢？

三年多以来，我负责管理一支全球法务团队，每天都要与上面这些问题打交道，还要处理五花八门的法律问题。这事关重大，会影响到公司在全球190多个国家、超过10万座城市的商业模式，有时真叫人头昏脑胀。上一刻，我们还忙着处理海外地区冲突，下一刻，就要应付某个小镇管理短租的条例。比如，当美国的白人至上主义者建议其支持者到外地集会时入住爱彼迎的房源时，我们要考虑怎样应对他们。除此之外，我们还要担负每个法务团队都要履行的常规职责，例如撰写合同和管理纠纷。

在理想情况下，像我们这样的平台型企业应该与政府各级领导合作，专注于解决至少一部分难题，制定合理的政策方案。然而，要实现这一目标已经变得十分艰难。美国政治极度分裂，当今世界的问题盘根错节。虽然我们在很大程度上并未卷入许多其他公司深陷的丑闻，但我还是明白，政客和（更重要的）公众有时会怀疑企业心怀不轨是情有可原的。侵犯数据隐私、性行为不端、贪婪的董事自我交易②，以及其他种种傲慢和不可一

---

① 美国二手交易平台。——译者注
② 指董事或董事的关联人与公司之间订立合同或者进行交易。——译者注

世的行为，都侵蚀了公众对机构的整体信任。

这听起来或许令人心生沮丧。但我天性乐观，比以往更加相信所有企业现在都有大好机会，可以填补领导力的缺失，主动倡导合乎道德的行为，造福所有利益相关者。根据一般的定义，企业的利益相关者包括顾客、员工、商业合作伙伴、运营所在社区，对了，还有投资者/股东。但对我这样来自全球平台型企业的人来说，"利益相关者"包括每一个人，没有任何一个人能被排除在外。我相信，科技企业不仅让世界更加数字化，还可以让世界变得更美好。如果各行各业、大大小小的企业都致力于遵循道德原则，例如推广合乎道德的供应链、降低企业的碳足迹、承诺反对一切形式的歧视，那么，这些企业就有望扮演领导角色，发挥有意义的积极影响。

但有一点要注意了：要赢得公众的信赖，发挥应有的影响力，企业领导人必须秉持我所说的"刻意诚信"原则。

◆

"刻意诚信"不只是承诺以德行事，还意味着认真地付出全方位的努力：首先要确定企业宗旨和价值观；然后要制定符合这些价值观的具体规则；最后还要在企业每个角落、每个级别，强调遵循规则的重要性。这往往不是一帆风顺的，你需要为应对挫折做好准备。但我体会到，这些工作既可以推动企业取得成功，也能创造积极的社会价值。事实上，有越来越多的证据证明，如果一家企业未能赢得公众的信任，忽视了对所有利益相关者来说重要的问题，那么，企业利润终究是会受损的。

深入挖掘诚信的含义

2019年秋季，这本书快要完稿之际，我在爱彼迎的职位发生了变动，从法律总顾问转到管理公司的道德操守办公室。我之所以做出这样的选择，是因为爱彼迎发起了"让这里充满诚信"（Integrity Belongs Here）计划，对整个企业和员工产生了重大影响。我希望把更多的注意力放在道德问题上，向广大工商界宣传我们的理念。（我万万没想到，短短几个月后，新型冠状病毒会席卷全球，引发动荡。在后记中，我探讨了在危机中秉持诚信的话题，这些内容是这本书本来已经完稿、准备付印之后才加上的。）

你继续看下去时会注意到，我向来关注道德问题，关注怎样激励人们做出积极的行为。从担任联邦检察官起，我在任职的每个岗位上，都关注这个重要议题。但在企业里，为了实现我想要看到的改变，我开始对诚信有了特定的理解。

◆

我加入爱彼迎后不久，科技公司丑闻频发，这引发了我的深思。就在我们旧金山办公室的同一条街上，发生了一些最恶劣的丑闻。有些公司被指控性骚扰、向外方非法贩卖客户数据，甚至是进行彻头彻尾的欺诈行为，不一而足。媒体把矛头对准这些公司，口诛笔伐，声讨某些公司身为行业领头羊，却态度傲慢，更违反了道德操守。

当然，行为不端并非科技公司的专利。在许多行业里，都有一度备受推崇的品牌近年来传出不道德行为，声名受损。多年来，众多知名企业高管和传媒界巨鳄对初级员工做出不当行为，引发丑闻、辞职、诉讼，甚至是刑事指控，#MeToo（"我也是"）运动①应运而生。多家顶尖高校也深陷招生舞弊案，纵容学生借助行贿伪造运动员资质入学。这也太令人失望了。

丑闻数目之多，以致成了我的心事。我想，这些情况骇人听闻，实在太不像话。这些组织的领导层未能发挥应有的作用，对个人造成了莫大的伤害，也毁了公众对这些品牌的信任。我身为爱彼迎的法律总顾问，不能置身事外。我需要积极采取行动，确保爱彼迎的每一位员工（我们目前有数千名员工）都明白这种行为是不可接受的。我需要努力防止公司卷入类似的丑闻。

我当初之所以加入爱彼迎，是因为钦佩首席执行官布莱恩·切斯基（Brian Chesky）及其团队的领导能力。听闻他们的领导风格成熟，思虑周详，是年轻的科技企业家中不多见的。经我自己观察，他们也确实如此。他们怀有使命感，他们真心实意，他们要创造一个人人都有归属感的世界。

---

① #MeToo（"我也是"）运动是一场反性侵犯和性骚扰的女性平权运动，呼吁受害女性打破沉默，说出真相。——译者注

布莱恩把这个使命挂在嘴边,全球各地的员工也会经常提到它。

但残酷的现实是,即使一家企业领导优秀,用意良好,也还远远不够。只要有极少数的"老鼠屎员工",就会极大地损害一家企业的声誉。因此,企业需要经过深思熟虑,有意地做出承诺,根据自己独特的业务和文化,促进和执行具体的规则。企业也要营造出良好的环境,让广大员工对这些规则承担起责任,公开、积极地进行讨论,让规则深入渗透企业文化。若有员工违规,那他就要受到公平、适当的处分。

就连许多优秀的领导人也承认,这是一项棘手的挑战。我的母校弗吉尼亚大学,长久以来都很强调其信誉准则,我跟校长詹姆斯·赖恩(James E. Ryan)聊天时,也讨论到营造合乎道德的文化是没有终点的。赖恩时常强调诚信和信誉,但也承认归根结底,"只要有一个人罔顾这一准则,机构的声誉就会岌岌可危"。

◆

在爱彼迎,我做了两项决定。第一,我们需要根据爱彼迎独特的使命和商业模式,撰写道德守则。第二,我们不会把传达这一守则的任务外包,只让员工观看第三方制作的无聊视频。这件事事关重大,有可能对企业构成重大威胁,我们万万不敢这样做。

于是,我们撰写了这一书面守则(我很快会进一步讨论)。我开始前往世界各地,亲自与员工团体讨论"让这里充满诚信"计划。说实话,几乎每个人都承认,一想到要讨论企业道德问题,他们就心里打鼓。但好在大多数人最后都觉得挺愉快的,甚至想要了解更多。

◆

如上所述,在会议开头,我总是会问:"在座的各位,认为自己有诚信的,请举手看看。"接着,在这些会议上或后续的谈话中,员工会就这个问题向我提出更多的问题:

你是问我是否诚实吗?

这是指要严格遵守法律吗?

这跟法律有关系吗?

诚信和忠诚是一回事吗？

诚信是很具体的东西，还是主观的事情？

我得出的印象是，大多数人会想：我是好人，所以当然有诚信。但这些问题告诉我，企业必须让员工确切明白公司对他们的期望。如果他们不明白，就很容易陷入我所说的"诚信陷阱"。所谓诚信陷阱，是这样的循环论证：由于我深信自己有诚信，在遇到两难困境时，诚信会为我指引正确的方向，所以我选择的解决方案是诚信的。即使我违反了规则，也没关系，因为我有充分的理由来进行解释。

其实，这是很不妥的。

我们需要学一学华盛顿

当然，"诚信"这个词展现了为人诚实、文明礼貌、公平处事的基本价值观。曾几何时，美国每一位学生都要学习乔治·华盛顿（George Washington）的故事。他年纪小小，就展现出诚信的品格。传说中（多半不是真事，不过故事是这么讲的），他小时候砍倒了一棵樱桃树，听父亲问起，就承认了自己的错误，并补充道："我不能说谎。"这个故事或许很古老，但我们的社会风气变化也太大了，现在，教导孩子说实话、为自己犯下的错误承担责任，已经不是一些父母首要关心的事情。最近，美国多所顶尖高校曝出的连串舞弊和贿赂丑闻也印证了这一点。

毋庸置疑，工作场所的诚信**肯定**与"做正确的事"相关。据传 C. S. 刘易斯（C. S. Lewis）说过（其实不是他说的），诚信是"即使没有人在看，也要做正确的事"。我很喜欢这句话。但我要承认，目前的工作场所是多元化的，究竟怎样做才对，有时未必十分清楚。爱彼迎和大多数公司一样，工作场所日渐多元化、全球化，这意味着在这个高度互联的全新工作场所，并没有统一的价值观、宗教信仰、公认的伦理道德规范。我们每个人都有自己独特的背景、是非观念，以及怎样才算合适的信念。我们在努力思考怎样促进同事情谊和信任；与此同时也意识到，当一个人给出自以为友善的拥抱时，对方可能会感到不舒服。这个世界正在快速发生变化，迫使我们思考新的话题。例如，在虚拟世界里，谁拥有我们的私人数据——在未必有既定的规范的情况下。

虽然道德守则有许多共同的主题，但事实上，并没有任何一个规则清单可以套用到每一家公司。每家公司必须有意地决定自己的价值观是什么，并明确地表达出来，接下来，每个级别的每一位员工（包括董事会）都必须同意**按照每个人承诺遵循的价值观行事**——即使有时候难以做到，即使其他做法或许对自己或其他人有利，也要坚定不移地遵循这样的价值观。这不仅是由上而下的灌输。在企业最高层，这意味着领导人同意遵循适用于其他人的同一套规则，也受这些规则管束。例如，如果一位经理本来对规则视而不见，等到有自己不喜欢的人违规，才拿规则说事，这样的经理就违反了守则的精神，必须为此承担责任。

多年来，我领导过多支法务团队，为十几家公司和非营利组织担任顾问，听过各个级别的员工给出许多个版本的"诚信陷阱"逻辑。"拜托，我们的薪酬本来就少得可怜，你还要斤斤计较我的报销单？"或者"我之所以没有提过我委托印刷的公司是我哥哥的，是因为我知道能跟他谈下比其他公司更优惠的价格。相信我！"有一次，一位领导人在圣诞联欢会上殴打员工，我只好辞退了他。他还要争辩："我实在醉得厉害，不然是不会做出这种事的。"我们让他和他的"第二人格"都收拾包袱走人。

我之所以要写这本书，其中一个原因是为了让领导人、员工和企业避免掉进诚信陷阱。模棱两可是诚信的敌人。沉默和激励机制不当都会埋下诚信陷阱。"刻意诚信"要求企业经过深思熟虑，采取缜密的流程行事，而不只是公布相关政策后了事。

值得开心的是，营造高度诚信的工作场所，这个概念其实比许多人想象的更受欢迎。

信任至关重要

2019年年初,全球公关公司爱德曼(Edelman)发布2019年度爱德曼全球信任度调查报告(Annual Edelman Trust Barometer),追踪公众对媒体和政府等机构以及工作场所的信任度。首席执行官理查德·爱德曼(Richard Edelman)表示:"面对动荡的世界,人们不能够确信那些社会公共机构可以帮助自己从容应对,于是寄希望于一种至关重要的关系:自己的雇主。"

这项数据出炉时,我已经在写这本书了。这份调查报告跟我在日常工作中的观察发现不谋而合:无论是跟员工谈话,还是在新闻中看到许多公司面对公众监察、员工提出的争议和反对声音,我都深受鼓舞地看到,虽然许多企业都遭遇过挫折,犯下过错误,但员工还是希望为自己的工作场所感到自豪,希望如爱德曼所说,与雇主一起成为"变革的合作伙伴"。爱德曼表示:"员工的期望发生了重大变化,为雇主开启了无限的可能,可以帮助企业重新赢得社会的信任,让普罗大众相信,企业可以兼顾收获利润和改善社会状况(73%的受访者同意这个观点)。"

爱德曼全球信任度调查报告印证了一点:员工希望领导层勇于发声,厘清界限,设定清晰的期望,让员工明白到应该怎样对待同事,怎样与合作伙伴打交道,怎样向客户展现企业价值观,等等。最重要的是,领导人应该以身作则。

这是理所当然的。要做到诚信,需要**每个人**的承诺、关注和留意。"刻意诚信"这个概念之所以强而有力,是因为这要求我们经常性地提出一个问题:"怎样做才是对的?"久而久之,我们就不会觉得这个问题构成了干扰,而会形成反射,不由自主地想起这个问题。一个组织投入了时间和资源来强调做正确的事有多么重要,那要怎样衡量取得了多少回报呢?衡量标准不仅在于避免组织出现了哪些问题,还在于在组织内部、在利益相关者之间形成了怎样的信任。

◆

例如,在爱彼迎,我和道德顾问团队为一个怎么也算不上丑闻,也不算急事的问题讨论了好久。一位内部招聘专员负责管理招聘事务，成功招聘了一位技能纯熟的新员工。这位新员工在接受工作邀约以后，给招聘专员发了一封感谢信，并附上了200美元的礼品卡，以表示谢意。相当大方，对吧？招聘专员觉得发一封简单的感谢信就已经足够了，不确定礼品卡算不算禁止收送的礼物，于是马上向道德团队汇报了这件事。

针对收送礼物的问题，爱彼迎制定了明确的规则，包括禁止员工接受供应商提供的、价值超过200美元的礼物。我们也严禁与房客和房东打交道的客服人员接受免费住宿或其他任何形式的礼物。但对于员工之间收送礼物的问题，我们并没有制定政策。在此之前，我们也从未遇到过这个问题。

凡是提交到道德团队收件箱的咨询邮件，都会抄送给全部30位道德顾问。其中许多人积极回复了这封关于礼品卡的电邮。有些人认为，既然这位新员工与招聘专员的关系实际上已经结束了，两人之间也不存在汇报关系，礼品卡好像没有问题。哪里有利益冲突呢？也有些人认为这是不适当的，建议招聘专员退还礼品卡，并担忧这位员工可能向招聘专员介绍求职的朋友。看到道德团队为这个微不足道的个别事件投入了这么多的精力，我感到惊叹不已。

我个人倾向于认为，这件礼物不同寻常，但不算违反道德。招聘专员没有做出招聘决定的权限，只是负责把候选人名单提交给经理，由经理根据候选人的优劣决定是否聘用。但我之所以会提出这个案例，是因为从中可以看到，我们的员工信任公司处理道德相关问题的手法。这位招聘专员的第一反应是想到，要咨询一下收送礼品卡是否妥当，由此可见，员工把我们传达的信息放在了心里：诚信是至关重要的。三思而后行。如果你不确定自己要做的事是否正确，就问一下吧。只有人们信任你，觉得你会尊重他们，他们才会提出这样的问题。杜克大学（Duke University）的研究人员丹·艾瑞里（Dan Ariely）告诉我，如果一个人相信做出自私自利的事情不会受到批评或惩罚，而又能从中得益，大多数人基本上会倾向于这样做，并且为自己的行为找借口。但正是由于这样的例子，我还是满怀希望地相信，企业可以克服这样的倾向。没有人强迫这位招聘专员把收到礼品卡的事告诉我们，但她还是觉得应该问一下。

◆

我相信，在任何组织里，公开、相互尊重的对话都会建立起信任。2018年，全球咨询公司埃森哲（Accenture）发表了一份题为《利用信任促进利润增长》(The Bottom Line on Trust)的报告，表示如果企业不把衡量、管理和展现信任度视为组织价值，并为此做出投资，其营收就会蒙受重大风险。这份报告表示："不久之前，我们还将信任视作企业的一项'软实力'。"换言之，企业领导人在辛苦创造利润之后，才会去关注信任度的问题。然而，这一状况已然发生转变。如今，"企业需要采取'平衡'战略，确保企业信任度、业务增长和盈利能力'三驾马车'齐头并进。如果企业能够敏捷应对信任危机，历经危机而屹立不倒，反而能够从中获益，进一步提升竞争力。反之，未能培育这一能力的企业未来则将置数十亿营收于风险之中"。

埃森哲表示，企业要在持续演变的全球化浪潮中生存，满足日益增长的透明度需求，信任度是至关重要的。埃森哲提出了竞争敏捷性指数（Competitive Agility Index），用于预测如果企业遭遇负面的"信任危机"，例如丑闻或伪善行为曝光，会对其财务状况产生什么影响。他们得出结论：如今，企业的不良行为会受到客户的惩罚，导致业务流失。例如，据埃森哲计算，"如果一家市值300亿美元的零售公司遭遇信任度大幅下降，未来可能面临40亿美元的营收损失"。

我们来认真谈一谈

企业想要挽回和培养信任度，需要从何做起呢？第一步是展开坦诚而又直截了当的对话。问题在于，大多数企业都不喜欢讨论诚信问题。许多企业似乎害怕招来不必要的注意、监察，或者被人说成是惺惺作态。还有些企业担心，如果积极推行诚信或其他与工作场所互动相关的概念，例如"彻底坦率"或"文明行为"，会被视为当权者进一步达到自身目的的手段。需要亲自处理企业和员工问题行为造成的后果的法务专员可能会觉得，自己的岗位职责受到约束，他们不再能处理更大的问题，讨论未经汇报的事实、动机和两难困境。与此同时，有些领导人表示，他们不这么做，就是不想给人留下"自命清高"的印象，也不想让人觉得只出于公关理由而"释放道德信号"，标榜自己正确、正派和正义。

于是，许多企业只让人力资源部门下载一份道德守则的模板，贴上公司标志，用电邮发送给全体员工阅读，然后签署同意书。他们把合规公司制作的覆膜海报挂在茶水间里，列明怎样向各州机构投诉的法定信息。他们叫员工观看一个反性骚扰的视频。在这之后，他们就对道德操守只字不提了。律师唯有寄望于一旦出了什么差错，可以把茶水间那张薄纸当成法律盾牌，以免品牌受损。

其实，缺乏诚信所造成的损害，没有哪个盾牌可以抵挡。问题在于，一旦企业对诚信问题保持沉默，就会让人对是非对错感到模棱两可，让全体员工都有点不确定和紧张。遗憾的是，少数人会利用大家的不安和沉默，为自私自利的行为找借口。我们之所以看到这么多道德危机，其中一个原因就在于这些组织并未具体规定，究竟员工和管理层应该遵循怎样的价值观。

◆

我清楚地看到，内部员工也在向企业施加压力，敦促企业保持道德操守。许多员工不再满足于领取薪酬，还想知道雇主的道德界限何在。有些员工（尤其是千禧一代）认为，自己的身份与雇主之间密不可分。当企业犯错或做出有争议的决定时，这些事情会被曝光，人们会在社交媒体上分享，员工的朋友也会看到，转而对员工提出质疑。如果有证据证明企业排放了大量的二氧化碳，或者在海外剥削童工，员工会要求企业给出合理的交代；如果对企业的说法不满意，员工可能会罢工，甚至辞职。看到员工采取的行动，消费者可能会开始或者更加抵制这家公司的产品和服务，以致顾客流失。

2019年6月，某电商公司员工罢工，抗议公司向得克萨斯州移民儿童拘留中心的承包商出售床和家居用品。与此同时，某业界知名科技企业员工组织了几场公开示威活动，抗议公司向受到性骚扰指控的高管支付高额遣散费,并反对公司强制实施保密仲裁。

扩大支持

在许多领域(包括科技行业),都有明智的领导人看到员工公开抗议,意识到企业领导人需要更深入地思考道德和诚信问题,思考企业价值观。例如,领英(LinkedIn)联合创始人里德·霍夫曼(Reid Hoffman)目前在做创投,我刚认识他时,他还在eBay工作,是PayPal的首席运营官。里德大力倡导科技创新,比谁都更乐于为此发声。但我们最近谈到,科技公司自恋的首席执行官们抱着"道德嘛,以后再说"的态度,让科技抵制潮[①]愈演愈烈。里德表示:"道德操守是企业的衣钵,必须拿稳了。人们希望企业不要只顾追逐短期利润,还要有更广泛的宗旨。"

2019年4月,《华尔街日报》(Wall Street Journal)撰文,讲述户外用品公司Patagonia拒绝为不"以保护地球为己任"的企业客户定制带有公司标志的背心。近年来,Patagonia加绒背心已然成为华尔街一道亮丽的时尚风景线。这篇文章的口吻不无嘲讽之意。不过,一家公司为了基本价值观和诚信问题,认定某些想要购买其产品或服务的顾客"不合资格",并将其拒之门外,这种以往看起来还比较激进的做法已经获得了越来越多公司的采纳。企业之所以要这样做,是为了向顾客和员工展示,一个品牌即使要以牺牲营收和利润为代价,也要坚持最激励人心的价值观。你继续阅读本书后文内容时会发现,爱彼迎也做出了一些类似的决定。

最近,美国商业组织"商业圆桌会议"(Business Roundtable)的181名成员(均为美国最大型企业的首席执行官)迈出了勇敢的一步,宣称企业不能只关注股东回报,在企业管治中还必须兼顾利益相关者的诉求。"商业圆桌会议"受到一些投资者团体的抨击,但许多其他组织[包括美国商会(U.S. Chamber of Commerce)]对这一立场表示赞同。新宣言与"商业圆桌

---

① "科技抵制潮"指公众对大型科技巨头公司的批评与抵制。——译者注

会议"过往的宗旨大相径庭,而美国181家顶尖公司的首席执行官居然能就此达成协议,由此可见,在目前的大环境下,公众对企业挺身而出、应对挑战的呼声极高。

但我想要说明一点。我并不是说曾几何时,大多数人或企业是有诚信的,而现在没有了。无论什么时候,我们之中都有英雄,也有伪善者。我也并不是说大多数企业过去对诚信满不在乎,或者现在对此毫不在意。我要说的是,当今时代,我们显然需要企业在诚信问题上扮演领导角色,因为这是正确的事,也符合其商业利益。但我看到,企业和其他机构在讨论诚信的重要性时,感到局促不安,还没有弄清楚诚信的含义。这就是我想要改变的一点。

诚信是一种"超能力"

爱彼迎的创始人从一开始就意识到,既然公司的商业模式是基于房东让陌生人住进自己家里,那么诚信必须是业务发展的根基。首先,我们掌握了顾客最私人的数据——他们的住址、生活方式和旅游目的地。除此之外,顾客需要对房东有一种基本的信任,他们要相信广告真实可信,相信使用爱彼迎将会是一次安全、愉快的体验,相信爱彼迎会让房东和入住顾客都有所获益。这是我们商业模式的根基。如果其中任何人(房东、房客或提供协助的爱彼迎)违反了诚信原则,就可能在短时间内重创公司的声誉。你在接着读本书时会发现,我们也是吃了一些苦头,才深切体会到这个道理。

我们也开始发出倡议,主张秉持"刻意诚信"态度的企业把这一原则推广到社会各界,甚至是全球各地。我们永远都会需要政府管理国防、基建、社会服务、执法和社会的其他基本职能。但私营部门现在有机会扮演更积极的角色,点燃公益发展的引擎。想想看,要在全球市场复杂多变的文化和政治环境中取得成功,企业不能依靠口出狂言或军事威胁,而必须高度敏感,灵活处事。无论是国界、政党极化带来撕裂还是立法机构陷入僵局，都不对企业员工构成障碍。他们可以团结一致，秉持一个共同的信念：自己所在的企业是有宗旨的，可以更快速、更富有创意地满足客户的需求，解决客户的疑虑。如果一条路行不通，企业也能够改弦易辙。

越来越多的企业同意，他们应该公开采取这样的立场：承诺支持多元化和包容性，尽量减少对环境的影响，承诺避免委聘用工行为恶劣的供应商，甚至避免向行为与其价值观不符的顾客提供产品和服务。如果这些企业诚信行事，就有望在各自的领域引领社会取得广泛的进步。

此外，当企业与利益相关者建立更好的关系时，它们也能够从中获取有益的洞见，为企业的各个方面提供支持。例如，下文会提到爱彼迎的员工辛·马迪帕利（Srin Madipalli），他让我们关注到房客群体中非常重要的利益相关者：残障人士。简言之，我们过去为房源提供的信息是不够的，这些房客需要更多。辛·马迪帕利身患疾病，需要终身使用电动轮椅。他也喜爱旅游，但当房源的描述名不副实，或者缺乏所需细节，让他无法判断是否适合自己时，出行就成为了一道难题。

辛·马迪帕利加入爱彼迎后，在他的帮助下，我们不仅让房东更详尽地描述房源对无障碍设施的具体配备情况——事实上，我们在房东个人资料表格中添加了27项不同的衡量指标——还得以确保公司本身的业务活动和设施不会在无意中给身体残障的员工造成不便。当一个利益相关者真诚地为关注的问题采取行动，而企业学会从他/她的角度看待问题时，就可以营造出包容性更强的企业文化。通过这件事，我们得以让数以百万计的残障人士出行更加方便。我觉得，这就是对"刻意诚信"一个有力的认可。

公司文化来自年轻员工吗

在工作之外，我偶尔会跟朋友或其他人谈起致力于推动诚信原则的决心。我听到过这样的反应：这不是很费时间吗？员工真的在乎吗？还有一个流传甚广的说法是，在最热门的企业，年轻的文艺青年员工疯狂举行派对，纵欲不羁，这才造就了公司活力。

好吧，确实有些公司尝试过建立这种哥儿们文化（bro culture）。结果如何呢？大家也有目共睹了。更重要的是，这种说法小瞧了才华横溢、讲求原则的年轻员工。

"刻意诚信"与紧张、高压的工作场所是相容的。企业具体说明其价值观是什么，并不是爱说教或自命不凡的表现，而是为了给员工提供指引，鼓励他们做出合法、相互尊重的行为，防范和改正（而不是掩饰）错误。无论是为纯素食主义者服务的初创企业，还是有75年历史的肉类加工商，无论是科技公司、银行还是连锁杂货店，这种做法都与其息息相关。这与宗教信仰、保守还是自由主义的政治取向无关。

"刻意诚信"意味着清晰、明确地说明：这就是**我们的**价值观。或许不是每位员工都同意每条规则背后的理念，但这套规则反映了企业的使命和文化，每位员工都同意在任职期间，在工作场所遵守每条规则。

"刻意诚信"并不是要给各式各样的文化泼冷水。在爱彼迎，员工可以带狗上班，也可以在公司茶水间里喝一杯生啤酒。就连法务部门也会有吃吃喝喝聊聊天的下午茶时间。我们并没有对乐趣宣战，而是明确了在工作场所，就像生活的其他方面一样，也必须有界限。只要按照公司的具体情况，用心（而不是随意）地设定这些界限，只要从首席执行官往下，每位员工都遵守规则，就会营造出良好的工作环境，让每个人都感受到尊重，充满成就感地工作，甚至在这过程中享受到乐趣。我从大家的反馈中得知，不管是哪个年龄段的员工，都觉得有机会与同事讨论诚信问题是好事，他们很乐于能够和同事讨论在哪里设定界限，以及怎样设定。看到雇主有意识地选择去做正确的事，而自己的个人名誉能够与这样的公司联系起来，他们也为此感到自豪。因此，"刻意诚信"做得好，能够在吸引和挽留人才方面发挥重要作用。

透明度

在全球范围内，透明度是修正行为的强大工具，可以为"刻意诚信"

提供支持。在这里要说明一点，诚信是你的个人选择，与有没有人在看你、有没有人知道你在做什么无关。但我们都必须接受一样改变：在21世纪，总是有人在看你。

你是首席执行官也好，建筑维护工人也罢，即使在公司内理论上私密的空间里，工牌系统和公司停车场的安保摄像头也都会准确记录你的行踪。信息技术部门主管可以准确监控你访问了哪些网站。我有朋友任职于一家全球信息技术咨询公司，她告诉我说，客户公司有一位高管每天都会多次访问一个色情网站。负责监控网络的团队成员可以清楚看到，大声告诉大家："他又去了。"这已经成了大家日常的笑料。

这种程度的监控会让每个人感到不安，我也不例外。这似乎是一种侵扰，我也不主张加强监控。但这已经是新常态了。如今，一时的判断失误都可能迅速在网上曝光。如果一位高管在圣诞联欢会上喝多了，大唱《圣诞老人打嗝喽》的卡拉OK，可能到午夜，视频就在网上疯传开来。如果你任职于零售业或酒店业，敢对顾客出言不逊，或者没有回电话，祝你好运：Yelp①和Facebook会成为顾客宣泄怒火和挫败感的实时扩音器。如果乔治·华盛顿活在21世纪，或许他根本没有机会承认是自己砍倒了那棵著名的樱桃树……他还没来得及放下斧头，更没来得及说出那句有名的话，他砍树的行为就会被安保摄像头拍到，视频就会在YouTube上被曝光。

以往的个人信息已经变得公开。你要是发短信嘲笑董事会成员或招聘经理，跟你竞争同一个晋升岗位的同事可能会拿到短信内容。无数双眼睛看着我们的一举一动，因此，我们更需要坐言起行，践行承诺。不然，就等着被投诉吧。

大势如此，已经没有回头的余地。NBA总裁亚当·萧华（Adam Silver）告诉我，他经常倡导说，在陷入道德两难困境时，透明度是十分重要的。他相信，领导人必须以最高的道德标准为依归，以身作则。"这部分是由互联网推动的。总是有一个摄像头、麦克风在那里，迫使你承担起责任。过

---

① 美国点评网站。——译者注

去，（关于道德操守的）培训主要集中在责任和法律方面，但展望未来，我们需要培训怎样去做正确的事。身为领导人，我们需要具体地说明核心价值观，公开谈论和主动参与这些话题。"

◆

毫无疑问，爱彼迎在道德问题上面临着自己的挑战：我们的商业模式改变了旅行的面貌，这当然会产生经济上的赢家和输家。邻居们担心这会对楼价和邻里产生影响。房客和房东之间会发生冲突。房客喜欢住进我们提供的各式房源，从草原的蒙古包到城里的公寓等，不一而足；但换作自家隔壁出租给别的爱彼迎房客，他们就会讨厌人家开派对时吵闹的声音了。

员工期望我们发挥创意，正面应对这些问题，我们也是这样做的。例如，在经济适用房难觅的不同地区，我们推出了总金额高达2500万美元的计划。我们有一个部门在设计临时小屋，在郊区房子的后院组装。这种设计既可支持爱彼迎把现有物业出租给房客的商业模式，又不会占用市场上的长期租赁物业。我们在千方百计地减少房东、房客和社区之间的摩擦点。

◆

讽刺的是，在饱受抨击的科技企业，员工反而更能够公开表达对道德问题的关注。这部分是由于抢手的科技人才难以被取代。如果公司领导人不抱着尊重的态度，聆听员工的心声并予以回应，就可能会让员工离心，另谋高就。顾客也希望与符合自己价值观的合作伙伴共事，因此，离职员工也可能会带走顾客。我想，在任何行业，具有影响力的重要员工都会注意到这一点，敢于提出自己关注的问题。

理查德·爱德曼分析了爱德曼全球信任度调查报告，得出了这样的结论：雇主现在有独特的机会来吸引和挽留员工，要实现这一目标，需要做到四点。这四点是：根据企业业务，制定大胆的目标（例如，增加营收，并减少碳排放）；在公司渠道上发表时事简报，作为对主流媒体和社交媒体的补充；为当地社区提供支持，鼓励员工参加志愿活动，回馈社会；要求首席执行官为支持多元化、包容性等价值观以及移民或无家可归者等社会问题发声，积极为倡导这些价值观和应对这些社会问题发挥重要作用。

这些都是很好的想法。但我要补充的是，企业必须在更广泛的意义上对秉持诚信许下郑重承诺，否则，这里的每一个步骤都是镜花水月。如果大家觉得首席执行官对含有公益元素的计划持有愤世嫉俗或投机取巧的态度，这比什么都不做更加糟糕。

◆

如今，即使秉持"刻意诚信"原则的理由已经相当清晰——吸引和挽留顶尖人才；培养与顾客之间的信任感；当然还有避免卷入丑闻——但许多领导人还是觉得这是令人望而生畏的任务。我的目标是利用自己的亲身体会和所见所闻，说服每一位商业领袖，既要实事求是，也要采取战术，这样付出的结果是值得的。让道德成为企业文化DNA不可或缺的一部分，这其实并不是难事。我会讨论企业必须在道德守则中应对的最重要风险。但除此之外，非常关键的是，我会探讨领导人要如何调动员工的积极性，给予员工充分授权，让他们在理解和处理诚信两难困境时，像对待其他业务挑战一样，兼顾短期和长期影响。我想你会发现，这个问题比你想象中更加有趣，也更加好玩。

INTENTIONAL
INTEGRITY

第 1 章

价值观异同：
企业文化受到冲击的根源

不良行为不是新鲜事，但科技为诚信问题带来了新的两难困境。身为一名律师，我在公职部门和企业都工作过。我从种种证据中清楚地看到，主动解决诚信两难困境，要远比出事后收拾残局更加明智。

有人就诚信问题给你提意见，你自然会问：你是谁呀？凭什么教我怎样去做？或许罗伯特·切斯纳特知道什么是合法的，毕竟他是律师嘛，可是他知道"怎样做才是正确的"吗？

遇到有人想要影响自己的想法或做法，人们自然会产生戒心。所以，我在这里交代一下自己的背景吧。我是出生在美国南部的白人男子，年届中年。我是独生子，父亲是美国海军陆战队队员，在我13岁那年去世了。母亲辛苦地把我抚养成人，也多亏了舅舅的慷慨相助，我从弗吉尼亚大学和哈佛大学法学院毕业了。随后，我担任联邦检察官，之后又于1999年加入eBay，自此之后一直在高科技公司工作，担任法务专员和顾问。

我像大多数人一样，也曾经在诚信问题上面临两难困境，事后想来，也曾为自己或雇主当初做出的选择感到懊悔。在判断个人决定或是非对错的抽象问题上，我不会假装自己比其他人更加高明。我也没有一套万无一失的制度，可以让你的工作场所对是非不分的人或罪犯免疫。但我在颠覆性商业平台上，在厘清道德两难困境方面，确实有独到的经验。

◆

我还清楚地记得，我是在1998年第一次接触到电子商务的。我有个特别的爱好，喜欢通过处理"即时"成像相片的表面创作艺术版画。要达到想要的效果，我需要一台特定的相机——宝丽来SX-70（Polaroid SX-70）。但问题在于，当时宝丽来这款相机已经停产了。于是，我在跳蚤市场和易货市场上找二手货。有人告诉我说，在一个名叫eBay的全新拍卖网站上，可以找到老式相机。于是，我登陆了eBay首页，在搜索栏中输入"SX-70"，希望会找到一两台。

万万没想到，居然出现了几十个搜索结果！我觉得这很神奇，简直令人震惊。当时我还不知道，那一刻成为了我职业生涯的转折点。

人性本善

从法学院毕业后，我做过联邦法官助理，随后在美国司法部担任民事宪法律师，没过多久，又加入了美国弗吉尼亚州亚历山德里亚市检察官办公室。这期间，碰巧有同事的诚信出了问题，让我获得了第一次重大晋升机会。在一宗绑架案件中，一位联邦法官发现，我所在办公室的一位检察官有意隐瞒了被告的无罪证据。这位检察官本来主管刑事检察部门，事发后被撤职。我接管了他的职位，负责管理重案组。上任后才几个星期，美国联邦调查局（FBI）的人来到我的办公室，要控告奥尔德里奇·埃姆斯（Aldrich Ames）。他是美国中央情报局（CIA）前官员，多年来为苏联做间谍。

埃姆斯的间谍活动造成了惨痛甚至是致命的后果。苏联利用埃姆斯提供的情报，逮捕了多名美国特务，处决了其中一些人。在将近10年的时间里，美国有至少100起行动受阻，国家安全直接受到威胁。埃姆斯被判处终身监禁，将在狱中度过余生。

间谍案令人着迷，但我一直觉得自己不会当一辈子的检察官。20世纪90年代末，我寻找新的挑战。就在那时，搜索老式SX-70相机的经历让我对eBay产生了兴趣。于是，我把简历发送到"jobs@ebay.com"这个电邮地址。第二天，就有人打电话给我。不到两周后，我坐飞机前往加利福尼亚州，与当时的首席执行官梅格·惠特曼（Meg Whitman）会面。1999年3月，我成为了eBay的第三名律师。

eBay创始人皮埃尔·奥米迪亚（Pierre Omidyar）有一句关于eBay社区的座右铭：人性本善。当年，eBay还不能通过PayPal来收款，也没有在线信用卡处理系统。买家写一张支票或者买一张汇票，放进信封里，贴一张邮票，然后要等好多天，才会寄到卖家的收件箱里。卖家要等支票结清，才给物品打包、发货。我记得，为了购买宝丽来SX-70，要支付50美元。刚寄出汇票时，我还在想：**"哎，如果我这辈子能看到这台相机，就够幸运的了。"** 但在这宗交易中，还有之后1000多宗交易里，买卖双方基本上都兑现了承诺。

eBay的神奇之处在于，能够把志趣相投的人联结起来。许多交易只是在商言商，但还有许多交易为欲望和欲望对象牵线搭桥，让买卖双方皆大欢喜，有时还会让双方想要进行更多的互动。

大多数时候，eBay用户与陌生人之间的交流互动是积极愉快的。这印证了其实大多数人都是有诚信的，也看重诚信的品质。如今，我看到爱彼迎社区也有同样的氛围。房东和房客之间会分享愉快的体验，喜欢了解彼此的世界。无论是遵守有关吵闹的规则，还是大费周章地寄还房客落下的物品，大多数人会努力做正确的事。有些人甚至成为了朋友。

遗憾的是，在任何社区，也有少数人会利用别人，总想让人违反规则通融一下。我很快就发现，如果不制定相应政策，保护好人免受不怀好意的人伤害，整个平台都可能崩塌。当社区其他成员对政策和行为提出不满时，如果你不用心聆听并予以回应，就不会取得成功。

我加入eBay时，是第170名员工。我可以向你保证，在我加入公司时，没有人能断定这家公司最终一定会取得成功。我们的增长速度一日千里，交易流量飙升，计算机系统结构都应付不过来了，系统运行中断的状况时有发生。我们也有很多竞争对手：当时一度有几百个在线拍卖平台，包括雅虎（Yahoo!）和亚马逊短暂的拍卖业务。在幕后，我们在法律和商业方面面临着许多两难困境，没有多少先例可循，也缺乏最佳实践的指南。也部分是出于这个原因，梅格·惠特曼才大胆聘用了一个在公司法领域经验为零的联邦检察官。

如何规定线上售卖的物品

在eBay发展早期,媒体喜欢报道我们网站奇奇怪怪又令人捧腹的刊登物品:据说装着一只鬼的罐子;"南北战争年代的"土壤;一个"几乎没用过的"大脑;一面烧出了圣母玛利亚形象的烤芝士三明治。但有些刊登物品就没有那么好笑了——它们是非法、危险的,或者构成某种欺诈。在某些情况下,有些刊登物品会严重冒犯某些社区用户,例如有人拍卖连环杀手的头发或其他物品。整理复杂的人类欲望、想象和黑暗的冲动,成为了eBay信任与安全团队日常工作的一部分。

有时候,刊登物品本身没问题,但卖家是不可靠的——发货速度缓慢,不回答买家提出的问题,包装易碎商品时草草了事。因此,电子商务开始面临独特的法律问题,例如,eBay是中立的平台吗?如果有人贩卖盗窃赃物或不安全的商品,平台是否需要承担责任呢?这引起了执法机构、立法机构和政府监管机构的关注。我们的竞争对手很乐于利用法律手段,把我们赶出市场。

我的团队负责处理这千头万绪的问题。我很快意识到,eBay的刊登物品就像人热爱的事物一样,五花八门。有些挺好玩的,无伤大雅:皮埃尔刚开发eBay时,他的女朋友帕姆在上面收集Pez糖果盒,这也成为了eBay创业故事的一部分。

然而,人类欲望中也有复杂的一面,也会在这个平台上浮现。我们发现刊登物品中,有模特用过、没洗过的内衣裤;有各种体液,从多余的母乳(买家有自己奶水不足的母亲,也有一些性恋物癖者)到尿液(买家需要"干净"样本,应付随机药检)不等。

从自动步枪到古老的长矛,许多种武器都在刊登物品之列。卖家也在贩卖包含种族主义、亵渎和暴力图像的T恤衫和其他物品。我们还发现有人在贩卖毒品、可以制造炸弹的原材料和图纸,以及鹦鹉和蛇等活体动物。

究竟什么样的物品可以在eBay上售卖，皮埃尔起初的态度是很简单的：如果在"线下"可以合法销售，在eBay上就能合法销售。如果有人贩卖在线下是非法的物品，而eBay发现了，就会把物品下架。但皮埃尔担心，如果禁止销售合法的冒犯性商品，公司就需要没完没了地做出价值判断。时至今日，Facebook和Twitter等公司还在纠结这个问题。谁来……谁应该……谁可以做出这些判断呢？

此外，美国于1996年通过的《通信规范法》(Communications Decency Act of 1996)为符合"在线服务供应商"资格的互联网公司提供了有限的豁免权。只要这些公司不编辑用户在其网站上发布的内容，法律就视之为"公共运营商"。公共运营商是不加区别地提供合法服务的实体，无需就其内容或产生的后果承担责任。例如，如果有人在eBay上对卖家发表诽谤性评价，法院不会判决eBay需要对虚假评价承担法律责任。但如果eBay开始监控和编辑评价内容，那么就像报纸一样，公司可能因为网站上的虚假陈述而被起诉。

在eBay，我们担心如果主动干预**任何**刊登物品，就可能改变法律责任范围的性质。更不要说我们还得雇用足够的人手去审查**所有**刊登物品，这需要惊人的成本。与此同时，我们也关心eBay社区，不希望放纵罪行，也不希望这个市场是不安全、不可靠的。

你的市场有多干净

梅格·惠特曼和董事会想要打造出良好的品牌形象，为此权衡了许多不同机会。eBay网站上不乏"成人"用品、枪支或恋物癖用品。我们从所有这些交易中都赚了钱。但我们的领导人得出结论，我们需要有意地塑造品牌；正如梅格开始提出的，需要拒绝易货市场的风气，成为好客、安全、"干净和光线充足的市场"。我们不希望一家人查看关于"山姆白熊豆豆娃"(Sam the White Bear Beanie Baby)的竞标时，一不小心打错字，就看到一连串SM情趣用品。梅格决定，我们要强调对道德交易的承诺，建立安全、关爱家庭的空间。她让我建立和管理一个信任与安全团队，制定规则，规管市场。

我们团队最初只有两个人，最终发展壮大到有2000人，我们针对逐个问题、逐个品类，研究具体的两难困境，向高管团队提交制定规则的建议。我们不仅要考虑有法律保障的情况，还要考虑"适合"我们社区和品牌的、切实可行的政策。梅格所说的"干净和光线充足的市场"是一个重要的比喻，有意地指导我们的思路。但我必须承认，在很多时候，我们并没有觉得自己是道德策略师，倒更像是在一座不断蔓延、人口每周翻倍、没有红绿灯的新城市里，负责指挥交通的警察。问题堆积如山——欺诈、账号失窃，还有母乳和印有圣体形象的威化饼等具有争议性的物品——我们不得不选出最重要的问题，提交建议，然后去处理下一批问题。我们的存在是为了保护平台免受欺诈和不良行为损害，这都是为了向eBay社区和品牌提供支持。

在应对这些挑战的过程中，有一些时刻是我难以忘怀的。其中有一次，我深深地体会到，当人们喜欢和尊重一家公司时，可以与之建立起多么深厚的情谊。那一次，梅格派我到芝加哥，上《奥普拉脱口秀》(*The Oprah Winfrey Show*)节目。节目嘉宾是一位在eBay上通过竞拍买下一件婚纱的女士，她寄出了3500美元的支票后，没有收到婚纱。奥普拉的制作人邀请我们上节目，讨论她的经历。

真让人绷紧了神经！除了我和新娘，奥普拉团队没有透露还会有谁上节目。还会有消费者权益保护组织的人在场吗？会有政客提出要立法打击电子商务吗？又或许会有200名愤怒的观众，他们都曾经遭遇过欺诈，或者在eBay上有过不愉快的体验吗？有什么在等着我呢？

梅格把我拉到一边，说道："你口袋里有50万美元，有需要就拿出来用。跟他们聊，如果顾客有不好的体验，当场解决问题。"她鼓励我主动提出为这位欺诈受害者买一件婚纱，以作补偿。她强调我们想要传达的信息：eBay关爱社区里的每一位顾客，会尽力去做正确的事。

好大的压力！

出乎意料的是,我在节目上的体验再好不过了,也大大提升了eBay的声誉。早在录影前很久,婚纱设计师就从奥普拉团队那里听说了新娘被欺诈的故事,主动把一件全新的婚纱送给新娘。观众里也没有愤怒的受害者;事实上,我向他们保证,eBay对新娘的经历感同身受,跟她一样愤怒和沮丧,说到这里,观众席传来一阵欢呼声。我表示,eBay十分严肃地处理欺诈问题,我们投入大量资源,找到和控告罪犯,将他们绳之以法。奥普拉态度亲切,也表示同情。节目结束后,她来到前排,就像我在拳击大奖赛中获胜一样,把我的手高高举起。我们一起走到台下,观众热烈地欢呼、鼓掌。

这件事给了我重要的启发。第一,我们不能把"让买家小心点"当成主导思想,而是必须积极主动地尽可能维护市场安全,不然就会吃到苦头。第二,也同样重要的是,顾客**很喜欢**努力去做正确的事的公司。我甚至不必掏出口袋中的支票,就汲取到了这一经验教训。

内部规则

eBay很快就意识到,我们不想把"平台"身份当成护身符,也不想拿法律的字面意义来做最低标准。我觉得,这里面的经验教训对当今所有企业都有着重要意义:要在员工、顾客、投资者或其他利益相关者之中有公信力,企业必须承诺遵守法律法规,既要深入细节,又要领会立法的初衷。道理显而易见,可是,我多年来辗转多家公司,偶尔会惊讶地发现,有些高管不是一心去想怎样诚实、合法地实现宗旨和目标,而是更关心怎样去钻空子,只要不出事就万事大吉。如果一家企业认为某项法律法规是不公平、不合理的,就应该努力推动立法机构进行修改,这才是合乎道德的适当做法。但如果就连你也不尊重适用于自家企业的法律,又怎能要求员工遵守公司的规章制度呢?

因此,eBay信任与安全团队的当务之急,是禁止刊登一般人不能合法出售的产品。其中包括:儿童色情制品、毒品、人体器官(有人企图拍卖自己的肾脏)、人体组织或体液(血液、母乳、精子、卵子)、盗窃赃物,以及爆炸装置和受规管的化学品（例如硝酸甘油炸药或C4炸药）。

这个清单看似简单，却仅仅是个开始。随后，我还了解了更多法律范畴内的非法商品，那是我在法学院或担任联邦检察官期间从未接触过的。例如，冒牌货品。人们完全有权把已经不想要的香奈儿（Chanel）手袋放到eBay上售卖。可是，出售冒牌香奈儿手袋是违法行为，即使物品描述中写明这是假货，也是不合法的。而如果卖家不写出这一声明，买家或eBay要怎么去分辨呢？奢侈品制造商经常指责我们的打假力度不够，假货交易的确破坏了我们最宝贵的资产——信任，也让我们的市场变得廉价。

除此之外，还有一些商品本身并不违法，但违反了其他当事人之间的合约，我们也要加以处理。例如，我们最初都没有意识到，按照合约，学校是不应该出售或赠送教师版教科书的。当然，学校还是会这样做。在家上学的孩子及其家长都喜欢去买这些书。这种交易原本是低调进行的，但转移到eBay上以后，就公之于众了。接下来，我们收到怒气冲冲的出版商发来的邮件，威胁要把我们拖进不知多少起诉讼之中。于是，我们不得不禁止出售教师版教科书。这又激怒了在家上学的孩子及其家长。

另外，还有一些具有争议性的物品是合法的，但会带来社会隐患或安全隐患。最初，eBay是允许卖家出售酒精、烟草和枪支的。想一下这些物品在线下受到了多么严格的规管，你就可以想象在eBay上售卖会引发多少问题。美国各个州有关酒精、烟草和枪支的法律规定和征税有所不同（有时候，某个县甚至是某个城市都会有自己的规定）。对于枪支，有些州规定要进行背景调查，并采取其他安全防范措施。在我加入eBay之前不久，公司已经禁止卖家出售这三种物品了。

我们禁止卖家出售枪支时，有些人指责我们想要扮演道德警察，或者说我们违反了美国宪法第二修正案（Second Amendment）[①]。甚至，美国烟酒

[①] 美国宪法第二修正案规定，"纪律严明的民兵乃保障自由国家的安全所必需，人民持有与携带武器的权利不容侵犯"。这条宪法修正案制定于1791年，适应了当时美国独立战争结束后不久的历史背景。——译者注

枪炮及爆炸物管理局（U. S. Bureau of Alcohol, Tobacco, and Firearms①）的一名代理愤怒地打来投诉电话，正好这个电话是我处理的。他在eBay上售卖枪支，强烈反对我们禁止出售枪支的决定。我们讨论了这个问题，谁也说服不了谁。

eBay禁售枪支后才两个月，美国科伦拜中学（Columbine High School）校园枪击案发生了。早期有传言说，未成年的杀手是在eBay上购买了部分武器。后来证明这是误传，但这也印证了枪支很容易落入坏人之手，我们不希望为枪支交易提供便利。

从实施禁枪政策的过程中也可以看到，一方面，许多公司不愿意制定这种政策，是事出有因的；但另一方面，这些政策绝对是必不可少的。有时候，诚信意味着有勇气优先管理风险，做出艰难的抉择，例如在自由和安全之间的选择。诚信意味着始终坚守企业承诺的价值观，即使你知道有些顾客或社区成员会反对，也要毫不动摇。当惨剧发生时，企业不能像鸵鸟一样把头埋进沙子里，而是必须勇于面对现实，努力预测问题，防患于未然。

如何处理用户违规

我在信任与安全团队工作时，还有一项特殊但至关重要的任务，就是决定用户违反了我们的规则后，需要承担什么后果。我们要列出违禁品清单，开发软件，在刊登物品出现"移植"或"尿液"等关键词时发出警示，这个过程本身并不算困难。如果有人投诉某件刊登物品违反了我们的政策，又或者我们自己发现了，我们就会给卖家发一封电邮，然后移除这件物品。如果这个人一而再、再而三地发布违禁品，我们有权注销其账户。如果我们发现有真正的罪犯收了买家的钱却不发货，卷款潜逃，我们会报警处理。

但我们也没有忘记皮埃尔的基本信念，相信人性本善。不是所有违禁

---

① 全称为"Bureau of Alcohol, Tobacco, Firearms and Explosives"。——译者注

品或假货都一样恶劣，有些情况下，是卖家的无心之失。有些卖家在买入现在出售的物品时，自己上当受骗了。一开始，如果有人提出欺诈的指控，我或我们的团队会给卖家打个电话，想办法弄清楚是怎么一回事。

例如，有一次，有人在eBay上出售棒球，声称上面有美国职业棒球大联盟纽约洋基队捕手瑟曼·曼森（Thurman Munson）的签名。有eBay买家向我们举报这是伪造品。我打电话给棒球的卖家，他大为光火，坚称签名是真的。但我向他指出，早在1979年，曼森就在一起坠机事故中丧生了。棒球上有美国联盟（American League）主席鲍比·布朗（Bobby Brown）的官方标志，而鲍比·布朗却是在1984年才担任主席的。我本来已经准备好移除这件物品，把这件事当作一场误会就罢了。但我们检查了一下他的账户，发现他自己也在给这件物品出价，抬高价格。这也是违规行为，于是，我们把他从平台上赶走了。

有些卖家只是想打个擦边球，或者只是懒惰或粗枝大叶，这种情况几乎更加棘手。有些卖家总是在物品描述中美化一下，或者在收款后，拖延很长时间才发货。跟这些不光彩的卖家打交道，让我领会到在企业工作的一个现状，我想，凡是想促进职场诚信的高管，都必须考虑这一点：你需要深思熟虑你要达到的绩效目标，因为这些目标可能产生令人意外的负面效果。

显而易见，利润和品牌理想之间可能存在冲突。如果你纯粹根据绩效数据（以eBay为例，刊登物品的数目，或者某个品类的交易金额），来决定销售或市场营销团队的薪酬，就可能无意中激励员工对不道德行为视而不见。在eBay，对于内部评级为C-或D的卖家，我觉得应该把他们从平台上赶走。但有时候，市场营销品类经理会为他们辩护，我会为此感到沮丧。品类经理的反对理由是，这些卖家还是会给我们带来生意。如果eBay一名员工的绩效考核是基于增加刊登物品的数目，或者eBay赚到了多少钱，那么他就不会有动机打击评级为C-的卖家。无论卖家的评级是C-还是A+++，他们做的交易给品类经理带来的个人利益是一样的。

我想让大家权衡的问题是：如果买家有了不愉快的体验，一去不复返，这会给我们造成多大的损失？但有些同事的薪酬在一定程度上与交易流量挂钩，我的说法还是激怒了他们。由于这些经理从来没有因为交易质量而被扣减绩效，他们就成为了保护品牌声誉的内部阻力。最终，我们的团队收集到确凿的数据，证明如果买家有过不愉快的体验，日后在eBay上购物的意欲会降低。久而久之，我们不再单凭某个品类刊登的物品总数计算绩效奖金，而是加入了更多元素，其中一些关系到卖家的质量（判断标准包括是否有投诉，以及有关交易是否顺畅的其他反馈）。

如今在爱彼迎，房东和房客遇到的某些问题与之有类似之处。这些人之中，绝大多数是有道德、负责任的合作伙伴。但有些房客对什么才算"干净"或"安静"的定义比较可疑，又有些房东把房源地址说成"步行可达"某个活动场馆，其实是"远足可达"才对。还有些房客严重破坏了房东物业，又或者房源已经写明不允许开派对了，却明知故犯，喧闹扰民。

所有这些摩擦点都需要我们关注，解决起来也没那么简单。我们为房东投保，补偿房客造成的损失；如果房客投诉物业的描述与房客的期望不符，我们会给房东提供反馈。我们清楚写明，这些描述是合约的一部分。如果房东对物业的描述不实，我们是不允许他们在我们的平台上经营的。在2019年底，爱彼迎完全禁止了出租"派对屋"。

回首当年，我后悔没有在eBay工作的早期，就更加坚定地呼吁加大力度打击不道德和有问题的卖家。我相信，eBay之所以逐渐失去电子商务领域的领先地位，核心原因在于未能对平庸的卖家采取更有力的手段，专注于提供绝佳的买家体验。梅格·惠特曼从来不吝于为我提供资源，但我们需要操心的问题太多了，而那个年代的大环境跟现在不同。在电子商务领域，如今我们视之为理所当然的许多元素，当年还在持续演变之中。

例如，早在20世纪90年代末，我们的反馈系统算是革命性的——eBay让买家和卖家有机会查看对方的信用评价记录，留下信用评价，换作报纸分类广告或易货市场，这都是办不到的。但久而久之，我们的反馈系统也暴露出一些漏洞，损害了它的公正性。骗子会通过网络钓鱼和盗窃账户数据等手段，利用eBay真实用户的个人资料进行多宗交易，这种欺诈行为可能屡屡得手之后才被发现。此外，买家和卖家会独立发布信用评价，所以，双方都会担心如果自己先留下负面评价，对方会报复。买家和卖家可能会私下发送恶毒的电子邮件，互相指责，但由于害怕自己的信用评价受损，他们并没有动机公开给出正面以外的评价。因此，久而久之，这个信用评价系统的公正性就受到了一定损害。

在我加入爱彼迎之前，它就为这个问题找到了良好的解决方案。退房后，房东和房客有两周时间为此次行程撰写评价。只有在双方都完成了评价后或两周的评价期结束后，评价才会显示在页面上。如果房客撰写了评价，但房东没有写，又或者反过来，两周过去后，单方面的评价会显示，而另一方不能予以回应（也就不能报复）。这有助于双方给出更诚实的评价。还有一些公司（例如亚马逊和Yelp）的在线声誉机制更进一步，利用算法和人工智能，找出不可靠的评价，降低其影响。

不只是法律层面的字面意义

在eBay，我们为了发展诚信度高的业务，不得不做出许多棘手的决定，我还可以再列出200个例子。当年，我们的工作重点不是员工要遵守的规则，而是市场规则。但我还是从中了解到许许多多的摩擦点，在日后任职的互联网公司里持续上演。有关冲突涉及欺诈、言论自由、数据隐私，以及平台应该就内容承担什么法律责任。我从中也看到，"利益相关者"这个词有多么宽泛的含义。上一刻，我还在跟一位在家给孩子教学、想买点教材的母亲谈话；下一刻，我就要与让我们配合刑事调查的执法人员通电话；再下一刻，又有集邮者投诉卖家对所谓"全新状况"的描述不尽不实，需要我平息他的怒火。但在本章末尾，我想讲述两个故事，说明企业坚持做出合乎道德和诚实的行为，建立良好的声誉，可以带来什么外部效益。

"你们都会坐牢的"

我在eBay最难忘的经历之一，是加入公司后不久，就收到了一名用户的电邮，里面写道："你们居然在卖草坪飞镖，你们都会坐牢的。"

或许你也跟我有同样的疑问：什么是草坪飞镖？所谓"草坪飞镖"（jart），是标枪（javelin）与草地飞镖（lawn dart）的结合，镖头又长又尖，用来掷向草坪上的目标。这种玩意儿不知让多少在后院参加生日派对的客人因伤致残，于是到1988年，美国消费品安全委员会（CPSC）明智地决定，全部50个州一律禁售这种产品。

即使产品被召回或禁止，消费者也不必退回或停止使用它们。因此，也难怪许多草坪飞镖被人丢在阁楼里，或者在车库被拍卖。eBay面世后，有些人在上面卖草坪飞镖。①然而，出售违禁品是违法行为。

身为律师，我左右为难。我们可以拿"公共运营商"身份为自己辩护。但这种危险的违禁品可能会对顾客造成人身伤害，而我们确实从这些销售交易中**获利**了。此外，我们从草坪飞镖的例子中意识到，很可能有人在eBay上销售许多其他需要召回或非法的产品，从化妆品、轮胎到爆竹烟花等，不一而足。我们应该怎么办呢？

我接下来的举动让法务团队的许多同事大吃一惊：我打电话给美国消费品安全委员会，约见他们的法律总顾问，一个人飞到华盛顿，与他会晤。

美国消费品安全委员会办公室并没有收到正式的投诉，也不知道有人在eBay上售卖草坪飞镖。但我坐下来，坦诚相待：互联网浪潮席卷而来，我们需要政府与企业合作，保护消费者权益。让我们抛开"谁有责任"的问题，从一个基本前提谈起：我们是一家负责任的公司，不想出售缺陷产品或危险产品。我们还没有找到全部问题的答案，但希望携手合作，解决

---

① 从草坪飞镖的例子中明显可以看到，有些卖家为了牟利，会千方百计地钻空子，而违禁品贴上违法的标签后，在一些买家眼中变得更有吸引力。我在eBay工作期间，一些卖家得知我们禁止销售草坪飞镖之后，耍了个新花招：出售"草坪飞镖包装盒（只有盒子）！"结果，他们会把包装盒卖给你，然后（你猜到了吧）免费赠送草坪飞镖。我们也禁止了这种做法，但我注意到，出售"只有盒子"物品的现象最近死灰复燃了。——作者注

问题。

这次会面为我们之后的工作奠定了基础，接下来几个月里，我们宣布建立合作关系，保护消费者免受eBay上出售的危险品伤害。我们不允许卖家出售违禁品；在产品召回时有发生的品类上（例如儿童玩具和电动工具）标明警告；在网站上免费为美国消费品安全委员会设立一个页面，教育消费者，并链接到他们"召回产品"的数据库；甚至聘用了一支团队，负责了解召回产品，搜索eBay网站，移除最常见的召回产品。

或许是因为我曾经在政府部门工作，我深信只要企业展现出诚信的态度，处事透明、合理，监管机构也是会讲道理的。梅格·惠特曼支持我的决定。这样做是要冒风险的，但结果是值得的。我们持续与政府合作，找出危险品和违禁品，共享信息和资源。据我所知，政府从未就这个问题向eBay提起法律诉讼。

种族主义在我们的平台或社区无立足之地

草坪飞镖的例子给我敲响了警钟。无独有偶的是，我在2016年加入爱彼迎后才几周，就有媒体报道说，有非裔美国人房客投诉遭到一些爱彼迎房东歧视。一些房东在查看个人资料照片后，拒绝房客的预订申请。在一些个案中，我们了解到有房东在开门看到房客的面孔后，拒之于门外。有些房客除了投诉之外，还提起诉讼，而加利福尼亚州公平就业和住房部（DFEH）更是对爱彼迎提起了集体诉讼，声称爱彼迎应该为这些歧视行为承担法律责任。

我们本来可以逐个为每个案件进行辩护，表明爱彼迎并没有做出或教唆歧视行为（事实上，这样的歧视行为违反了我们的用户政策）。在首席执行官布莱恩·切斯基的领导下，我们采取了另一种做法。布莱恩公开表示，这不是法律问题，这比法律问题更严重。"歧视是与归属感背道而驰的，如果我们的平台上存在歧视，那就会危及这一核心使命。"他在致爱彼迎社区的信中写道，"你每次让别人产生归属感，那个人就感觉被接纳，可以安心地做自己。或许这只是小小的善意之举,但我们社区有多达几百万人。想象一下,我们团结在一起,可以产生多大的力量"。

在这个问题被公之于众后的几年里,爱彼迎采取了具体措施,减少平台上的歧视现象。例如,我们规定全球所有顾客在加入爱彼迎时,承诺不得基于种族、宗教、国籍、性取向或其他受保护因素而拒绝任何人。我们把房客照片的显示改为预订后确认。最重要的是,我们成立了一支特别团队,调查有关歧视的指控。

◆

对一家初创企业来说,令人振奋的商业模式和良好的价值主张是巨大的优势。与此同时,新技术也带来了新挑战。我可以自豪地说,我所服务过的每一家公司都为了深入一个严肃问题的根源,真正地改变了其业务流程,随着时间的推移,也在持续关注其业务流程产生了什么影响,并作出所需的调整。

即使做起来并不容易,但领导人还是必须坚守一套价值观。

INTENTIONAL INTEGRITY

第 2 章

六个C流程：
在工作场所培养诚信氛围的关键步骤

选择"刻意诚信"是一次帮助公司成长的机会。这不仅关系到在公司禁止某些行为，还关乎树立对合乎道德的、以价值观为依归的行为的积极态度。"刻意诚信"也有助于促进充满活力的文化，给予员工充分授权，让公司每一个级别的员工遇到常见的两难困境和挑战时，做出合乎道德的选择。

企业家经常开玩笑说，管理一家初创企业，就像一边造飞机，一边开飞机。团队日以继夜地工作，筹备产品上市，取得市场份额和印象份额。这是一个紧张而又激动人心的过程。专注力是至关重要的。但你若是为了产品上市而忽略了一些流程和架构，最终会导致一些问题。或许你是创新者，但也必须处理企业都离不开的传统事务：聘用和培训人手，采购设备，租赁设施，理解适用法律。如果在一家快速增长的公司，缺少了清晰的政策和架构，这可能会引发危机，企业栽倒的速度比引擎故障的飞机更快。

我在2016年加入爱彼迎，这是一个快速增长的创新平台，其领导人是高度诚信的，但并没有针对员工与社区的互动，或者员工彼此之间的互动，制定书面的道德守则或具体指引。我意识到，公司必须先制定道德守则，确保所有人都在遵守同一套游戏规则，我才能去跟员工聊有关诚信和正当行为的问题。

我在整个职业生涯中辗转多家公司，学会了重视和认同一些基本原则，在这基础上，来帮助爱彼迎制定守则。这些原则并没有什么奇异之处：我们承诺遵守法律……不歧视……拒绝利益冲突，拒绝不道德和非法行为（例如贿赂）……保护顾客隐私……捍卫公司的知识产权……禁止性骚扰或其他让员工感到不安全的行为。守则里也有一些内容是爱彼迎独有的，因应其使命而制定的，例如，我们在陌生人之间营造归属感。

接着，我们订立了一份社区标准文件，以此规范用户在平台上的行为。这部分反映了我在eBay任职期间观察到的买家和卖家之间的互动；房东和房客之间的互动与之相关，但也有独特的背景，这一次，我必须就此重新校准自己看待问题的角度。"己所不欲，勿施于人。"这条金科玉律是很好的基本指南，一般可以解决大多数问题。但正如eBay规管违禁品的清单最终变得很长很长，我们为平台用户提供的指引也变得越来越明确，因为有许许多多当地法律和问题会影响到爱彼迎的房东，更别说一个人住进另一个人家里，本身就是一件非常私人的事情。

首席执行官布莱恩·切斯基、董事会和高级管理层团队给了我全力支持，我们制定了所有人都能为之感到自豪的守则。然后，为了加强守则，我们制定了流程和方法，确保公司所有人时刻铭记其中的讯息。之后，我们又逐渐建立起更多流程，旨在举报违规情况，调查举报是否属实，以及确定违规人士需要承担什么后果。我在考虑要在这本书里强调哪些方面时，评估了制定守则的流程，时至今日，我们还在使用这一流程，向全公司灌输里面的精神。为了简单起见，我目前称之为"六个C流程"。

第一个C代表首席领导（Chief）。有一点是肯定的：如果你的首席执行官不认可诚信的重要性，不承诺执行公司的道德守则并以身作则，其余五个C不过是无源之水，无本之木。你是没有希望取得成功的，你不可能打造出诚信度高的企业文化。伪善和模棱两可是诚信的敌人。如果首席执行官（这也适用于整个高管团队和董事会成员）违反规则或喜欢"通融一下"，又或者只是选择性地予以执行，员工是绝不会把你的计划当回事的。

第二个C代表量身定制的道德守则（Customized Code of Ethics）。你必须按照自己公司的核心价值观，以及具体行业、地区和文化的规范，制定和公布具体的道德守则。这一点是很重要的，我会在接下来两章里详细讨论。首先，我们会讨论你的品牌、价值观，以及企业实际的业务活动和细微之处。你在讨论具体问题和规则时，不能忘记大的品牌背景。

在第5章中，我会列出10种最常见的诚信违规行为，这是每家公司都需要考虑和处理的。这包括规则背后的故事,以及守则在实际生活中的应用。我为什么会强调守则的某些方面,或者倡导某种流程呢?接着看下去你就会明白。我会解释在更加透明、互联和数字化的当今世界,社会风俗持续演变,企业为什么应该考虑实施某些政策。我讨论的其中一些例子,会有助于解释守则中的一项基本原则:"只要和同事在一起,你就是在工作场所。"

第三个C代表传达守则(Communicating the Code)。身为法律总顾问兼道德团队主管,我会前往世界各地的办公室,亲自主持小组演示,为所有新员工讲解诚信问题。让高级领导人传达和强调守则,是至关重要的。如果你只是把道德守则放在网页上,或者打印出来,和保健计划及停车程序相关文件一起发放给员工,员工就不会把守则放在心上。如果你企图拿"一刀切"的在线课程或视频,向员工传授守则,产生的影响是微乎其微的。想一下你自己在这方面的体验吧。你要是把培训的任务分派给中层的人力资源经理,就等于在暗示:这件事其实并不是很重要。

莉莲·谭(Lilian Tham)是爱彼迎负责高管招聘的主管,曾经为多家全球性企业工作。我在她的入职培训周里,发表了诚信讲话,讲话结束后,她主动上前,向我表达了谢意。后来,她在"持续反馈"的谈话中,跟我分享了更多想法:"我觉得,在持续反馈谈话中与新员工分享文化规范,为日后员工与公司和同事打交道的方式奠定了基础。我曾任职于迪士尼(Disney)、美国运通公司(American Express)和谷歌这样的大公司,但从来没有见过一家公司,是由法律总顾问或罗伯特这种级别的高管领导传达道德或反骚扰讯息的。这种事往往是由初级人力资源员工负责,他们只会拿出过时而又脱离实际的视频,按下播放按钮。在这里,罗伯特亲自主导,结合实际生活中的例子,与新员工讨论这些话题,分享自己的心里话和自己在以往互动中做得不到位的地方。这凸显出诚信和道德在我们的使命和文化中是多么重要。这为我们应该怎样与同事打交道、应该怎样行事奠定了基础,在持续反馈谈话过后很长时间里,员工也不会轻易忘记。"

第四个C代表清晰的举报制度(Clear Reporting System),让员工一旦发现有道德过失、腐败和欺诈的现象，就可以轻松举报。比起媒体质询、诉讼、政府监管机构或社交媒体，从内部举报中发现问题要好得多。美国应用材料公司（Applied Materials）前首席执行官兼主席詹姆斯·摩根（James Morgan）是科技行业备受尊崇的高管，领导应用材料公司近30年。他有一句很好的座右铭，是手下的经理所熟知的："坏消息是好消息——前提是你采取行动，解决问题。"换言之，他想尽早发现问题，这样一来，才能赶在酿成危机之前，解决问题。或许"打小报告"或唱反调是违背人性的，但在应用材料公司，及早发现问题的人会得到赞扬。这是一个很好的习惯，值得大力提倡。

企业若想营造诚信文化，就必须把举报所有问题（尤其是违反守则）的流程设置得简单、清晰、直截了当。你不能光说"员工们，你们有责任告诉公司发生了什么事"，却又忽略了妨碍他们这样做的障碍。

我们在下文中，会谈到匿名举报、调查违规以及所有被指控人都应该接受的正当程序。在理想情况下，应该有多个举报渠道。实际上，有些组织在开发在线举报平台，帮助企业解决举报员工害怕被报复的问题，这值得我们留意。

第五个C代表后果（Consequences）。守则是必须强制执行的。无论是哪个级别的员工，一旦违反了守则，都必须承担后果，或许初犯者会受到警告，但严重者可能会被辞退。要建立诚信度高的文化，企业需要对违规行为做出公平、合理的回应。如果员工违反了守则，却又无须承担后果，就可能会造成两个结果：第一，员工要是从来没有听到公司提及或执行守则，就会抛诸脑后。守则就不会起到塑造企业文化的作用，文化会野蛮生长。第二，如果守则存在却又没有被贯彻一致地执行，就可能成为武器。有一次，硅谷（Silicon Valley）一家公司的首席执行官告诉我："除非是为了给别人找碴儿，不然没有人会看公司手册。"有的高管和员工为了给某位同事搞破坏，搜遍了以往的电子邮件或报销单，非要找出道德"污点"，甚至引诱别人违规。这种现象比许多人意识到的更加常见。例如，在#MeToo运动中发现，有高管在接到首席执行官行为不当的投诉后，吩咐投诉人的经理翻遍记录，找个理由开除投诉的员工。这是一种卑劣的行为，会毁掉一家公司的信任文化。

人（包括宝贵的员工）犯错的原因可能有很多，每个人都有权在公平听证会上提出申诉，视乎具体违规情节和严重性承担应有的后果。然而，我们会在下文中谈到后果的复杂性。

第六个C代表经常性（Constant）。有关诚信的演示、视频和内部电子及纸质海报都是为了反复强调诚信的重要性，按照我的说法，就是"经常性敲敲鼓、提提醒"。凡是涉及诚信问题，我们希望员工在做出决策和参与某项举措时，把公司价值观时常放在心头。研究人员研究过什么因素会激励人们做出更加诚信的行为，什么因素会使人的诚信度降低，结果发现，如果企业经常性地强调说，期望员工做出诚实和合乎道德的行为，并提供具体指引，就会对员工行为产生积极影响。我们也希望员工在社交媒体或匿名职场论坛上发表评论时，别忘了雇主的价值观。

强调"经常性"的另一个举措是，你需要监控诚信问题、违规情况和采取的行动。在法务部门，你需要设立一个后台管理界面，写明违反守则相关查询的数目和性质、报告、惩戒处分，以及相关数据的走势。注意有哪些部门可能需要更多培训和支持。找出有哪些地区未能有效传达某些讯息，或者某些特殊情况引起了问题。

最后，你要经常性地重新审视"刻意诚信"流程，为之重新注入活力，因应法律、商业或技术领域的最新现状，予以更新。随着公司发展壮大，业务线或业务活动增多，守则必须考虑到业务增长对企业文化带来的最新影响，以及其他独特的问题。你绝不能让人把有关诚信问题的沟通当成耳边风，而是需要发挥想象力，以令人难以忘怀的方式去沟通。你必须寻找机会，在另一家公司卷入争议时，趁机教导员工，防止同类事件在自己的公司上演。我在诚信讲话中，准备了一张幻灯片，里面列出了其他公司犯错和卷入丑闻的新闻标题。这些新闻是发人深省的。我看见观众龇牙咧嘴的表情。即使不是自家企业陷入了危机，你也可以趁此机会，让大家从其他公司的正面和反面例子中，关注具体行为，明辨对错。你必须经常性地强调企业价值观，为之重新注入活力。

守则案例

我虽然是律师，但看到干巴巴的手册语言，也会两眼发直。我觉得，要把复杂微妙的话题解释清楚，最好的方法是讲故事，把规则与背后的精神和你想要实现的目的联系起来。在接下来的章节里，我解释每个"C"时，大多会运用实际生活中的例子。我发现，企业几乎每一天都会面临新的诚信两难困境，有时候还会做出错误的选择。

但我想直接说明一个敏感的问题。凡是我与爱彼迎管理层讨论、提供法律顾问意见的具体案例或情况，我都不能透露细节。这些谈话受到"律师—当事人保密特权"的保护。我不能透露企业公开声明以外的信息。我苦思冥想良久，到底怎样才能让读者体会到实际生活中的两难困境呢？我怎样才能既遵守身为律师的道德义务，又提供有意义的洞见呢？

我最终决定，以"守则案例"的形式书写。这些案例是由多个情景组合而成的，里面的细节是真实的，但案例本身又无法辨认，反映了我在职业生涯中遇到的真实情境、诚信两难困境和道德问题，是我在职业生涯中调查、提出建议、与法务同事探讨或因其他原因见过的案例的组合。其中有几个也反映了我的合著者担任全国性商业杂志记者期间，报道过的具体故事。

我想要明确的一点是：这些守则案例是多个案例的结合，但也是基于真实情境的。我更改了不重要的细节，使得这些案例无从辨认。没有任何一则案例研究是完全基于某一个真实的案例。我之所以选择这种形式，是为了毫无保留地详尽分析这些情境引起了怎样的忧虑和法律问题，同时，又不会违反我身为法务专员的专业职责和道德操守。

但我还想强调的是，这些案例并**不是**天马行空的假设，而是常见的挑战。我经常跟爱彼迎的员工说："我很肯定，在未来一年里，你们每个人至少会遇到一次守则案例中的重大情况。"但我相信，员工遇到的不严重的两难困境，其实远远要比高管意识到或愿意承认的多得多。

每个守则案例首先会概述事实。我会从最常见的类别中选取话题，这些类别在第4章中会有更详细的讨论。其中包括：

- 情感纠葛
- 酒精和毒品问题
- 滥用公司资源或财产和报销账目问题
- 利益冲突
- 滥用客户数据
- 性骚扰或性侵犯
- 贿赂和不适当的礼物
- 商业机密和机密信息披露
- 欺诈
- 社交媒体问题

然后，在附录中，我会列出一些行动方案、解决这些两难困境的思路，以及我对一些重大问题的见解。你会注意到，在这些守则案例中，同一件事经常引发了多种违反守则的情况，违规的也往往不止一人。这也符合实际生活：许多人在做出错误决定之后，会为自己的行为感到羞愧，有时会产生"否认"心理，说谎掩盖事实，导致一错再错，让违规行为传播得比坏掉的三明治上的霉菌更快。

我希望你在看了这些例子之后，首先要想一下：领导人可能会作出怎样的回应。然后，翻到这本书的附录部分，我会在那里更详细地讨论这些情景和方案。你可能会由此想起自己遭遇过的冲突或困境，不知你当时的处理结果怎样呢，是好还是坏？

我向来相信，人生在世，每个人看待事物的眼光离不开自己的个人经历和过去。有些经历给了我们智慧；有些经历会让我们以扭曲的眼光看待别人的行动和动机。欲望或失望都可能会左右我们对这个世界的看法。

当我们遇到与我们看待事物的角度不一样的人时，偶尔会陷入僵局。有时候，我们需要抛开自己的角度，设身处地地站在别人的角度想一下。我为人父亲，经常跟孩子们说，他们对权威人士生气或者与朋友发生冲突时，应该学会换位思考。

对别人怀有同理心，在工作上也是有帮助的。平时，我们未必会腾出时间，考虑别人的观点或问题，只有对那些会影响到自己的职业生涯、交付成果和抱负的人，才会顾虑对方的看法。毕竟，我们每一天都得实现目标，完成工作。时间宝贵，竞争激烈，资源稀缺。在许多组织中可以看到，有些人会禁不住诱惑，投机取巧、弄虚作假，也会对绩效顶尖的员工做出的不良行为视而不见。但我想我们也都看到了，这种短视的做法经常会酿成恶果。

解决诚信两难困境，可能意味着抛开自己的偏见和成见，戴上"道德眼镜"，关注共有和共同的价值观和原则，以此看清和选择正确的道路。

我的目标是帮助你擦亮道德眼镜，让你在做出决策时，会直觉地戴上眼镜，拓宽自己的视野。运用稳健而又久经考验的流程来打造文化，这一点是至关重要的——但你肯定会遇到两难困境，对规则和流程提出这样或那样的挑战，你必须为此做好准备。

如果你是领导人，我希望在看到这些守则案例之后，你会更清楚明白到，企业需要相当明确地详细列出对员工的期望。但无论你是领导人还是个人贡献者[①]，我希望你可以从这些案例中看到，要是为不良行为找借口，只会让情况变本加厉。这些例子可能会启发你对一些问题的思考，或许你会想跟朋友或同事进一步探讨。我希望，这本书可以激发这些讨论。

---

① 非管理人员。——译者注

INTENTIONAL INTEGRITY

第 3 章

首席领导：
诚信从最高层做起

企业最高层能否以身作则，对于塑造诚信度高的文化是至关重要的。

我连续好几天没有好好地睡过觉、吃过饭了，整个人筋疲力尽，提不起半点力气。我清理着这个烂摊子，收拾残局，努力让自己的生活恢复正常。这时我突然意识到，我现在只想到一个宁静安详、阳光明媚的地方，在海滩边上待上几个月。比如墨西哥，又或者巴厘岛。

到这样充满异域风情的地方游玩，这样的想法十分诱人，也多次浮现在我的心头。可是，现在我要面临一个以前从来不必担心的问题：我要怎样找到住宿的地方呢？

2011年6月，爱彼迎房东EJ在一篇博客长文中，讲述了一段可怕的经历：自己出差回家，发现房客毁坏了自己的公寓。对于这种蓄意破坏的行为，她自然会感到受伤和害怕。但站在爱彼迎的角度，她吓人的博文与我们的品牌和价值观背道而驰：我们相信人性本善，可以在一个基于信任的社区中，分享美好的体验和旅行经历。爱彼迎首席执行官布莱恩·切斯基现在回忆道，当时公司成立才三年，那是他遇到过的最严重的"诚信危机"。

EJ 30多岁，是一名企业活动策划。她解释道，自己把位于旧金山的公寓出租给一名叫DJ Pattrson的房客。EJ曾经在爱彼迎上出租过位于纽约的公寓，一切顺利，于是想趁着出差的机会，出租空置的公寓赚点钱。她要离开几天，走之前没能与DJ Pattrson见面，但收到了对方几条短信，赞美她的公寓很漂亮，她是很好的房东，向她表示谢意。

出差一周后回到家里，她发现满屋狼藉。有人（有目击者表示，不止一个人进出过她的公寓）把她的衣服从衣架上、抽屉里扯出来，弄湿了埋在浴室毛巾下；在厨房里洒满了清洁粉；在浴室里丢满了不知什么奇奇怪怪的脏东西；把她上锁的壁橱的一面墙也打穿了，偷走了她祖母的珠宝、笔记本电脑、照相机和备份驱动器。当时是夏天，烟道是关闭的，但房客在壁炉里烧了几根圆木（还有一套床单），弄得整个公寓蒙上了一层灰。她发现DJ Pattrson还拿走了公寓里的优惠券，盗用EJ的信用卡购物。这简直太离谱了！

当时，爱彼迎有明确的政策，不为房客造成的损坏承担责任。爱彼迎会协助房东寻求解决方案，但房东必须自行向房客索赔。虽然EJ在博文中提到，公司表示同情，也提供了帮助，但她也指出，爱彼迎大肆宣扬自己的流程有多么透明，但整个系统流程决定了在预订之前，爱彼迎的房东或房客无法对对方做有效的调查。她在博文中写道，这会让人以为，爱彼迎已经对另一方做了审查。

博文发布后，在网上疯传开来。其他一些房东也站出来，表示自己遇到过恶劣的房客。布莱恩·切斯基看着媒体报道每况愈下。他回忆道："我们一开始没有处理好，在客服回应上失职了。坦白说，我们越想要取得最好的公关效果，情况就越糟糕。我们不停地做公关，什么办法都不奏效。"究竟怎样才能止住愈演愈烈的批评声音，公司领导人意见不一。有些人觉得最好保持沉默，等事情淡化。还有些人觉得公司应该承担更多责任。爱彼迎的一名员工主动联系EJ，叫她把博文撤下，这反而又得罪了EJ，于是她又发了一篇博文。情况持续了好几周，记者四处挖掘爱彼迎房客造成破坏或引发问题的更多故事。

布莱恩表示，当时他都觉得自己陷入绝境了。"坦白说，我一度绝望了。我想，不要再考虑什么结果了，我要考虑给后人留下怎样的记忆。我决定去做正确的事，这就是我的商业决定。讲求原则的决定。"他意识到，许多情况实在太复杂了，很难站在想要得出什么结果的角度去解决问题。"如果你不知道一个复杂的情况后续会如何发展，那不如想一下，你想给后人留下怎样的记忆。"

他决定，第一步是发表坦诚而又清晰的道歉。第二步，虽然这种破坏事件比较罕见，但公司还是需要为房东提供保障。他打电话给一位董事会成员，计划为房东提供价值5000美元的保险，所产生的费用会让爱彼迎利润下滑。布莱恩本来以为董事会会为成本问题感到担忧，但没想到这位董事会成员表示："好，再加一个零吧。"不久之后，布莱恩发表了一份声明，表示："这段时间真是令人煎熬，在过去四周里，我们真的犯下了大错。"他宣布，为了改正错误，爱彼迎日后会为所有房东提供50000美元的保障金，万一房源遭到损坏，可以弥补他们的损失。

爱彼迎与执法机构合作，要找出DJ Pattrson。后来，一名嫌疑人被捕，被控持有盗窃赃物。在这次争议中，公司经受住了考验，布莱恩决定采取讲求原则的做法，让员工感到自豪。

事件发生时，我还没有加入爱彼迎，但我可以告诉你，时至今日，员工还是对布莱恩的道歉以及他是怎样纠正了错误津津乐道。这成为了爱彼迎文化的一部分，因为它体现了诚信的宝贵内涵，后来，我还听许多员工、高管和投资者自豪地提起这件事。时任产品管理主管的乔·扎德（Joe Zadeh）后来接受《财富》（Fortune）杂志采访时表示："在这件事里，我真的看到了布莱恩勇于承担的责任感。"

首席执行官诚信行事，就是在向全公司发出信号，让员工不要轻易忘记诚信。员工并不指望领导人十全十美，但有太多的领导人误以为承认错误是软弱的表现。其实恰恰相反。如果首席执行官不能承认错误，那你怎能指望公司其他人会本能地承担起责任、解决问题，而不是推卸责任甚至隐瞒事实呢？只有首席执行官诚信行事，也期望其他人这样做，这才更有可能成为全体员工的默认选择。

◆

我相信，无论在哪个行业、哪家公司，这一点都是适用的。最近，我在一家酒店的大堂里观看篮球赛,跟独自坐在邻桌前的一位先生聊了起来。这位先生为人低调,不怎么说起自己的背景。我们聊了一个多小时,我才发现他是零售业巨头开市客(Costco)的联合创始人吉姆·辛尼格(Jim Sinegal)。在大约两小时里,我们聊到了美国的状况、诚信的内涵、从合乎道德的供应商采购商品、尊重员工,以及不要光盯着每个季度的业绩,而要高瞻远瞩地管理公司。

后来,我自己研究了一下,发现开市客是员工流失率最低的零售业公司之一,大约90%的员工有医保,相比之下,零售业的平均水平大约是6%。开市客肯定是强大的竞争对手,但据我所知,这家公司从未爆发丑闻或传出道德有问题的故事。在我们聊天的过程中,我跟他说了自己相信"刻意诚信"的概念,他轻声说道:"最重要的只有一点,那就是,一切都要从最高层做起。"

2018年底,《纽约时报》(*New York Times*)科技专栏作家卡拉·斯威舍(Kara Swisher)撰文,评论了许多科技公司高管一连串不良行为。斯威舍表示:"有太多科技行业领导人好像慢慢地失去了理智,然后又一下子都发疯了。"

斯威舍的专栏提出了一个要点:既然硅谷公司的首席执行官未能坐言起行,秉持诚信原则,那么是否应该设立"首席道德官"的职位呢?她写道:"这些高管在毫无准备之下,碰上了一个又一个的道德困境,一度良好的声誉宛如在飓风中东歪西倒的棕榈树,已经岌岌可危。"

◆

平台型企业必须应对全球各地的复杂问题,或许"首席道德官"会成为一个重要的职位。但你或许会感到意外的是,我这样说还是有保留的。一方面,设立"首席道德官"这样的职位,是企业发出的有力声明:公司重视道德,把"做正确的事"放在优先的位置。对于卷入过丑闻或需要重建品牌和文化的企业来说,聘用或委任首席道德官是一个宝贵的机会,可以从企业以外的角度进行分析,借鉴外部智慧。

但我不想让人以为,只有规模较大的公司才能充分地处理诚信问题。任何公司（乃至独资企业）的领导人都必须承担起责任，认真思考公司的宗旨、价值观以及与利益相关者打交道的基本规则，然后承诺践行这些价值观。首席执行官或企业主不能把对公司诚信问题的责任"外包"给首席道德官或其他人。首席道德官可以成为首席执行官的重要合作伙伴，专注于处理复杂棘手的两难困境，为公司的政策和培训提供指引。但吉姆·辛尼格和其他一些资深领导人都深切明白，"刻意诚信"必须从最高层做起——最高领导人必须以身作则。当领导人忘记了这一点，就可能会酿成灾难。

"失效"带来的痛苦

我从小喜欢某汽车公司的车，多年来，它们不断收购和生产了很多性价比高的车辆。甚至在我女儿比安卡出生时，我买的第一辆家庭用车就是这个品牌的。

10年前，这家公司的首席执行官设定了一项目标：在美国推动柴油车的销量增长。公司领导人给工程师施加了很大压力，要求汽车必须通过严格的美国燃油排放标准（会降低引擎性能），但同时又要满足消费者对动力性能的追求。公司似乎完成了这一项几乎不可能的任务，这家公司的汽车销量飙升。

但到了2015年，有外部工程师感到好奇：为什么这家公司的美国款车似乎比欧洲款车排放量更低呢？他们发现，其实根本没有这回事。这家公司的美国款车植入了"失效保护器"的软件代码，在尾气排放检测中作弊。简言之，为了应付公司指示，让公司成为全球最大的汽车生产商，多名员工制订了涉及故意欺诈的计划。这家公司最终支付了250亿美元罚款，召回和改造超过50万辆汽车。一名美国员工被判处入狱7年。首席执行官辞职，随后受到德国检察官的刑事起诉，公司仍在努力挽回声誉。

看到这家公司跌落神坛，更坚定了我写这本书的决心。这家公司的所作所为让我这个顾客感到愤怒，因为我也拥有一辆所谓低排放的车。这家公司永远也不会重新赢得我的信任。

怎么会发生这种事呢？一家公司怎么会以为这么大的骗局可以瞒天过海呢？多位管理专家研究了这个问题，撰文表示，虽然这家公司制定了道德守则，明令禁止欺诈行为，但领导人把道德守则放到了最不重要的位置，为内部的不道德行为找借口，只要最终能取得成功，就可以不择手段，还以为即使最终事件曝光，后果也是微乎其微的。归根结底，因为公司领导人把实现绩效目标放到了至高无上的位置，才为品牌带来了灾难性的后果。

这一令人震惊的丑闻也深刻说明了，如果首席执行官未能秉持"刻意诚信"原则，会造成什么后果。为了追求短期目标，在竞争中赢得胜利，这个一度辉煌的品牌声誉毁于一旦。

以身作则

对于任何首席执行官来说，首要的任务就是要意识到，你的职责范围包括了遵守你曾制定的守则，如果你对此置之不理，那就是疏忽职守。如果一家公司的最高领导人不愿意实施守则中的任何一条规定，那么，就根本不应该把领导人不认可的规定写入守则之中。要么全盘接受，要么全盘否定，不然，其他人是不会买账的。

我跟员工谈话时，会强调一点：在爱彼迎，没有人能凌驾于公司守则之上。事实也是这样——从首席执行官到董事会，再到管理层团队，每个人都明确地认同和支持"刻意诚信"计划。员工要遵守的规定，首席执行官也要遵守，我从每个人的反应以及一对一谈话中可以看到，这是员工**非常**看重的一点。

显而易见，如果首席执行官坚持实施一套自己不予遵循的行为守则，还有比这更虚伪的吗？人们当然会讨厌这样的双重标准。美国应用材料公司的前首席执行官詹姆斯·摩根也强调过这一点："身为领导人，你自己的品格决定着企业品格的上限。你希望手下的员工具有怎样的优良品质，首先自己要以身作则。"

当然，现实情况可能相当复杂。在日常生活中，有时候就算首席执行官只是坐在高级办公室里，也可能给自己埋下诚信陷阱。他们未必明确决定了要去违反法律或者忽视公司规定，但可能会在权衡利弊的过程中，为错误的行为找借口。例如，化学品生产商的领导人可能会想："环保法规要求我们花钱处理废物，但如果我们先不管它，把钱投入研发，再过几年，就可以完全防止产生废物了。情况特殊嘛，现在违法，会让社会变得更美好，对吧？！"

另外一个例子，就是企业主可能会以为，禁止收送礼物的规定只适用于基层员工。毕竟，基层员工不够成熟，判断力不够，或许容易受到小贿赂的诱惑；而老板当然会把公司需要放在第一位——那么，要是拒绝供应商或合作伙伴的礼物，岂不是太失礼了吗？不需要这么绝情吧？收受礼物难道不是这份工作应有的津贴、是可以接受的吗？

这种找借口的行为会感染其他人。因此，首席执行官不仅要遵守规则，还要在直接下属之间积极倡导诚信行为。

有一位曾任职于亚马逊的同事告诉我，创始人兼首席执行官杰夫·贝索斯（Jeff Bezos）每个季度都重复强调，要在亚马逊的财务报告中秉持诚信。话说回来，贝索斯无疑是一位复杂的领导人。许多批评者谴责他过于关注商务增长，似乎漠视了利益相关者（包括公司员工和平台商户）的诉求。

但我的同事表示，论及财务报告，贝索斯始终坚守诚信，坚持亚马逊报告的数据必须属实。每个季度，他都会跟法律总顾问一起坐下来，查看每个集团的首席财务官报告的草拟数据。贝索斯会盯着每位首席财务官的眼睛，问道："这里有没有哪一条数据，会让你感到不安？"这是首席执行官针对诚信问题做出的直接而又具体的交流，它会发挥强大的力量，印证公司坚持诚信的价值观。这传达出一个信号：如果有坏消息，贝索斯希望及早听到，而不要等到危机爆发，让公司承受苦果。他不希望日后被迫为过于乐观的预测辩解。这一点值得其他首席执行官效仿。

创业投资者兼企业家本·霍洛维茨（Ben Horowitz）告诉我，他过去担任软件公司Opsware首席执行官时，也会做类似的事情。他每个季度都会与会计团队共同核对数据，凡是有哪个数据似乎过于积极、存在疑点，他就会刨根问底。他一直清楚地告诉会计团队，不要操纵财务数据，也不要违反会计或披露义务。他曾有一次说道："'听着，我们会失去一些交易，甚至可能会破产，但绝不会坐牢。'你不能只吩咐下属'做正确的事'，而是要把'做正确的事'阐述得十分清楚。"

保罗·萨利亚韦里（Paul Sallaberry）是一位创业投资者，曾在甲骨文公司（Oracle）和Veritas公司担任高管职位。保罗告诉我，他相信诚信必须及早融入一家公司的DNA中，这是他向受他指导的首席执行官反复强调的主题。"坊间有一个迷思，以为世上有两种公司，一种是古老的蓝血鲨，注重诚信和道德；另一种是快速、灵活的现代企业。这种观念是错误的——你可以两者兼顾。要塑造伟大的企业文化，唯一的方法是建立大家都想要参与的价值体系。当你要求员工去做正确的事时，你会赢得员工的信任。大家意识到，你也会正确地对待他们。不然，你只会招来唯利是图的雇佣兵，一旦企业陷入困境，他们就会离你而去。"

这也引出了企业最高领导层应该秉持的另一重要的诚信品质：遇到挫折时，不要拿初级员工当替罪羊。在这一点上，我尊重星巴克（Starbucks）在2018年一次事件中的处理方式。当时，费城门店的店长跟两位非裔美国人说，他们没有买东西，所以不能借用洗手间。对方拒绝离开，店长最终报了警。两人向当局投诉，星巴克在当地社区受到了猛烈抨击，这条负面新闻也登上了全国性媒体。

对此，星巴克并没有下意识地否认。其创始人兼执行主席霍华德·舒尔茨（Howard Schultz）详细地讲述了这一事件。他并没有觉得这件事不过是一位店长犯下的错误，而是反复表示，这个问题是公司造成的，因为公司没有针对未购买食品或饮料顾客的需求而制定明确的政策。星巴克认真考虑了这个问题，最终制定政策，无论进入门店的人士是否消费，只要他们没有制造混乱或失礼，都允许他们停留或使用洗手间。星巴克也闭门半天，为员工提供"反种族偏见的教育"。首席执行官凯文·约翰逊（Kevin Johnson）公开表示，在制定新政策的过程中，聆听顾客、社区和门店合作伙伴的声音是十分重要的。

在此情况下，星巴克正视了一个问题：模棱两可是诚信的敌人。如果公司指引不清，员工在遇到难题时，要逐个个案地自己决定如何回应，那么就难免造成带有偏见或权宜的决策，有损公司的品格。这可能会赶走顾客，打击士气。员工也会注意到这种冲动、不一致的决策方式，对管理层的信任荡然无存，不再相信自己的问题会依照是非曲直而得到公平对待。

无一例外

当然，在爱彼迎，我们必须应对意料之外的问题。但我相信，首席执行官和高管团队已经煞费苦心地在危机发生之前，找出可能会遇到的两难困境以及最佳处理方式——这比事发后再收拾残局要明智得多。

例如，自2018年以来，我们就规定了高管团队成员都不得与爱彼迎员工发展恋爱关系。绝对禁止，无一例外。我们每一个人（包括布莱恩在内）无论是否单身，都明确同意遵守这一规定。我要承认，我第一次跟高管团队提起这个问题时，有人大笑着说："反正我们都有认真交往的人或者结婚了。没什么大不了的。"我指出，在#MeToo运动中，许多涉案高管都是已婚人士。听了这话，没有人再笑了，沉默了一会儿，每个人都签了名。

我把这条政策告诉了一些高管和朋友，有些人为之震惊。如果两个成年人之间你情我愿，而公司却要完全禁止他们发生关系，是不是过于极端甚至苛刻了？事实上，我们见过太多高管和企业在这个问题上栽了跟头。在爱彼迎，我们认为如果高管与员工发展恋爱关系，可能会在工作场所引发令人困扰的棘手问题，这涉及的风险太大了，因此，我们坚持实施这一规定。

"不许恋爱"的规定只适用于高管团队，这是因为两人之间的权力不平衡，在某些情况下，高级领导人可以向初级员工施加压力。在爱彼迎，只要两名员工之间不存在管控关系，是可以谈恋爱的。如果你任职于销售团队，跟物流团队的人谈恋爱，你们俩之间不存在汇报关系，那是没有问题的。如果你是客服经理，喜欢上自己的下属，就不能向对方发起追求。如果有人违规发展了关系，级别更高的员工需要为违反道德守则承担责任。

我们的规定也适用于两人之间有控制关系的情况。例如，假设某位人力资源专家负责为销售团队提供支持。虽然并不存在正式的汇报关系，但这位人力资源专家对其支持的团队有控制关系——他或她会了解到这个团队正在接受的调查或者出现的绩效问题，能够查看每位团队成员的薪酬和奖金等机密信息。因此，如果这位人力资源专家与某位团队成员发展恋爱关系，就会损害到他们履行职责的公正性和能力。

法律总顾问可能需要调查对任何一名员工发起的投诉，因此，我担任这个职位（或者目前管理道德操守办公室）时，不能发展办公室恋情。当然，法律总顾问可以自行回避参与调查，但难免会有揣测或传言，对涉案的每个人造成干扰，引人怀疑幕后发生了什么事。按照常理，为了解决这个问题，高级领导人不应该与任何员工发展恋爱关系。

有些我觉得也算讲道德的领导人，处理这个问题的手法不一样。有些人依赖及时披露，承诺调动员工岗位，避免上下级之间发展恋爱关系。我觉得这并不是理想的做法。等到披露的时候，恋爱关系已经存在了，已经发生了一些造成干扰的秘密或活动。人们不会在一个拥挤的房间里看到一个喜欢的人，就跑去报告的。

即使一段恋爱关系被公开披露了，也并没有解决问题。有些情况下，初级员工由于与C级高管（首席××官）或其他高管谈恋爱，会更广泛地了解到公司的情况。大家会觉得这位初级员工知道一些内幕消息，了解公司最好的工作或晋升机会，无论这种印象是否属实，都会对公司产生影响。想到这位初级员工可以向公司最高层诉苦、得到对方的同情，他/她的经理又怎么可能有效地管理这名下属呢？

因此，高管团队达成了一致意见：我不会为任何人开例，也不会拖延做出决定。如果我觉得有需要跟员工发展恋爱关系，就会另谋他就。

客户隐私

保护客户数据隐私，也是企业应该明确规定的。爱彼迎有严格的规定，只有出于履行正式职责的理由，员工才能查看客户数据。

2016年，媒体曝光了某打车软件的"上帝视角"工具，才让这家公司豁然省悟：遵守这项规定真的十分重要。简单说就是，这家公司研发了一种工具，让员工可以在系统中实时追踪用户。他们对此肆无忌惮。有一次，在纽约，有记者在这家公司开发的打车APP上叫了车，前往此公司，去采访一位高管，一下车就看见高管已经站在路边，等着迎接她。高管跟她打招呼，还补充说："我一直在追踪你。"一位前安全主管辞职后，起诉了此公司，声称经常有员工查看政客和名人的数据。

根据公开报告，此公司的员工还会使用这一工具，追踪前伴侣、朋友和家人、目前暗恋的对象和其他人的乘车资料。滥用客户数据的事件曝光后，用户群情激愤。后来，此公司缴纳了罚款，同意在未来20年里，接受美国联邦贸易委员会（Federal Trade Commission）的隐私审查。这件事向各家公司发出了清晰的信号：客户数据代表着一种信任，雇主必须予以尊重，防止这种员工普遍滥用客户数据的情况发生。

区别对待

以上是爱彼迎守则中的两个具体元素，我解释过，在某些方面，守则对高管提出了比普通员工更高的要求。那么毫无疑问的是，其他公司会有些首席执行官对这样的具体规定感到反感。在令人津津乐道的故事中，商界对叛逆者是抱着欣赏态度的，有些人还以此成名。例如史蒂夫·乔布斯（Steve Jobs）、理查德·布兰森（Richard Branson）[1]和特德·特纳（Ted Turner）[2]，都是这样的企业家。乔布斯初出茅庐时，在雅达利（Atari）担任工程师，众所周知，他走到哪里都光着脚。后来，他把不愿安于现状、不喜欢墨守成规的行为，化为了苹果公司（Apple）的呐喊。

---

[1] 维珍集团（Virgin Group）创始人。——译者注
[2] 美国有线电视新闻网（CNN）的创办者。——译者注

培养充满叛逆精神的企业文化，让员工像一群快活的海盗似的，往敌人眼里吐口水，这倒也不失为一种独特的公司招牌。这有时候在招揽人才方面还别具优势。当然，这也可以是符合道德操守的。但如果"先斩后奏"做过了头，就可能会适得其反。如果公司没有制定清晰的指引，表明界限在哪里，触犯界限会有什么后果，情绪高涨的员工就可能会失去控制，彼此怂恿，做出不利于他人乃至于公司的事。

回到恋爱关系的问题上。对于与你情我愿的成年员工或合作伙伴发展恋爱关系这件事，有些首席执行官显然自认为有资格去判断什么时候是恰当的，以及是否恰当。他们觉得自己唯一的职责是推动股价，别无其他。如果公司利润表现强劲，他们就自以为不必遵守规定。

曾几何时，这或许是许多公司中常见的准绳。但时代已经变了。我知道几位位高权重、充满自信的首席执行官，由于被许多人指控多年来发生了一系列不当关系，而被迫下台。他们都辩称双方的关系是"你情我愿"的，但指控人表示他们运用了恐吓——甚至更恶劣——的手段。同时值得留意的是，在每个个案中，记者（在威恩的个案中，政府监管人员）都发现有证据证明，其他员工和高管明知道首席执行官的所作所为，却为其掩饰，甚至协助安排"约会"。**如果有工作关系的两个人发生不当的亲密关系，那几乎可以肯定的是，他们之间不只是"大家都是成年人，你情我愿"这么简单，而会牵涉其他因素和后果。**

要在企业最高层定下正确的基调，还涉及一个棘手的两难困境，那就是如果很有价值的或"心腹"员工滥用权力或违反规定，首席执行官要如何处理。我们大多数人都见过，常有魅力四射的顶尖销售人员、交易师或编码员是首席执行官的"亲信"，全公司的人都知道，在首席执行官眼中，这些人"做什么都是对的"。

当首席执行官眼前的红人做出无数令人讨厌的小事——专横地对待支持团队的员工，霸占别人的停车位，总是"贵人事忙"、无暇出席"强制性"会议，等等时，就已经够糟糕的了。当他们被控性骚扰或滥用客户数据，而在同一个月又交出创下新高的销售成绩单时，又该如何对待他？许多公司的回应是遮遮掩掩，悄悄和解了事，这样的例子我们见过太多了。我想，多亏了#MeToo运动，加上积极参与社会运动的员工要求企业承担起更多责任，这样的日子很快就要结束了。如果一家公司在员工违反道德守则时为其掩护，就会在全公司造成不良风气，引发比任何个别事件更加严重的问题。

想象一下，你手下业绩最好、最宝贵的员工刚骚扰了办公室里的一位同事。你愿意怎样去处分这个人？如果在制定了所谓的铁律之后，公司却对这个骚扰者高举轻放，而对做出同样行为的其他人严惩不贷，这就违反了诚信原则，可能让员工在私底下——或公开——反叛。

大多数首席执行官都喜欢把最终决定权握在手里。他们喜欢这份自由。自恋的首席执行官会走极端。但成熟的人会明白，归根结底，许多工作都会在一定程度上要求你牺牲私人生活、友谊和自由，无论是加班加点工作，还是身为内幕人士就不能买卖股票。每个人都必须遵纪守法，但没有人强迫你为一家制定了详细道德政策的公司工作。在一家合乎道德的公司，随着时间的推移，政策会因应社会规范、招聘问题和其他变量，与时俱进。

6000名首席道德官

在某种意义上，我希望公司里的每个人都把自己看作道德专员，积极捍卫我们的品牌。我们都很清楚自己不是十全十美的。诚信不是待办事项清单上的一个行动项目，做完以后就可以万事大吉；我们把诚信看作需要长途跋涉的征程，在这条道路上，可能会栽跟头。我们积极鼓励大家提出道德相关的疑问，发现问题就积极举报；我们也严令禁止任何人恐吓他人，阻挠他人举报遇到或见到的违规行为。此外，对个人的忠诚不能成为辩解理由，在工作中也不能凌驾于其他价值观之上。

说到首席领导应该在道德问题上发挥领导作用，我还想强调三个具体的职位和实体。

董事会的领导作用

过去两三年里,媒体曝光了一连串丑闻和内幕,要说它们有什么共同的主题,那就是:董事会到哪儿去了?归根结底,一家公司的董事对股东负有信义义务,有责任保护股东的资产。虽然首席执行官对企业经营负根本责任,但董事会有权辞退首席执行官。当一家公司胡作非为,或者有高管行为不当时,董事会常用的一个借口是:首席执行官隐瞒了真相。

董事会摆出这样的态度,已经越来越难以博得公众的同情。在《企业法律顾问》(Corporate Counsel)刊登的一篇文章中,作者适时地提出了一个重要观点:"#MeToo运动推动了商界和社会的变革,迫使企业关注文化,视之为重要的公司资产。高瞻远瞩的董事会应该把握机遇,提升企业管治实践,重新打造雇主形象,营造出安全、包容、公平、健康的文化,注重长远的价值创造。"

在某些情况下,狂热的投资者在董事会占据主导地位也引发了一些问题。2019年秋季,总部位于纽约的某共享办公空间公司突然传出丑闻,推迟众所期待的上市计划,随后更是撤回了上市申请。在2019年上半年,公司营收仅为15亿美元,亏损却高达13亿美元,但更大的问题在于企业管治。这家公司在道德问题上简直惨不忍睹,其联合创始人被指控进行董事自我交易;任人唯亲,任用亲戚把持公司重要职位;挥霍公司6000万美元资金购入豪华的私人飞机出行;还频频举办吵闹的工作派对,公司酒水供应不断。不久后,他就离开了公司。

这家公司的董事会到哪儿去了呢?原来,董事会其中一个席位属于某家风险投资公司,旗下的基金公司对这家共享办公空间公司的投资超过100亿美元。据《洛杉矶时报》(Los Angeles Times)报道,风险投资公司的主席在不久前的2018年,还曾经对许多科技投资者的保守表示不屑。他在接受彭博(Bloomberg)采访时表示:"我们干嘛不轰轰烈烈地大搞一场呢?其他股东想要建立干净、光鲜亮丽的小公司,我要说:'我们大胆地闯荡就好。我们不需要光鲜亮丽。我们现在不需要效率。一起来大干一场吧。'"

与此同时，在2017年，共享办公空间公司的联合创始人告诉《福布斯》（Forbes），他跟风险投资公司的主席有过这样一段对话："这位主席转头问我：'一个聪明人跟一个疯子打架，谁会赢？'我回答说：'疯子赢。'他看着我说：'你说得对，但你还不够疯。'"

像这位联合创始人这样本来就激进的企业家，再有一个偶像级别的投资者给他几十、上百亿美元现金，叮嘱他"轰轰烈烈地大搞一场"，也难怪会搞出个烂摊子了。

如果首席执行官不以身作则，董事会不监督首席执行官的执行情况，并要求对方提供监督所需的信息，我在这本书接下来的篇幅中倡导的原则就是毫无意义的。

法律总顾问

在一家有相当规模的公司，第二个与道德相关的具体职位就是法律总顾问。法律总顾问的职责范围相当广泛。他们必须监督公司运营是否遵守美国和海外法律的监管规定，还要持续监控公司面临的诉讼情况。他们必须就合同、商业交易、诉讼和人事相关的挑战提供法律意见。在更高的层面上，他们必须与领导层团队携手合作，在员工提出创新和富有创意的想法、当中又涉及若干风险或难以预测的元素时，考虑如何审批。

在定下基调、印证道德是公司优先考虑的问题上，法律总顾问起到的作用无疑比不上首席执行官，但只要公司设立了这个职位，这对于实施"刻意诚信"原则就是至关重要的。法律总顾问是少数在运营上需要负责监督高级领导人（包括首席执行官）的职位，一旦高级领导人走了歪路，法务团队就必须确保公司管理人员贯彻一致地正确理解相关法律法规。当然，管理人员有时会希望法务团队对法律法规的诠释不要那么严格，激烈反对有关监督。但法务团队有责任坚守法律，给出可靠的法律意见，这是他们的专业职责。我认为，如果法律总顾问的道德行为有问题，会成为公司的一大累赘。

看到某上市公司（这里我们暂且称之为 A 公司）首席法务官大德（化名）卷入的争议，我感到沮丧，也知道其他法律总顾问会有同样的感受。A 公司旗下有名的科技子公司的法务部门合同经理珍妮（化名）表示，从 2004 年起，她和大德开始了一段婚外情。事件最初在 2018 年因《纽约时报》的报道而浮出水面，随后在 2019 年 8 月 27 日，珍妮在 Medium[①]上撰文讲述了整个经过。当时，大德担任科技子公司的法律总顾问，而珍妮是他领导团队的成员。2007 年，她与他生了一个儿子。她在 Medium 上写道："我们的儿子出生后，人力资源部门给我打了个电话，通知我说，我们之中必须有一个人离开法务部门。于是，他们全然不顾我的销售经验为零，还是让我转岗到销售部门。"

珍妮对新职位感到不满，一年后就从科技子公司离职了。她声称，大德明知公司有政策禁止上下级之间发展恋爱关系，但在儿子出生之前，从来没有把他们俩的关系告诉公司任何人。大德随后发表声明，承认两人生有一子，但声称"双方各有不同的说法"，她所说的一些话并不属实。大德还表示，他"当时与雇主详细讨论了我们之间的关系"，但不作进一步评论。

情况后来越发复杂，但我们的讨论先截止到这个点上吧。我明白，人与人之间的关系是错综复杂的，双方可能会对一次分手有截然不同的看法。可是在这件事上，涉及两个根本性的道德错误。首先，科技子公司的高级领导人与自己的团队成员之间发展恋爱关系，这明显是直接违反了公司政策。在这个根本性错误的基础上，还有第二个失误——公司未能让领导人为第一个错误承担责任，而是实施了一个所谓的"解决方案"，让初级员工承担大部分后果。珍妮被迫离开了一个她训练有素、经验丰富的职位，而被调往一个不那么有趣、不那么令人满意的职位，这种事情在美国大企业之中实在太常见了。后果总是由无权无势的弱者承担。Law.com 刊登了一篇文章，引用了人力资源专家杰米·克莱因（Jaime Klein）的话，克莱因表示，企业经常会保护它们认为很重要、不能失去的人，"我们不能失去这些

---

① 美国在线出版平台。——译者注

高级人才、专题专家。我时常看到企业为这些人破例。除非我们停止破例，制定适用于每一个人的规则，否则，这种事情还会持续上演"。

显然，科技子公司的许多员工希望领导人在这个问题上做得更好。2018年11月1日，由于另外两名（克莱因口中的）"高级人才"在受到性行为不端的指控后离职，却还收到了大笔遣散费，全球各地逾2万名员工罢工抗议。据《商业内幕》（Business Insider）报道，罢工组织者在一个社交媒体账号上发推文表示，珍妮2019年的博文反映了"子公司最高层'把人当成物看待'的制度文化。这会伤害到所有人——无论性别和公司级别，都不能幸免。"大德在违反了所谓的标准后，子公司未能让他为此承担责任，由此我们不难想象，当公司的法律总顾问和人力资源团队跟员工讨论道德问题时，大家又怎会将其放在心上。

随后的消息也没有改变我的想法：多个媒体报道说，大德在2019年针对与珍妮之间的关系发表"双方各有不同的说法"的声明后不久，就娶了子公司法务部门的一名员工。2019年，一群股东起诉A公司，声称公司掩盖了性行为不端的指控，公司宣布发起内部调查（截至本书撰写时，尚未发布调查结果）。2020年1月第一周，大德在一封邮件中，以轻松欢快的口吻宣布自己退休。原来，他前几个月一直在出售价值超过2亿美元的股票。A公司证实，大德不会得到遣散费。看到这里，对于全球为何会掀起科技抵制潮这个问题，还有人有什么疑问吗？

人力资源主管

首席领导所指的最后一个需要在道德问题上发挥领导作用的重要职位，就是人力资源主管。贝斯·埃克斯罗德（Beth Axelrod）是最优秀的人力资源主管之一，在eBay和爱彼迎，我都有幸与他共事。需要再强调的是，在一家小公司里，创始人会身兼数职，有时会承担起人力资源部门的职责。但在一家大公司，人力资源主管一般负责建立和维护公司的人力资本。这意味着招聘和培训员工，管理员工福利，执行工作场所的具体政策，维护设施安全。在这些职责中，都可能会出现包含道德元素的情况。

撰写和跟进劳动合同，也是人力资源部门的职责。值得留意的是，由于有些公司向被指控性骚扰和其他行为的员工发放遣散费，企业合同受到了更密切的关注。一些公司声称，受制于合同细节，他们别无选择，只能发放高额遣散费。人力资源主管接下来真正要做的是，在同意做出不良行为的员工不必承担后果的条文之前，深入思考一下：针对员工违反公司道德守则的情况，劳动合同里要呈现出怎样的规定。

捍卫"刻意"

无论你在公司担任什么职务，无论你是首席执行官、企业主、高管团队成员、中层经理甚至是个人贡献者，都应该想一下自己希望在怎样的环境中工作，并应该如何努力营造出这样的环境。事实上，你可以把自己看作个人声誉的首席执行官，你所管理团队的首席执行官，然后确保自己的行动足以应对这一挑战。

如果你的公司制定了道德政策，请深入了解，联系身边的现象，想一下现有政策是否充分。不要因为事不关己，就对道德违规行为高高挂起。你是公司的一分子，公司的品牌和声誉与你息息相关。如果你本来可以制止一个问题，却袖手旁观，那你可能需要对此有所交代。

希望你看过我接下来要讲述的守则案例研究后，能思考一下自己的工作场所中是否有类似的现象。如果是你遇到这些诚信两难困境，你知道要如何处理吗？是否还有哪些规则或政策，可以改进你所在工作场所的诚信度？

如果你的公司还没有制定商业道德守则，或许你可以劝说人力资源部门制定一份。你不敢吗？你可以向首席执行官或法律总顾问发送邮件，讲述你在道德或诚信问题上遇到的两难困境，以及公司要是制定了更具体的指引，可以带来什么好处。

我不喜欢匿名备忘录，但也明白，有些员工对待提出这些问题的人，有时就像对待在下课铃响起之前5分钟问老师会不会布置功课的小孩。然而，也正是这些愤世嫉俗的人会上雇主点评网站Glassdoor或职场八卦论坛Blind，匿名发布有关上司或公司的负面消息。他们会第一时间抱怨，常常充满了私怨和嫉妒；可是，他们想要**解决**这些问题吗？

如果有匿名员工为公司声誉感到担忧，关心公司能否招募到优秀的人才，担心公司与合作伙伴或顾客之间的关系，或者发现某个情况可能会加大公司的法律责任，法律总顾问一般都不会掉以轻心。如果你对某个问题感到忧虑，想要提醒公司的法律总顾问，请尽量提供证据和事实，支持自己的论点。

另外，如果你怀疑即使自己提出了对诚信问题的忧虑，现有雇主也不会认真对待，或许就会想，还是省点力吧。但你决定跳槽时，可以询问一下潜在的新雇主，公司领导人是如何看重诚信，营造诚信风气的，这或许有助于你找到符合自己价值观的新公司。保罗·萨利亚韦里补充道："我发现，现在的员工真的会把自己与所在的公司联系起来。他们决定想在哪里工作时，会扪心自问：'我是谁？'当一家公司展现出诚实和诚信的品格时，就会吸引到想要在这种环境中工作的人才。当坏习惯已经成为常规作业程序时，企业最终会自食其果。"

守则案例1：雷吉娜和泄密短信

在过去11年里，雷吉娜担任迈克的行政助理，而迈克在两年前当上了首席执行官。她到过迈克家参加员工节日派对，也和迈克的妻子萨莉交上了朋友。

有一天，萨莉给雷吉娜打电话，跟她说："迈克把iPad忘在家里了；我刚看到一个伊利诺伊州的号码给他发了一条调情短信。雷吉娜，迈克是不是有外遇呀？"

雷吉娜的心沉了下去。迈克最近态度疏离，也曾经有几次吩咐雷吉娜在安排日程时，方便与住在芝加哥的供应商女性高管见面。

"萨莉，我什么也不知道。"雷吉娜告诉她，"或许有人发错号码了吧?"萨莉什么也不说,就挂了电话。

过了几分钟,迈克打电话给雷吉娜,大嚷大叫:"你是怎么回事?你为什么不在萨莉那边替我打掩护?"

"迈克,我不知道该说些什么。"

"**或许**有人发错号码了,"他又喊道,"她就听到这话了。你为什么不告诉她,**肯定**是有人发错短信了?雷吉娜,你应该挺我的。我需要一个信得过的助理。"他挂断了电话。

现在轮到雷吉娜来做决定了。她接下来应该怎么做?

讨论这一案例,请参阅附录第258页。

守则案例2:查利的顾客是谁

查利是美国中西部一家电信运营商ISP-Co的首席执行官,在监管问题上屡屡受挫。公司的政府事务负责人拉里打电话告诉查利,电信委员会的一名成员维纳斯打电话过来说,她在ISP-Co上的电邮账号有问题,密码失效了。但问题是:账号所有人是维纳斯的分居丈夫,而客服告诉她,他们只能跟账号所有人讨论和调查问题。维纳斯担心她的丈夫在偷看自己的电邮。

拉里告诉查利,可以趁此机会帮维纳斯一个忙,以此改善双方关系,对公司也有好处。拉里希望查利放宽规定。

这个问题会考验查利能否恪守公司守则。他要怎么做?

讨论这一案例,请参阅附录第260页。

INTENTIONAL INTEGRITY

第 4 章

量身定制的道德守则：界定诚信对你的组织有何意义

你不能找一个"通用"守则模板，添加了公司名称和标志，就算把诚信守则制定下来了。你必须认真思考企业价值观，因应具体的商业模式、行业标准、利益相关者关注的问题和外部挑战，制定自己的规则。

有一些公司的品牌名称和口号长久以来都极具感染力，代表着引人奋发向上的理念。想想看：李维斯（Levi's）——"品质永不过时"；耐克（Nike）——"只管去做"；迪士尼的"神奇王国"。时至今日，"柯达一刻"还用于描述转瞬即逝、值得照相留念的珍贵画面（即使在用手机拍照盛行的今天，这个说法也没有过时）。

可是有一家综合性天然气和电力公司（我们暂且称之为E公司），即使在破产后近20年，仍然是道德彻底崩塌的象征。

20世纪90年代，天然气市场放宽监管，E公司凭借出售能源合约，成为华尔街和商业媒体的宠儿。10年间，E公司的股价节节攀升，《财富》杂志称之为2000年美国最具创新精神的大公司。其市值达到600亿美元。在评价美国企业最佳董事会时，《首席执行官》（Chief Executive）杂志将E公司列入前五名。E公司高管的傲慢态度具有传奇色彩：在一次有多名投资者和分析师参加的电话会议中，有基金经理对E公司扑朔迷离的资产负债表提出质疑，但其首席执行官回应道："谢了……混蛋。"这句话就此传开了。

真是令人叹息。

到2001年11月，E公司的股价从90美元急跌至不到1美元。一个月后，E公司申请破产，这是美国有史以来最大的破产案。而那位提问的基金经理笑到了最后：E公司令人眼花缭乱的会计舞弊伎俩和不道德的财务报告，注定了公司破产的命运，而帮其审计的会计师事务所也因此事倒闭了。E公司多名高管被起诉，进了联邦监狱。服刑12年后，其首席执行官在2019年2月获释。E公司的董事会曾就公司的道德守则给予"豁免"，让某些交易成为高管敛财的工具，为此饱受批评。

在很大程度上由于E公司事件暴露出来的问题，美国国会在2002年通过了《萨班斯-奥克斯利法案》(Sarbanes-Oxley Act)。时至今日，这项法案依然生效。它规定每一家美国上市公司都必须制定具体的书面道德守则；呼吁上市公司领导人披露"公司高级管理层秉持的基本商业价值观"。而美国证券交易委员会（SEC）后来更进一步，要求上市公司制定规管董事、高管和员工的完整道德守则，守则如有豁免，一律须予以披露。

这些规则只适用于上市公司，但许多私营企业所采纳的道德守则和商业实践也与这些标准相符。这样的指引有几个重要目的——不仅是为了规管哪些行为是允许的，哪些行为是禁止的，还为了界定公司文化，塑造出品牌形象，让顾客、潜在员工与合作伙伴可以选择与自己有类似价值观的公司、雇主和合作伙伴。

E公司事件伤害了许多人。员工失业，小投资者蒙受惨重损失，有些投资者的退休基金泡了汤。E公司长久以来的欺诈和欺骗极其严重地辜负了公众的信任。然而，不幸中的大幸是，《萨班斯-奥克斯利法案》这样的法律出台，规定上市公司制定具体的道德守则和商业实践，支持有意地"种植和栽培樱桃树"——这比不得不承认自己砍倒了一棵樱桃树，要更有成就感，回报也丰厚得多。

守则里需要有什么内容

这些年来，企业的道德守则和商业实践形成了标准的结构，通常可以分为五个基本部分[①]：

1. 首席执行官签署的**引言**，列出公司的基本使命或宗旨，写明守则适用于公司每一个人。

2. 具体的**核心价值观和原则声明**。不要泛泛而谈地说"不作恶"，而要刻意、肯定地做出承诺，秉持诚实、公平、守法这样的价值观，以及与企业使命相关的价值观，可能包括卓越的客户服务、低价、最大限度提升股东价值、尊重员工并给予员工充分授权，或者承诺从合乎道德的供应商采购成分或原料。

3. **针对特定的工作场所，制定**具体的**规则和实践**，并举一**些例子**，生动而又深入浅出地说明这些价值观和原则。举例说明是十分重要的，但有时它们会被忽略。举例的目的是不光要告诉员工有哪些规定，还要向员工展示，在自己能否恪守守则受到考验时，要怎么做。

4. 详细说明违规**后果**——列出一系列违规行动，说明依据守则会如何处置这些行动，以及**员工**如有疑问或者想举报违规行为等，他们可以利用**哪些资源**。

5. 最后一点，但也同样重要的是，要清楚说明**员工若想在这家公司工作，就必须阅读、理解守则，并签署承诺书**。如果有人阻挠其他人举报违反守则的行为，或者报复举报人，那都是违反守则规定的。在某些公司的某些职位上（例如财务报告结构），要是未能举报违反守则的行为，也算违反了守则。

有了这五项基本元素的守则就适用于大多数商品和服务供应商了——甚至是非营利组织。这一结构简单明了，适用于任何规模的公司，无论是一家有150名员工的牛仔靴生产商，还是一家全球互联网平台型企业，或者一个连锁餐厅集团。此外，我相信凡是有大规模互联网平台的企业，还需要考虑另外制定一套社区标准，规范社区用户的诚信行为，我会在第11章中对此进行详细讨论。

---

① 这份清单摘自《华尔街律师》(*Wall Street Lawyer*) 2003年刊登的一份精彩的调查报告，题为《企业道德和萨班斯-奥克斯利法案》(*Corporate Ethics and Sarbanes-Oxley*)。——作者注

企业价值观

首席执行官和董事会需要全力支持制定或修订道德守则。诚然,首席执行官不会在战术层面管理守则的制定,但高管团队必须启动这项工作,确保每个人都恪守公司的价值观。他们必须决定:

- 企业价值观是怎样的?
- 公司承诺恪守哪些基本道德或人的基本追求?例如诚实、守法、尊重个人,拒绝基于种族、宗教、族裔、民族血统、性别和性取向的歧视。
- 公司相信哪些重要的经营及/或商业价值观?这可能包括质量、工作场所安全、卓越服务、透明的财务报告、从合乎道德的供应商采购成分或原料、给予员工充分授权,或者深切关注客户满意度。
- 针对公司品牌,公司建立了哪些具体的价值观?
- 公司是否有独特的职场文化,或者在社区中有独特的地位,或者有独特的观点,而且这些是与公司品牌不可分割的?

这些问题并不是要在客观上确定价值观孰是孰非,而是在于企业的本质("你是谁"),你打算怎样展现出这些本质。最终,企业的每一条核心价值观,都应该在道德守则的每条规则中找到对应。

2018年初,布莱恩·切斯基给爱彼迎社区写了一封公开信,详细讲述了自己的感受。他觉得,企业要生存和发展壮大,就需要改变经营价值观,甚至把目光放得更长远。他写道:

显而易见,我们不仅要对员工、股东甚至是社区承担责任,还要对下一代负起应有的责任。企业有责任改善社会。爱彼迎可以参与解决的问题极其广泛,因此,我们在运营中需要更高瞻远瞩。

自我记事以来,我就见证着科技发生的巨大变化,可是企业的经营方式还是停留在过去。由于20世纪遗留下来的做法,企业目前面临着压力。传统上,企业往往会专注于增加短期的财务利益,经常不惜牺牲企业愿景、长期价值以及对社会的影响。你可以说,这些公司身处21世纪,本质上却还停留在20世纪。

布莱恩反对前人对企业的过时观念。这种观念可以追溯到20世纪70年代，经济学家米尔顿·弗里德曼（Milton Friedman）说过一句有名的话，即企业领导人应该"按照（股东的）愿望经营这盘生意，这一般是尽可能多赚钱，同时遵照社会基本规则"。许多专家认为，基于这种想法，上市公司一心只顾追求季度业绩，有时不惜牺牲质量、客户服务、员工安全，以及可能导致利润下降的其他投资。

我们在下文中会进一步讨论这个问题，但布莱恩不是唯一一个呼吁企业改变心态的商业领袖。2019年初，贝莱德（Blackrock, Inc.）公司首席执行官劳伦斯·芬克（Larry Fink）给贝莱德投资过的公司负责人写了一封信，探讨了企业目前面临的道德和社会挑战。他重点讨论了重视企业宗旨的力量：

企业宗旨不是单纯地追求利润，而是实现利润目标的动力。对企业宗旨的提倡与企业盈利并不矛盾——事实上，追求盈利与企业宗旨并无冲突，二者反而是紧密相连的。一家企业若要长期有效地服务其所有利益相关者——不只是股东，也包括企业员工、客户及其所在社区，其盈利能力非常重要。同样，当一家企业能真正理解并准确表达出其经营宗旨时，那么它就能依据其战略重点和价值原则行事，从而实现长期盈利。企业宗旨可以促使企业管理层、员工和社区同心协力，共赴事功。企业宗旨能够带动企业提升商业道德行为，有效约束可能违背利益相关者利益的不良行为。企业宗旨还能指导和影响企业文化、提供连贯一致的决策框架，并最终帮助股东获得长期投资回报。

劳伦斯·芬克所说的"连贯一致的决策框架"，是企业有意讨论和声明公司的核心价值观所实现的成果。他扩大了企业宗旨的范畴，致力于服务其所有利益相关者——不只是股东。像他这样举足轻重的企业投资者和思想领袖，能够发表这样的观点，真是令人耳目一新。

那么，这在守则的页面中会有怎样的体现呢？我们一起来看一下三家公司表达的核心价值观，以及这些价值观在具体政策中有怎样的体现。

零售业巨头沃尔玛（Walmart）的《全球道德操守规范》是这样开头

的："我们独特的企业文化使我们得以实现'为顾客省钱，让他们生活得更好'的使命，而承诺诚信经营是我们企业文化的基础。"

高端户外用品公司Patagonia的使命宣言是这样的：

在Patagonia，我们明白地球上所有生命都面临灭绝的威胁。我们致力于运用手头上的资源——我们的业务、投资、话语权和想象力——为应对这一威胁尽一份力。

Patagonia成立之初，不过是一家为登山者打造装备的小公司。如今发展成为一家全球性企业，仍在为登山者生产服装，也为滑雪者、单板滑雪者、冲浪者、飞钓者、登山骑行爱好者和越野跑爱好者提供装备。时至今日，"阿尔卑斯式攀登精神"①仍然是我们的核心。这些是静默的运动，不需要轰轰作响的引擎，也很少会引来围观者的欢呼。在这每一项运动中，回报都来自来之不易的崇高精神以及与大自然的联结。

在爱彼迎，我们表示："我们的文化建设基于四大核心价值观：承担使命、热情好客、勇往直前、勇于创新。②我们的道德守则说明了为了秉持企业价值观，我们必须践行的原则；厘清了公司对员工行为的期望；也强调了为了打造无与伦比的爱彼迎社区，我们共同承担的责任。"

这三家公司的声明都鼓舞人心，但并不能互换。Patagonia完全没有提到低价产品，因为它生产的并不是低价产品。沃尔玛的声明对环境绝口不提，因为这并不是沃尔玛核心关切的问题。爱彼迎的守则是为一个不生产或销售产品的互联网平台打造的；它致力遵循的政策和从事的业务活动，有助于培养商业组织的好客之道、勇往直前的精神、人与人的联结以及归属感。这三家公司声明了自己独特的价值主张，制定了反映出这些价值观的政策，由此展现出"刻意诚信"的品格。

---

① "阿尔卑斯式攀登"讲求在登山活动中不依赖背夫，自行背负行装，自给自足，轻装快速攀登；体现了公平、自主和快速的特点。——译者注

② 承担使命、热情好客、勇往直前、勇于创新，这概括了爱彼迎新员工入职时承诺遵循的价值观，是指心怀"创造一个人人都有归属感的世界"的使命，热情好客，充满激情，乐于应对商界和旅游业变幻莫测的挑战，不畏困难，千方百计地找到富有创意的解决方案。我们的创始人就是这样做的。当年，他们为了维持公司经营，巧妙地设计出定制版麦片盒，在政治会议上出售。——作者注

在具体规则中反映出核心价值观

究竟是否应该允许员工接受礼物,是企业经常遇到的道德两难困境。以此可以清楚看到,核心价值观是怎样以不同的方式左右具体规则的。礼物从无伤大雅的"业务招待"(例如一个印有合作伙伴推介的新产品标志的咖啡杯,或者向合作伙伴会议所有出席者发出观看喜剧表演的邀请函),到旨在影响甚至直接收买特定业务成果的礼物等,不一而足。

沃尔玛的《全球道德操守规范》规定,员工不得接受任何类型或大小的礼物。无论是午餐、T恤衫、两张音乐会门票,还是为了招待供应商的顾客而组织球赛的豪华包厢门票等,一律禁止。事实上,员工应该在可能涉及礼物的情况出现之前,先行告知合作伙伴和供应商,说明自己不能接受礼物。我听说,有些沃尔玛员工在拜访供应商时,会从口袋里掏出一美元,为自己喝的水付费。

沃尔玛的《全球道德操守规范》写道:"不得接受任何礼品及款待的政策基于我们完全透明和客观的价值观以及保证'天天低价'的原则。因为这些礼品及款待会增加经营成本,如果我们不需要供应商提供其他顾客可能要求的礼品和款待,那供应商就能以优惠的价格向我们提供产品。"我觉得这一解释清晰明白,也直接源于沃尔玛的核心价值观——低价。它不依赖含糊不清的伦理道德。或许沃尔玛员工并不喜欢拒绝礼物,但这项政策表述清晰,目标明确,为员工树立了良好的典范。

我之前提过,爱彼迎一般规定,我们允许员工从供应商和业务合作伙伴接受礼物和偶尔的款待,但价值不得超过200美元。那么你会问了,既然我这么喜欢沃尔玛的政策,为什么不禁止所有礼物呢?

问题不在于你在抽象意义上"喜欢"或"不喜欢"某项政策。关键是,这项政策能否反映具体组织的使命和宗旨,以及其业务的现实情况。爱彼迎经营的是住宿行业,我们的业务是要提供和促进有意义、令人难以忘怀的体验。住宿行业的核心在于盛情款待,让其他人感觉到受欢迎和欣赏。这个行业的市场营销策略时常涉及礼物和活动。此外,我们的总部和许多办公室位于市区，我们要在潜在员工和顾客之中制造人气，赢取印象份额。潜在员工群体会留意到T恤衫、球帽、印花手提袋和其他品牌物品等"市场宣传品"。如果我们要送出这些礼物，那么，不接受的话会很奇怪。与沃尔玛不同的是，我们是一个赋能平台，不设定价格，因此，沃尔玛禁止礼物的逻辑一般与我们无关。

好吧，那为什么要设定200美元的上限呢？或者说，为什么要设定任何上限呢？因为模棱两可会埋下诚信陷阱。我们当然认识到，员工可以在合作伙伴或供应商之间进行选择，从而影响商业决定。因此，我们不希望合作伙伴禁不住诱惑，向我们的员工赠送珍贵或强制性的礼物或体验，也不希望我们的员工接受这样的礼物或体验。除了金额限制以外，我们对礼物制定了更详细的规则。例如，即使是价值超过200美元的款待活动，我们也可能会批准这样的礼物——但前提是组织者一同参加（换言之，"业务招待"礼物不同于给员工及其配偶共进晚餐的代金券）。我们还对礼物制定了其他具体规则，包括我们不"赠送"价值超过200美元，或旨在影响商业决定的礼物。在某些情况下，我们或许会允许赠送或接受价值超过200美元上限的昂贵礼物（例如，某一个充满异域风情的胜地刚向旅游业开放，邀请我们跟随导游游览；或者组织者为了增进关系举办了一场盛事，邀请我们参加），可是必须事先咨询道德顾问，并经过经理审批。且这些活动必须涉及特定的商业目的或具有教育意义的体验。

20世纪90年代，我在美国司法部担任联邦检察官，我们规定禁止接受价值超过25美元的礼物或餐饮。这意味着你为了节省时间，可以一边跟来自其他机构的人员，或者与之合作团队的律师商讨问题，一边吃一顿简餐或喝杯咖啡，也不必汇报。把上限设得这么低，是合情合理的——检察官绝对不能受到礼物的影响。各家企业和机构做法不一，只要考虑周详，规则面前人人平等，并符合组织价值观、业务性质和文化，就是妥善的方案。

推动守则流程

好了,现在假设你是首席执行官,决定制定"刻意诚信"守则,又或者你说服了首席执行官让你负责这项任务。你要从何做起呢?

我先来说明两个要点:(1)没有人喜欢多一个委员会;(2)抱歉,如果你想要制定一份既能代表企业价值观,又能让所有人买账的守则,就需要一个委员会,代表公司尽可能多个职位和部门的员工发表意见。

如果公司有哪个部门没有代表发表意见,就可能会产生我所说的"摩西综合征"。大家会觉得法律总顾问或道德守则项目负责人不知跑到哪个圣地"闭关灵修",出关后拿出一长串道德规则,要求其他人遵守。摩西综合征与你想要向员工传达的讯息是南辕北辙的。"刻意诚信"需要具有包容性,代表公司全体员工的不同观点和体验。这意味着你需要用心聆听,邀请员工深入思考这些问题,唯有如此,你制定的政策才能不仅反映法律规定和其他公司的实践,还体现出员工关注的问题、疑问和容易产生困惑的地方。

说实话,根据我的经验,我邀请员工一起草拟道德守则时,对方一开始会对这项任务望而生畏。我清楚地记得,我当初邀请爱彼迎某位员工担任这个项目的负责人时,她的第一反应是发出痛苦的呻吟:"啊啊啊——天哪!"也不怪她会有如此反应,因为大家会为规则的措辞争论不休,这个过程就像制造香肠一样,不太好看。但没过多久,参与者往往会承认,这个过程很有意思,能启发思考,甚至充满了乐趣。

想想看,《亲爱的艾比》(*Dear Abby*)这样的答读者问专栏之所以能取得成功,有赖于专栏作家愿意为陷入道德困境的读者解疑。读者遇到的两难困境可能包括:"我很喜欢我的婆婆,但受不了我的公公——我能只邀请她来我家过节吗?"或者"我担心邻居可能在虐待他的狗——我应该先跟他聊一聊,还是直接报警?"人类面对道德冲突和两难困境,要如何提出控诉和解决问题,这本身就是引人入胜的话题。

《亲爱的艾比》专栏笔调诙谐,让读者欲罢不能,撰写道德守则的过程也同样充满了乐趣。[1]论及道德问题，经常会听到大家的一些怪癖和突如其来的古怪讨论。因此，委员会成员在草拟守则的过程中，可能会在不经意间捧腹大笑。例如，我们在讨论是否应该允许员工带狗上班时，团队一名成员提到在以前工作过的一家公司，一只狗经常会溜进会议室，留下"印记"。大家都怀疑，这只狗其实是竞争对手派来的间谍，因为它总会在公司与投资者召开重要会议之前干出这种事，让投资者掩鼻。听了这个故事，又有人说起在一家允许员工带狗上班的公司，一位高管要与来自另一个国家的潜在合作伙伴会面。高管来到大堂，发现客人把玻璃罐里的狗零食当成了曲奇饼，吃得津津有味，还递给他一块。为了不让客人感到尴尬，他硬着头皮把狗零食放进了嘴里。

为日常生活中的两难困境找出合理的解决方案，这个任务不仅有趣，而且还很有成就感。参与者会意识到，要探讨道德这个话题，就要认识到公司员工的义务相当复杂，有时还相互冲突。当我们毫不避讳地着手解决这些问题时，就会真正感觉到自己充满了能量。

论及委员会的组成，需要再次强调的是，多元化是关键所在。公司所有重要部门都要有代表参与（例如销售、市场营销、法务、人力资源、建筑维护）。虽然不可能面面俱到，但理想的委员会还应该包含不同年龄、种族和族裔背景的代表。如果你在非营利组织工作，或许应该邀请捐赠者、倡导合作伙伴或组织服务的客户共同参与。如果你是初创企业负责人，或许唯一切合实际的做法是找一个人试着撰写守则，在全体员工之间传阅，收集反馈意见。但不要让一个人闭门造车；要让守则有公信力，就必须让它属于每一个人。

---

[1] 母亲很喜欢《亲爱的艾比》专栏，以前常常在早餐桌上大声念出它的答读者问。例如，有读者看到种族和性取向不同的"可疑"人士在对面的大宅进进出出，非常生气，写信给艾比说："艾比，这里一度是备受尊重的社区，现在这些怪人在让我们的房产掉价！我们该怎样改善这个社区呢？"艾比回答道："亲爱的居民：你可以搬家。"这是我最喜欢的回答之一。——作者注

打好地基

说到这里，首席执行官已经买账了；高管团队已经制定了价值观声明，为流程提供指引；委员会也成立了。我谈到了你会遇到的一些材料，探讨了为什么在制定守则的过程中，需要多元化的声音和思维方式。但现在回过头来说一下，要撰写全面的守则，实际流程是怎样的呢？

我见过两种做法。在eBay，我们从零开始，为信任与安全团队撰写了整份互联网法律体系；而在爱彼迎，我们先参考了其他备受尊重的企业制定的行为守则。要快速启动这一流程，最快捷、最高效的方法是查看多个类别的上市公司现有的道德守则。多亏了《萨班斯－奥克斯利法案》，这些守则在公司官网上都能找到。我建议，你可以查看以下几类公司的守则：

- 一般而言，由于恪守道德和良好商业实践而备受尊重的公司。在网上搜索一下，你很容易就能找到透明度高、积极响应利益相关者诉求、合乎道德的公司名单。

- 你所在商业领域的至少两家上市公司。可以是竞争对手，也可以是经营环境与你相同的公司。

- 需要遵守的地方或州法律与你相同的本地公司。你的公司可能是专门为球迷打造定制的运动装备的，但或许你能够从一家照明系统生产商身上，学习怎样把人事或环境相关的州和地方法律纳入道德守则。

- 曾经卷入诉讼或争议、为了应对相关问题而撰写或修订道德守则的公司。例如，如果你的公司经营连锁冰沙店，那么或许要考虑一下星巴克费城门店的经历，制定政策，指导店长在有人进来却不买东西时，应该怎样处理。你想要打造出怎样的品牌形象？你是希望像星巴克一样，营造出一个宜人的环境，吸引常客来店里开会、见朋友，或者点一杯咖啡，放松下来看看书呢？还是希望像唐恩（Dunkin'）[前称"唐恩都乐"（Dunkin' Donuts）]一样，主打网上订餐业务，引导顾客快进快出呢？

我们假设在第一次会议上，每个人都看过守则样本了，所以你一开场，就可以从公司的使命宣言说起。或许公司已经制定了使命宣言，或许你想要改进现有的宣言，又或许需要从零写起。在这个过程中，你所撰写的每一条规则都必须反映公司的使命感和宗旨，这是最重要的原则之一。

不要拿泛泛而谈的陈词滥调敷衍了事。认真回顾公司历史，思考创始人创办这家公司的初衷，以及公司想要前行的方向。借鉴一下以下三家知名企业的宗旨宣言。

- 可口可乐（Coca-Cola）题为《廉洁诚信——不可或缺的素质》（Integrity—The Essential Ingredient）的商业行为规范开篇温暖亲切："是什么让可口可乐成为世界上最受尊敬的品牌之一？并非只是我们的产品。还包括我们如何进行我们的工作，以及我们行动的诚信性。诚信植根于我们的文化，激发我们的工作，并强化我们作为一家公司的声誉：我们成就非凡事业，并始终做正确的事。诚信是我们成功的基本要素。"

- 在亚马逊的《商业行为和道德规范》（Code of Business Conduct and Ethics）中，开篇提到："在履行工作职责时，亚马逊员工的行事应该始终合法、合乎道德，并符合亚马逊的最佳利益。"在商言商，简明扼要。

- 慧与（Hewlett Packard Enterprise）则表示："在慧与，如何做事与做什么事具有同等重要的意义。《慧与商业行为准则》（The HPE Standards of Business Conduct）是指导业务实践和规范行为的标准。我们致力于对个人、组织、社区乃至全世界作出有意义的贡献，为此，我们所做的每一项决定都很重要。我们对我们的行动负责，对行动后果承担责任，为我们的努力感到自豪。让我们携手恪守道德，并将其贯彻到我们所做的每一件事中，建立相互信任。"

看到这几家公司的宣言，我对每一家公司产生的印象都不一样。看到可口可乐的宣言，我觉得这家公司很注重顾客的想法，希望得到顾客的欣赏和尊敬。看到亚马逊的宣言，我觉得它没有那么温暖——亚马逊是大胆进取的竞争对手，但承诺合法经营。《慧与商业行为准则》的价值观具有全球化、对外的意识，提醒员工，除了附近的环境之外，他们还会产生更广泛的影响。

仁者见仁，智者见智，这只是我个人的印象。你在制定守则时，要想一下它的语调和使命宣言会给读者留下什么印象（即使是细微之处）。因为当企业卷入丑闻、受到指控或面临诉讼时，媒体或指控人有时会把这些声明挖出来，据此评判他们的行为。

我还建议，邀请委员会每个人写下在自己的领域中，经常出现摩擦的五个道德或商业实践相关问题。不同的行业、公司不同的部门，所遇到的挑战或许是独一无二的，这会让守则样本中的一些元素与某些公司毫不相关，但在其他方面，这些公司可能需要制定更详细的规定。例如，全球性企业的守则需要应对有关贿赂的联邦法规和外国法律；而地区性的汽车维修连锁店则无须担心这些问题，但可能需要针对安装二手零部件、保修或为收取工时费计算维修工时等问题，制定具体政策。

在许多公司里，有一个问题会引起有意思的争议：与参加大会相关的政策。喜欢出差和拓展人脉的员工会说，这些大会对他们的工作是至关重要的，有助于提升品牌知名度，建立宝贵的人脉关系。但也有些人担心，这些大会往往劳民伤财，更有甚者，如果会议费用由顾客或潜在供应商支付，还可能引起利益冲突。

于是，委员会收集各方意见。在差旅问题上，销售人员会说，他们需要灵活参加潜在客户打算出席的大会。首席执行官和首席财务官则希望出席"思想领袖"大会，与同侪交流互动。还有经理指出，员工去开会了，少了人手，团队的工作效率会下降。会计可能会表示，参加会议差旅费过高，必须削减30%。如果守则光说明"员工只应该出席为完成工作使命提供合理支持的大会"，这在实际工作中遇到两难困境时，并不能为员工提供充分的指引。

在这个典型的情境中，参与制定道德守则的员工意识到，制定守则不仅要规定允许或禁止的事情，还要反映公司的优先目标，激励员工做出良好行为。例如，假设首席执行官同意会计的意见：我们需要削减会议成本。道德守则委员会可能会辩论：我们要怎样激励员工参加有建设性的大会，而不去参加毫无意义、劳民伤财的大会呢？

其中一个选择，是允许员工参加合作伙伴或供应商支付开支的大会。

这样做可以削减成本。但另一个选择恰恰相反：你要为值得参加的大会支付费用。这样一来，业务部门经理就需要从预算中拨出一大块，用于派员工参加大会；他们就更有可能要求员工给出有力的商业论证，阐述出席大会的正当理由。第一种做法可能有利于现金紧缩、现阶段十分注重销售的公司；第二种做法或许能大大减少员工浪费时间、参加无谓会议的情况。

要怎样制定这种政策，并不能一概而论。规则的措辞要尽量具体。具体是诚信的朋友。身为道德项目负责人，你可能会花一定时间让大家讨论，然后投票决定；又或者在听取讨论时持保留态度，根据合理的做法，自行撰写规则。

根据我的经验，当你让所有部门都派代表出席委员会时，就会发现一些隐藏的问题，例如，允许员工带狗上班会带来的隐患。在爱彼迎，我们允许员工带狗上班——有狗相伴，可以更好地营造出家的感觉和归属感，而这正是我们的核心价值观。可是狗有它的需要——水、排便、运动。有人还可能对狗过敏。有些狗比较守规矩，而有些狗则会调皮捣蛋。来自人力资源部门的政策委员会成员可以有力论证允许员工带狗上班的好处，但来自建筑维护部门的代表也应该提出相应意见——这样的规定切合实际吗？我们必须围绕这项政策制定哪些具体规则，才能保证对每一个人都公平？我们是否应该先试行一下呢？

允许员工带狗上班对爱彼迎是有利的，但并不适合其他一些公司。如果是一家工业面包厂，就需要遵守纯度和食品卫生标准。产品中万万不能混入狗毛，带狗上班是绝对不行的。当价值观出现了碰撞，你的道德守则和商业实践必须捍卫最核心的价值观。

临界地带

我想聊一个普通的概念——临界地带，但建议每家公司在制定道德守则时，都要将此概念纳入考虑。"临界地带"这个概念因为如今工作场所变得更模糊而诞生。一方面，员工加班加点，经常在办公室里吃饭、锻炼；

另一方面，员工在家里或通勤途中也会工作。他们在办公室内外都会有社交互动。爱彼迎有个办公区占了城里好几栋建筑，楼与楼之间相隔几个街区。在这种流动的环境下，哪里是"工作场所"呢？守则适用于什么地方呢？爱彼迎有一项强而有力的政策：基本上，当两名或以上的爱彼迎员工在一起，你就在工作场所，工作规则就适用。

在员工刚听到这条规定时，有些人并不喜欢——我也理解他们。"我都下班了，你有什么权利控制我做些什么？你是说我必须全天24小时工作、全年无休吗？"我解释道，规则不局限于某栋建筑或朝九晚五的时间框架，而是关系到两名或以上员工之间随时随地的互动和体现的价值观，即使当事人没有事先计划也是如此。我们并不是说，你在海滩上或球赛中见到同事，就应该上前开始工作。我们说的是，无论你在哪里、跟谁在一起，都应该始终展现出爱彼迎互相尊重、互不歧视的价值观。

例如，你在星期六晚上走进一个酒吧，看见一位同事，你曾经两度向对方提出约会邀请，但对方都拒绝了你。几杯酒下肚，你开始说一些与性有关的不当言论，企图不适当地触碰对方。到了星期一早上，对方是不会忘记这种行为的，却还要上班时与你合作。这样一来，你就让大家的处境变得很尴尬。对方的生计有赖于有效地与其他人合作，而你却为此制造了困难。这是不可接受的行为，你在办公室以外的行为可能会引起法律申索，毁了你的职业生涯。

现在假设一位经理去观看球赛，喝醉了，大声诋毁某位球员的性取向，却没想到自己的直接下属就坐在后面三排。直接下属听见了经理的叫嚷，现在有理由相信经理其实根本不尊重公司"不歧视"的价值观。如果有顾客、房东、房客、供应商或其他合作伙伴听到了经理的言论，也会这样觉得。社交媒体发帖也是同样的道理。

拒绝就业歧视

认真思考和制定道德守则，还有一个很多人没有意识到的好处，那就是大家开始关注许多员工原来根本不认为是问题的问题。例如，美国联邦和州法律都制定了有关就业歧视的法律。

美国联邦法律一般规定，凡是有15名或以上员工的公司，都不得全部或部分基于年龄、性别、种族、宗教、民族血统和其他受保护因素做出是否雇用的决定，从而对求职者构成歧视。联邦法律也禁止企业基于怀孕的理由歧视女性，因此，企业不应该在面试过程中，询问女性求职者是否有身孕或打算怀孕（州和地方条例可能会把相同的禁令范围扩大到中小型企业）。州法律还包含了雇主必须遵守的更多规定。

许多员工可能没料到，他们问出这种问题或发表这种言论，可能会令公司卷入歧视诉讼。许多人在问这些问题时，本身并没有恶意，可能是友善的闲聊，人与人之间第一次见面时也时常会聊起这些话题。例如，你发现某人跟你是同乡："哦，真的吗？你上的是中央中学？哪一年毕业的？"你只是想了解双方有没有共同认识的熟人。这种问题的毛病在于，你可以据此算出对方的年龄，而基于年龄做出雇用决定是违法的。所以，请记住了，你越是刺探个人信息，对方就越有可能视之为不当收集信息，以此做出决定。

在加利福尼亚州，你不能询问求职者目前的薪金有多少。研究显示，这种做法会让"同工不同酬"现象长久地持续下去，立法机构也同意这个观点。女性和少数群体尤其面临着这个问题。在这种情况下，雇主在提出薪酬方案时，可能只会在求职者现有薪金的基础上加一点，而不是按照同等岗位员工的薪酬制定，从而让"同工不同酬"现象久久得不到解决。

守则的这个部分需要交给公司法务部门的人员制定，或至少是审查。就连合乎道德或讲道理的人，也未必会直观地想到其中某些规则，但一旦违反，还是会让公司承担起法律责任。每家公司都需要根据自己从事的业务以及所在的地区，把具体的法律、监管报告流程和专业标准纳入考虑。

◆

如果你在推动守则流程，我要警告你，参与的小组成员或流程之外的高管可能偶尔会提出反对声音。或许他们是害怕失去掌控权，又或许是听到马克·扎克伯格（Mark Zuckerberg）大谈"快速行动，破除陈规"，但你偶尔会听到一些人反对守则，提倡单凭"具体个案具体分析"来处理许多两难困境。我发现，凡是提出这种做法的人，往往纠结于罕见的例外情况或奇特的例子。例如，"我们不能制定规则说，不允许员工接受礼物，因为总有一天我们可能在日本做生意，而如果我拒绝接受礼物，合作伙伴和供应商可能会觉得受到了侮辱"。

这就好像在说，"我们不应该设置车速限制，因为如果有人受伤了，急着送院，车开得越快越好"。你还是可以制定规则，在特殊情况下，只要合乎道德而又符合公司的长远利益，也可以破例处理。但依照常识，我们需要为道路上**每天**发生的活动制定通用标准和规则。这就是道德守则发挥的作用。

守则案例3：保罗、塞雷娜和一只死鸭子

在LightCo（一家照明公司），市场营销经理塞雷娜走到工程师保罗的工位，坐下来讨论新产品上市的问题。保罗正在讲解时间表，塞雷娜看见他的公文包里露出了一张传单，最上面写着"美国全国步枪协会会员：我们诚挚邀请您参加维护持枪权的游行"。她还注意到，保罗的办公桌上放着一个咖啡杯，上面印着他身穿迷彩服、举起一只死鸭子的照片。

塞雷娜的侄女在一次校园枪击案中丧生。她顿时热泪盈眶，站了起来，说道："我没有什么能为你做的。"她回到自己的座位上，给人力资源部门写了一封电邮："步枪协会是全美国最无良、最不道德的组织，这个组织有成员在我们的公司工作。像他这样的人正是杀害我侄女的凶手的帮凶，我不可能在被迫和这样的人合作的情况下，做好我的工作。我们的道德守则禁止在工作场所持有武器，那么，为什么会允许一个人在工作场所宣传持有枪支？"

人力资源专员找到保罗，询问他跟塞雷娜的互动。保罗解释道，

他无意为美国全国步枪协会做宣传，只是出门上班时顺手取了信件，所以公文包里才会有这张传单。他表示，自己从未——也不打算——跟塞雷娜或其他员工提起枪支的事情。然后他生气了。"美国宪法第一修正案规定了，我有言论自由的权利。"他说道，"她还戴着十字架呢，怎么就只许她宣扬基督教？"

在恪守守则的问题上，他们俩孰是孰非？

讨论这一案例，请参阅附录第262页。

守则案例4："呵护"口号的道德两难困境

NaturalCo公司以有机采收的棉花为原料，生产和出售服装。其广告宣称，公司摒弃破坏环境的面料工艺，精心选用经过认证的环保面料。NaturalCo公司向来懒得制定道德守则，理由是，它们公司最讲求诚信了。NaturalCo公司的口号是"呵护肌肤，呵护地球"。

萨曼莎负责为NaturalCo公司采购原材料，走遍了全球各地的偏远地区。在东南亚，她谈下了一笔采购有机棉的合同，采购价比公司之前支付的价格低15%。首席执行官给她发了一封祝贺的电邮。后来，由于这笔合同，她获得了高额奖金。

一年后，一本全国性杂志刊发了专题报道，调查东南亚的童工问题，这正是萨曼莎达成采购协议的地区。报道披露，当地孤儿院年仅七岁的小孩被安排去采收棉花，在买家名单中，NaturalCo公司赫然在列。棉花农场的所有人被捕了。

首席执行官把萨曼莎叫到自己的办公室。"这个丑闻可能会毁了我们！这显然是价格这么低的原因。你为什么不去追问更多问题？"

萨曼莎回答道："我记得，你当初可不在乎价格为什么会这么低。你派我去采购经过认证的有机棉，拿下优惠的价格。我就是这么做的。"

"哎,你的判断力糟透了,你被开除了。我们会发一篇新闻稿,声明公司根本不知道棉花是童工采收的。"

"你在说谎——我当初明明知道棉花是童工采收的,也告诉你了,但你不在乎。"萨曼莎说道,"你说我有责任以优惠的价格买到有机棉,你不在乎是为什么。你敢开除我,咱们法庭见!"

休斯顿,我们有麻烦了![①]**首席执行官接下来该怎么办?**

讨论这一案例,请参阅附录第266页。

[①] 在阿波罗13号登月任务中,宇航员遇到危机时所说的一句话。后来事件被拍成电影《阿波罗13号》,"休斯顿,我们有麻烦了!"成为剧中最著名的一句台词。——译者注

第 5 章

10种最常见的诚信问题：别让企业使命脱离正轨

实际的道德守则应该涵盖哪些范畴？我们所有人在工作中会遇到最重要的道德两难困境和优先事项是什么？有哪些道德过失可能会让你的品牌蒙上污点，甚至一蹶不振？

人们对工作场所的诚信两难困境有一个最常见的迷思，那就是以为这些困境很少出现。其实，无论是上市公司还是私营企业，每家公司的员工每天做出的选择里，都会直接或间接涉及道德元素。

- 我跟朋友聚餐，其间进行过的最"商业"的对话是"工作怎么样了"，那餐费应该向公司申请报销吗？
- 我是否应该假装不知道某一条政府法规，如果被人发现违规，就辩称"不知者无罪"呢？
- 我是否应该在节日派对上多喝一杯蛋酒，再回到办公桌前，回复客户的电邮呢？
- 我在季末发现有同事虚报了过往的营收数据，是否应该"睁一只眼，闭一只眼"呢？

在上面每一个问题中，正确答案都恰好是"否"。但我可以向你保证，无论是大企业还是小公司，传统企业还是高科技公司，都有员工对这些问题回答"是"，这种现象还不少见。为什么会这样？首先，这里每个两难困境感觉都比较私人，当事人当时很容易找到借口："没有人会发现的。"或者"老板说了：'不惜一切代价（做成生意），我不想知道细节。'"或者"这是公司欠我的。"更有甚者，由于当事人喝醉了或心怀不轨，认为规则或道德问题不重要。

另外还有些人认为，反正别人老是这样做，也"没出事"，凭什么要自己做出艰难的选择呢？承担后果或被人发现的威胁似乎很遥远。但即使是微小的欺诈和欺骗，醉酒后工作，虚报数据，违反国内或国际法规，这种事情都会日积月累，积少成多。你每次禁不住诱惑，做出轻松却又错误的选择，下一次就更容易做出糟糕的选择，这样一来，就会产生不良文化，引起埃森哲所说的"信任危机"。我觉得这个说法还是太温和了，这种事情就像自然灾害一样，会引起不可预见的严重后果。我称之为"守则红灯"。

"守则红灯"是灾难性的丑闻，会让品牌贬值，就像大地震或飓风一样，后人回想起来，往往会记得这是一切的转折点。例如，我们在前文提到的天然气公司发生的事，不仅是一家公司的"守则红灯"，还使监管机构加强了对所有上市公司的监管。人们谈起某些规则或实践时，还会以"那件事发生之前"指称那个年代。

即使在合乎道德的公司，也可能因为某个员工不守规矩，或者在瞬息万变的当今世界里发生了意外事件，而让品牌遭遇"守则红灯"式的灾难。有名的芝加哥泰诺（Tylenol）谋杀案就是后者的一个典型例子。20世纪80年代初，有七个人在芝加哥地区购买了瓶装的泰诺胶囊，服药后中毒身亡，其中几个人还是来自同一个家庭。警方发现，有人往胶囊里投放了氰化物，再把胶囊放回药瓶中，放回店铺货架上。泰诺的母公司强生公司（Johnson & Johnson）并没有做错什么。可是，没有人知道究竟有多少药瓶被人投毒了。强生公司在全国范围内召回产品，投入了数百万美元警告消费者不要服用自己公司的产品。没有嫌疑犯被捕或被控谋杀。后来，强生公司更改了非处方药的包装，防止投毒事件再次发生。时至今日，强生公司的整体回应仍然被视为危机管理的典范。

其实在许多遭遇"守则红灯"级别灾难的公司，内部压力或者不良行为往往已经积累了一段时间，只是公司视而不见，或者堵住了反馈的渠道，听不见本来可以让企业回到正轨的声音。例如，在一些公司，本来有员工看到公司做出某些决定后提出问题或反对意见，指出这些决定在道德或法律上可能造成的后果，但这些员工都遭到了无视，或者被人孤立。还有一些其他公司，高级员工为首席执行官的不良行为掩饰，他们可能是因为所谓的"忠诚"才说谎，或者更有可能是因为，担心自己失去公司最高层的宠信。

本章探讨了10种最常见、最有问题的道德两难困境，这些困境对"刻意诚信"构成了最大威胁。我的目标是帮助领导人专注于这些方面，也帮助员工理解这些方面。我不会告诉你说，完美的道德守则可以防范所有问题。可是，这里面的每一个类别都必须在你的道德守则中有所体现。那么，我们来说一下这10类道德两难困境究竟是什么，我们怎样才能趁问题还不算严重时，及时地解答困惑、缓解压力，而不是任由事态发展，引发在道德"里氏震级"中属于"强震震级"的丑闻。

第1种：不当关系

看一下鲑鱼[①]就知道了，生物学的力量是很强大的。如果制定"一刀切"的政策，一律禁止工作场所的员工之间发展恋爱关系，虽然会让工作生活变得更简单，但这是大家不可能做到的。人们或许会设计和制造机器人，但他们自己可不是机器人。即使员工在加入公司时，同意遵守这项政策，但总有一些员工不会遵守。这会导致公司产生偷偷摸摸的有害氛围。我们都知道，许多人是在工作场所或工作中认识自己的伴侣的。根据职业咨询公司Vault.com的调查统计，58%的受访者承认在职业生涯中，曾经发展办公室恋情，10%的受访者在工作中认识了自己的配偶。是的，在职业生涯早期，我自己也做过这种事（不过不是跟下属）。人是社交动物，人与人之间的感情是不可预见的，有时甚至是难以抵挡的。会被某个人吸引是可以理解的，但如果就此采取行动，就可能会产生问题。在一段恋情中，如果是单方面的吸引，又或者两人分手时撕破了脸，影响到工作，那更有可能

---

① 鲑鱼生于淡水，但生活在海洋中，每年又要从海洋中逆流而上几千里，回到出生的地方去交配。——译者注

为公司带来彻头彻尾的丑闻。

如果当事人言行失检，并做出其他非法或不当的行为，就很有可能会对个人职业生涯和公司品牌造成毁灭性的打击。我见过的内部问题中，没有多少是比不当关系引起后续更多烦忧、更破坏团队团结的了。

在报告关系链的每个阶段，恋爱关系都会造成压力，引起问题。例如，如果老板追求下属，但下属不感兴趣，或者对对方的示好感到不确定，他们会觉得受到了胁迫。老板控制他们的薪酬、评级、工作分配和职业生涯。如果下属拒绝了老板，这会对其职业生涯产生什么影响？此外，**对于公司任何级别的员工来说**，如果经理和直接下属之间发展关系，就会和其他员工变得疏远，这甚至会引起众怒，让其他人觉得这段关系对自己不利。

我认为，**没有任何一个组织可以说**："好吧，你们约会去，但请运用'合理'的判断。"

要保证诚信，就要明确制定在工作场所约会的具体政策。除了规模不大的家族企业之外，在任何公司，基本政策都必须写明，经理不得与自己控制范围内的人士发展任何形式的恋爱关系。如果两人发展了关系，级别较高者应该向公司报告，调离现任岗位，或者离开公司。可是我们经常看到，企业为了保住重要的高管，会把级别较低者调到其他部门，全然不顾初级员工可能不适合新岗位。这样做无疑会带来不好的结果。

经理与直接下属之间的恋爱关系是典型的利益冲突。人们在有意无意之间，往往会对自己的恋人偏袒徇私。经理需要就工作分配、报销审批、晋升提拔、绩效考核、薪酬或其他方面做出决定，而这些方面应该只基于员工的绩效表现和为公司创造的价值而定。可是，一旦经理与直接下属之间发生私人关系，这就不可能人为地与上述决定割裂开来。

你可能会说，在抽象意义上，"员工都是成年人了，公司别把人当小孩"，成年人有能力妥善管理这些关系。我可以向你保证，这些恋人的许多同事都不同意这个观点。我见过署名和匿名的信函、电邮、博文和语音留言，审阅过员工通过正式举报向人力资源部门或道德顾问提起的投诉，举报说一段不当关系对工作团队造成了负面影响。在许多情况下，恋爱关系中的两人都以为旁人蒙在鼓里。当办公室恋情中的两人吵架或分手时，也会引起职业冲突，甚至双方的职业生涯可能会"同归于尽"。如果两人是上司下属的关系，经理可能会有意刁难前任。此外，被抛弃的员工可能会威胁举报两人的关系——甚至表示自己是受到了威逼才同意这段关系，毁了经理的职业生涯。或许当事人一开始只是违反了"私人关系"相关守则，却衍生出性骚扰、性侵犯、勒索、虚假报销等不胜枚举的问题。

这些关系的当事人可能会偷偷摸摸谈恋爱，对在公司谈恋爱感到羞耻，以致自己判断力每况愈下。例如，经常有员工为了掩饰与恋人度假而虚假报销，而如果当事人或其他人知道了这件事，就可能会提出勒索。我见过一位经理与其助理谈恋爱，把经理专用的企业信用卡交给助理，几乎毫无限制地批准她的报销申请。想象一下，其他助理知道这件事，会做何感想。我甚至知道在一宗悲剧中，首席执行官与员工发生关系，关系被曝光后，涉事的首席执行官苦不堪言，最终自杀。

不是所有有问题的工作关系都是发生在上司与直接下属之间的。例如，我在守则案例1中讨论雷吉娜和迈克时就提到，经常有员工与公司之外、但与工作相关的人士（例如供应商或承包商）发展恋爱关系，这是违反道德守则的行为。曾经就发生过这样的事情：据《华尔街日报》报道，某照片视频社交应用软件的母公司在2018年底炒掉了全球安全主管（在诚信丑闻的世界里，这样讽刺的事情屡见不鲜），原因是公司发现他没有披露与咨询公司一名女性员工之间的私人关系，并授权向这家咨询公司支付了六位数的款项。在两人分手后，这位女性员工被解雇。公司不仅炒掉了这位高管，还解雇了他的上司。就因为一段未披露的不当恋爱关系，几个人的声誉毁于一旦，品牌的声誉也被损害了。

桃色丑闻可能会为组织带来一连串的负面影响。某知名大学商学院院长在2015年辞职，起因是在此之前，他曾经与一名正在与丈夫分居的女性教员发生关系，而这位丈夫提起诉讼，事件引起轩然大波。分居的丈夫此前也是院里的教员，取得并公开了院长与女性教员之间令人尴尬的短信。院长在短信中嘲笑她前夫，说他是"傻瓜"和"讨厌鬼"，甚至开玩笑地说，要在广场上把他阉割。起诉案件后来被驳回，但在几个星期里，丑闻在媒体中闹得沸沸扬扬，打击了商学院的士气，也让人更认真审视商学院乃至此大学领导层的言行。鉴于此大学向来以教导管理学原则的顶尖院校而自居，发生这样的事，实在十分令人尴尬。

我经常说，如果工作场所中出现了不当关系，那既是违反了道德，也是管理不善的表现。你身为经理，一旦与下属成为了好朋友，就会制造出小圈子，把员工分成了"自己人"（跟上司关系好的人）和"外人"（跟上司关系疏远的人）。友谊和恋情一样，也可能制造出许多棘手的情境：有人会雇用自己的朋友；两人本来是平级的朋友，后来其中一位升职了，成为了另一位员工的经理，等等。

我总是建议：审慎行事，尽可能公开透明。身为爱彼迎的法律总顾问，我有七名直接下属，他们都是很好、很有趣的人，但我并没有跟其中任何人交朋友。我周末不会上他们家吃晚饭，也不会跟他们拼车。如果我跟其中一个人共进了午餐，就会特意在接下来大约一个月里，跟另外六个人共进午餐。我想，他们都明白我想传达的讯息：我对每一位下属都是不偏不倚的。当然，如有工作调动，情况可能会发生变化，我也跟一些前直接下属成为了很好的朋友——但前提是，我们已经不在一起工作了。

这样一来，我肯定错过了和他们共度的快乐时光，但也避免了一些问题。如果有朋友行为不端或绩效表现欠佳，你必须惩戒他，到时该怎么办？要发奖金了，如果一个人是你的朋友，另一个人是向来跟你关系不好的同事，你要怎样在两人之间选择？或许人们以前下班后，会大大咧咧地跟同事一起逛酒吧；但现在，大家需要担心不经意间泄露了机密，又或者担忧发展了私人关系之后，会损害自己身为公平公正的领导人的公信力。

在我的职业生涯中，我不止一次地见过，因为经理与某些下属发展了过于密切的社交关系，却与其他一些下属关系疏远，而引来的形形色色的歧视指控、正式投诉甚至诉讼。在爱彼迎，培养归属感、促进多元化是企业使命的核心，因此，我投入相当多的时间跟经理讨论这个问题。你怎样才能让一群多元化的人汇聚在一起，形成凝聚力，但同时又要避免与部分同事建立过于密切的关系呢？你怎样才能确保自己没有不经意间疏远了别人，或者抑制了别人发表意见的空间呢？经理必须思考如何应对这些挑战。而我相信，避免在下班后与团队成员混在一起，会让你比较容易处理好人际关系。"刻意诚信"不只关乎如何制定规则，还涉及如何努力营造更具有包容性和归属感的办公氛围。

第2种：酒后失态和非法与合法使用药物

在我的职业生涯中，我不得不解雇了一些有过错的员工，其中，有很多员工是因为酒后犯错。有时候，他们甚至会迁怒于酒精，仿佛酒是独立的第三方。

无论一个人是酒鬼还是很少喝酒，只要他有一次在酒后做出不良选择，就可能造成惨重的后果——无论是对当事人、他们行为的受害者，还是公司品牌来说，都是如此。有些公司为了解决这个问题，会禁止员工在工作时间或公司活动中喝酒，也不会为涉及酒精的商务招待报销。我遇到的问题通常不是员工在工作时违规喝酒——话说回来，这种行为在某些行业会引起灾难，例如航空公司或其他交通运输公司。我遇到的更大问题在于，无论员工是在哪里喝酒、谁支付的费用，过量饮酒都会使人的自制力和判断力下降。某些人会在酒后做出性骚扰、欺凌行为，或不适当地触碰或侵犯他人、侮辱顾客或同事、损坏公司财产或设备，以及做出极端或令人尴尬的行为（例如，一丝不挂地跳进大会度假村的喷水池里，醉得不省人事，生病等）。

我们可能都认识一些人，他们平时头脑聪明、有责任感、才华横溢，但喝醉以后，却会做出荒唐可笑甚至危险的事情。在硅谷互联网泡沫的鼎盛时期，一家顶尖的法律事务所在蒙特雷一家豪华的高尔夫度假村举办拓展活动。几位年轻律师喝醉了，偷了一辆高尔夫球车去兜风，结果球车飞落悬崖。幸好没有人身受重伤，但这件事会让你质疑，是否真要委聘行为这么鲁莽的人为你提供法律意见呢？

在爱彼迎，我们允许员工在工作场所和活动中喝酒。事实上，我们的自助餐厅有酒水供应，员工可以在下午4点至晚上8点之间喝一杯红酒或啤酒。或许有人会觉得我们过于自由开放了，但想一下我们的使命和价值观吧。爱彼迎经营住宿行业，而在友善的社交环境中供应酒水，是热情好客的公认体现之一。但我们强调，员工在很大程度上要为维持专业水准承担起责任。公司政策写道："爱彼迎绝不允许员工在受到药物或酒精影响的状态下工作。如果你受到某种物质的影响，可能改变你思考、工作或做出适当行为的能力，你就不应该上班或进入公司。"如果员工违反了"理性饮酒"的政策，做出不适当的行为，可能会被公司辞退。

然而，即使开除了涉事员工，违法的企业还是需要承担起法律责任。在美国每一个州，向未满21岁的人士提供酒精都是违法行为。许多个州的法律更进一步，规定若是明知对方已经喝醉，还向其提供酒精，也要承担法律责任。我从法学院毕业时，曾经为联邦法官担任助理，恰巧帮助他为一宗早期案件写过法官意见书，为所谓的"酒吧责任"树立了先例。许多个州随后采纳了他的推理：虽然检察官或原告必须证明提供酒精的人士意识到要酒的人已经喝醉，否则不能轻易对提供酒精的人士定责，但不得不说，酒吧侍者、酒类专卖店店主，甚至是私人派对的主人可能是醉酒司机与无辜受害者之间的最后一道防线。提供酒精的人士在出售或提供更多酒精之前，必须认真看待自己作为"最后一道防线"的独特角色，这是具有重大社会价值的。

不过说实话：在年度圣诞联欢会上，谁会告诉销售主管或首席财务官某人已经喝多了？是自助餐厅的酒吧侍者，还是操作霜冻玛格丽特机的初级员工？制定政策是必要的，但并不足够——你需要向员工宣传这一讯息，强化负责任的行为。我们喜欢通过内部渠道，播放简短的视频。在实际举办派对时，我们淡化酒精饮品供应，限制供应酒精饮品的时间，确保有充足的食物和无酒精饮料可供选择。

此外，有些人看起来不会喝醉，但一两杯酒下肚以后，还是会发泄一把。他们或许没有跟跟跄跄、口齿不清，但平时亲切友好、性情平和的他们也可能对同事、上司、合作伙伴或顾客说出不适当的言论。他们可能会拍下同事喝酒或跳舞的照片，在社交媒体上发帖，写上令人尴尬的评论。我还没见过哪一条规则可以防止这种事情发生的。我们会说："我们期望你们量力而饮，彼此尊重。"如果其他员工投诉，我们会发起调查，涉事员工可能要承担后果。

有时候，你的员工队伍可能喜欢疯狂派对，这或许纯属巧合，也或许是领导人有意引导的结果。如果活动不幸形成了不适当的氛围，请重新评估一下，是否应该考虑：限制酒精饮品供应量，大大缩短供应时间，减少烈酒供应量——或者干脆不供应酒精饮品。如果一名或多名员工在这些场合中失去自制力，请敦促你的经理跟他们聊一下，谈话重点不是他们是否应该喝酒，而是他们的行为是否合理。这样的开场白可以为谈话定下基调："我看见你在部门下午茶时间说话很大声，我为你感到担心。不知道你是否意识到，你给人留下了好斗的印象？"

在2018年感恩节伊始的节庆季节之前，爱彼迎的道德团队制作了一个视频，探讨了一些基本的办公室派对的良好做法：

- 务必要有无酒精饮料可供选择。
- 在供应酒精的同时，务必要供应食物。
- 绝不要把过量饮酒作为办公室派对的卖点——派对最多只能持续两三个小时。要是连续六小时供应酒精饮品，只会惹来麻烦。
- 在工作派对中，喝酒游戏和过量饮酒都是不适当的。
- 不要劝酒。如有员工不喝酒或拒绝再喝，其他人不得欺凌或嘲笑，经理也不得容忍欺凌或嘲笑他人的行为。

我们既可以庆祝节日，举办充满乐趣的活动，又能加强负责任、关怀和关爱他人的文化。我向新员工发表以诚信为题的演讲时，会告诉他们，我为自己设定了一条严格的规则：在任何类型的工作聚会中，包括与供应商共进午餐或晚餐，我绝不会喝多于两杯酒。对我来说，两杯酒并不会让我做出令人尴尬或有问题的行为。我鼓励每个人都事先想一下这个问题：在工作场合，你最多只能喝多少？最不适合为这个问题做出决定的时候是……在工作场合，你已经几杯酒下肚了。

◆

在某种程度上，药物问题比饮酒问题要简单一些，但有时候，又复杂得多。我们还是从法律说起。任何一家公司都绝不应该支持或容忍任何人在工作场所使用、出售、购买或分发非法药物，也绝不应该支持或容忍员工在代表公司参加任何类型的会议或活动时这样做。你也应该草拟一条规则，告诉员工，如果他们服用了处方药，会干扰他们进行思考、做出明智决定、尊重他人等，那他们就不应该来上班。当然，全球各地关于服用药物的法律规定各不相同，情况相当复杂。或许某种行为在这家公司是合法的，但在另一家公司却是要为此坐牢的。

然而，如果公司在政策里对具体药物做出过于详细的规定，或者敦促员工一旦见到其他人服用药物就要举报，也并非明智之举。例如，员工A可能在派对上看到同事吃了一颗药，但他并不确定那是合法物质或非法物质。毕竟根据法律规定，雇主都不得询问员工的个人医疗信息。此刻就需要按照行为进行判断：如果有员工看见同事不省人事，做出奇怪的行为，或者侮辱顾客，就应该向经理举报这种行为。这样，要讨论的问题就从医疗状况的细节，转变为职场行为。

第3种：性骚扰和性侵犯

性侵犯/性骚扰这种"守则红灯"行为会带来多么严重的危害，就不需要我再解释了吧。公司面临的挑战在于，要怎样向员工传达出这种行为是绝对不可接受的，要如何建立公正、安全的举报流程，如何建立接获举报后怎样处理指控的良好制度，以及如何确定违规的后果。

有一家度假酒店就把职场上的这个问题彻头彻尾地弄砸了。2019年2月，内华达州博彩委员会（Nevada Gaming Commission）对这家酒店罚款2000万美元，起因是其创始人受到性行为不端的指控，包括性骚扰和涉嫌多项性侵犯，而调查发现，公司高管对这些行为听而任之。其中，一名前美甲师指控创始人强迫她发生性行为，并向她支付了750万美元，和解了事。调查还发现，高管多次获悉创始人与其他女性发生了不当行为，但并未展开调查，更没有去制止。据《华尔街日报》报道，酒店赌场的运营高管有一次跟一位经理说，他接获投诉以后，应该翻查指控人的人事档案，寻找证据开除她们。也是在2019年，《纽约时报》报道，马萨诸塞州博彩委员会（Massachusetts Gaming Commission）发布了一份200多页的文件，显示"在一些个案中，公司某些高管得知创始人受到指控之后，在外聘律师的协助下，积极努力地为其掩饰"。

人们对性骚扰有一些常见的误解。例如，如果有人对另一个人说一些性暗示或性挑逗的话，即使对方不想听，这本身也不算违法。然而，**如果雇主在工作场所容忍这种行为，就是违法的**。企业绝对有必要在道德守则中禁止这种行为，但适用法律错综复杂，因此，雇主必须事先认真、全面地思考要怎样跟员工讨论这个问题，怎样处理所有举报、指控和调查。在第10章中，我们会更详细地探讨这个问题。

第4种：数据隐私

在当今工作场所，每一家公司都需要制定保护客户信息的流程和政策。我们在前文提过的某打车软件公司的案例就是深刻的教训。

有些公司可能根本不知道内部存在数据隐私问题，直到某一天突然碰上"守则红灯"，才如梦初醒。在互联网年代，要保障数据隐私，企业既要在技术安全方面予以充分支持，也要制定务实、具体的规则。我们要明白，有些人（包括自己公司的员工和高管）有时会一时糊涂，脑子犯傻，做出愚蠢的行为。他们想要偷窥自己的爱人、朋友、敌人、邻居和亲戚，跟踪名人，或者为了帮朋友一把去干预交易。他们想充当知情人士，或者凭着透露"内幕"信息来博取关注。

凡是重视诚信的公司，都应该把致力保护客户数据列入基本价值观。分析公司、社交媒体软件、银行、信用卡公司、连锁酒店、航空公司和基本上所有持有客户个人资料的公司都需要加强道德守则，保护数据隐私。

要应对这个问题，制定政策是最简单的环节。除非经过法律和已公布政策的明确授权，并出于与工作相关的具体目的，否则任何人都不得查看客户数据——首席执行官不行，安全主管也不行。关键在于，企业必须自行监督这个问题，而许多公司对这个问题的关注度还远远不够。保护客户数据隐私关系到"刻意诚信"的本质，必须经常强化这个问题——既要向员工反复强调，也要运用技术系统，限制哪些人有权限访问数据。一旦探测到可疑的数据使用情况，就要生成报告。好消息是，访问数据往往会留下数据足迹。因此，企业可以向员工宣传被抓到的可能性，从而起到阻慑作用。运用区块链等新兴技术，企业可以更轻松快捷地找出违规人员。

第5种：虚假报销和滥用公司资源

多年来，在我实际收到的咨询中，最常见的主题就是报销规定和使用公司资源的政策。问题包括：

- 我可以使用公司配备的电话买自己的东西吗？
- 我可以用办公室的复印机，复印这个周末车库销售要用到的传单吗？
- 我有个朋友是安全专家，很适合我们公司。他很喜欢打高尔夫球。我可以请他打一个回合，招揽他加入公司，并报销费用吗？
- 我忙得不可开交——我可以从公司厨房拿点吃的，在孩子的足球比赛中做点心吗？
- 如果下班后，我用公司配备的笔记本电脑或智能手机看黄片，会因此被开除吗？
- 我必须把一大箱文件拿回家，坐不了公共交通工具。打车回家的话，车费可以报销吗？

这些两难困境风险级别不高。每一个问题的答案可能取决于一些细节，我在这里就不一一细说了。可是，我觉得由道德顾问巧妙地回答这些问题，并不是浪费时间。我们的道德守则不可能想象出所有确切的情景，并一一解决。我们的会计部门针对各个工作职能，对报销问题制定了更具体的规则。坦白说，就像道德团队辩论过的200美元礼品卡问题，当人们肯花时间去提问，就是"刻意诚信"文化的一个良好体现。这个类别有许多不同的变化，你需要专注于沟通和透明度：如有疑问，请跟你的经理或道德顾问聊一下。你每次停下来，询问是否应该做某一件事时，就是在锻炼自己的"诚信肌肉"。这样，当日后遇到可能会决定你职业生涯走向的两难困境时，你才会游刃有余。

如今，公司对于配发的设备和个人设备有何规定，是许多员工特别关心的问题，所以我们在守则中有相当具体的规定。视乎许多变量而定，不同的公司对此有不同的政策。我印象深刻的一则"守则红灯"，是在我工作过的一家公司，有员工使用办公室Wi-Fi，往办公电脑上非法下载了盗版的《加勒比海盗》（*Pirates of the Caribbean*）。这种行为在多个层面上都属于判断失误。结果，公司收到美国电影协会（Motion Picture Association of America）发来的警告信。原来员工使用的BT下载网站是电影公司建立的"钓鱼执法"网站，为的是逮住想要偷窃内容的人。这实在太令人尴尬了。我们撰写爱彼迎的守则时，明令禁止员工使用公司设备做出任何非法行为，也写明了这包括非法下载。

目前在大多数通信套餐中，手机通话都是不限时长的。因此，即使员工使用公司配备的手机打私人电话或网购，也不会直接增加公司支付的资费，一般来说不算诚信问题。但我觉得，企业应该提醒员工，假如他们使用公司配备的智能电话或笔记本电脑处理敏感个人信息，可能会遭遇尴尬——甚至更糟糕的情况。员工应该明白，假如他们使用办公电话或笔记本电脑，向配偶或伴侣发送亲密信息，他们在设备上的操作可能会落入公司人员或其他人眼中。毕竟设备属于公司，公司可能会出于各种各样的原因收回设备，查看里面的内容。显而易见，人们会使用手机交换敏感资料，包括个人健康状况、人际关系、孩子的问题、工作上的不如意，以及许许多多不想让别人看到的话题。然而，我们经常会发现，数字资料是有可能被公开的。

数字信息的收发会留下记录。如果有人犯罪或执法机构发起调查，法庭可以发出传票，取得手机通话记录或一连串短信记录。这适用于你的私人电话或办公电话。运营商持有你拨出或接听电话的信息，也储存着短信数据。

公司可能必须依法审查你收发的电邮或短信，这或许是为了回应一宗诉讼中的发现，又或者是为了证实你没有收受供应商的贿赂，或者对顾客出言不逊。在这个过程中，调查人员可能会看见你不想公之于众的私人信息。如果你愿意承担这个风险，那么后果自负。不然的话，你最好拿私人电话来讨论个人健康状况等敏感事宜。

考虑到影响公司成败或品牌声誉的风险大小，滥用资源和虚假报销一般不是我最担心的问题。但视乎你经营的业务类型而定，这个问题的重要性也有所不同。例如，如果你经营的是一家私人保安公司，就需要对员工使用和储存武器和制服制定极其明确的规定。如果你拥有几家珠宝店，就可能需要制定详细的政策，规定员工为了出席私人场合借用珠宝时需要遵守的规则。或许你把这当作市场营销的机会，但仍需对此记录在案，并为此投保。

一些职位的惯例也会左右政策，部门经理一般无须诉诸道德流程，也可以管理开支。销售人员一般会花钱款待和陪伴客户。如果工程师一周两次"跟想要招揽的人才"吃饭，并且要为此报销，却从未成功为公司推介候选人，那么，她的经理就要警告她说，如果情况持续下去，公司会拒绝她的报销申请。

值得考虑的一个重要因素是，如果越来越多的员工喜欢小小偷懒一把，这可能是员工对公司不满或灰心丧气的晴雨表。有些员工对企业使命和文化不买账，或者自认为理应拿更多钱/得到更多关注/承担更多责任，有时候就会做出危害企业诚信价值观的行为。例如，他们可能经常会拿收发室的邮资机邮寄私人邮件和包裹。或许数额不大，但这样做的人喜欢说"人人都这样做"，也就让其他员工有样学样。

这种行为会腐蚀"刻意诚信"。爱占公司小便宜的员工会形成有害的同盟，并影响其他人。或许一开始是少数人喜欢做恶作剧、干些小偷小摸的行为，但慢慢可以发展到一群员工晚上溜进车队停车场，开运货卡车去兜风。如果一班"酷小子"做坏事没被抓到，别人也可能想要效仿。

在工作场所，你必须小心留意员工压力或道德威胁日益增大的蛛丝马迹。滥用公司财产的行为即使数额不大，但如果一而再、再而三地出现，也属于这种情况。

尤其是关系到有关报销和公司资源的实际规则和措辞，我还是鼓励你避免依赖模糊不清的说法，例如"最佳判断"。这种说法把责任全部推给员工本人，而他/她所谓的"最佳判断"可能被个人欲望蒙蔽。以下是一则真实的故事，或许可以解释制定具体规则的重要性。

两年前，一家科技公司同意把一位高管从美国加利福尼亚州调到亚洲，管理当地办公室。为此，高管与公司协商签订了一份合约，要求公司支付把汽车从美国运送到亚洲的"合理"费用。几个月后，高管给公司发了一张账单，金额高达93.1万美元。原来，那是辆兰博基尼，所花费用包括运费、保险费、关税以及目的国放行之前要收取的查验费。公司驳回了这张荒唐的报销单，只为实际运输费用支付了适度的数额。但整件事拖了很久，搞得一塌糊涂。

我要再次强调，含糊不清会埋下诚信陷阱。公司本来应该制定简单的政策，要么规定汽车运输费用必须事先得到批准，要么事先为要运输的汽车估算费用，确定限额。

你在工作场所处理不同问题时，经常会发现有些情况处理起来似乎单调乏味，但"讲道理"的人应该知道怎样做才算合理。当你需要这种判断时，最好规定必须经过一名或多名管理层或道德团队成员批准，或者在流程设计中设定机制，确保相关人士秉持诚信。在那个兰博基尼车主眼中的合理，跟一个没有那么厚颜无耻的正常人眼中的合理，是完全不一样的。

第6种：利益冲突

一般来说，利益冲突是指你在承诺秉持某个组织的规则和价值观之后，还是选择把个人利益或忠诚度置于组织的最佳利益之上。利益冲突在生活的方方面面都是很常见的。例如，棒球队的教练让自己的孩子加入球队，更多地表扬他，给他更多上场机会；度假村地区的一份报纸知道当地广告主不希望把游客吓跑，所以只用有限的篇幅来报道罪案。

利益冲突的相关人士喜欢找借口说，自己这样做是出于忠诚，其实，这并不能赦免他们的过错。做父亲的教练当然会对儿子忠诚；报纸商当然希望做一名良好的社区成员。假如我在棒球队做教练，儿子就在我的队里，那我们必须努力克服一些挑战，例如在练习中怎样对待他，我能否提名他参加市级全明星队。或许你一开始的用意是很好的，但一旦纵容自己偏袒徇私，就很容易掉进诚信陷阱。你做出了怎样的承诺？你说过自己的使命是什么吗？青少年教练应该鼓励所有球员，促进所有球员的发展，而不是偏帮自己的孩子。同样，如果你宣扬自己的本地报纸会客观报道社区近况，那么掩饰罪行就违反了这一使命，可能会给居民和游客制造出虚假的安全感，甚至让执法机构更难以获得支持。这两项选择都缺乏"刻意诚信"精神。

有些员工会把对个人的忠诚和诚信混为一谈。有人问我："你是说，你要我们把公司利益置于友谊之上？"还有人问我："如果我为人不忠，背叛自己的经理，你为什么还想让我在这里工作？"

对个人的忠诚是值得钦佩的，支持朋友和家人也总是很重要的。在工作场所，忠诚是一个更复杂的问题。

有些公司很看重忠诚，目的是激励员工全心全意地相信一项使命，甚至会鼓励大家在觉得有同事不够忠诚时大声指出来。在eBay发展早期，有些领导人看见员工从公司收发室取亚马逊的包裹，也会表示不满。他们想要传达出清晰的讯息：你为什么要从我们最大的竞争对手那里买东西？

有朋友给我讲了这样一个故事：有一次，某食品公司一位高管很晚才下班。他走到公司紧锁的门口，发现门外有另一家竞争企业的送餐员想要送一盒比萨。高管发现自己公司的员工从竞争对手那里订餐，生气了，开门对送餐员说，会把比萨送到员工手中。然后，他来到员工的办公桌前，特意把比萨塞进垃圾桶里，狠狠地用脚踩。我理解这位高管的心情，身处这个职位，他希望员工对公司及其使命有深厚的感情，就连喜欢竞争对手的比萨这种无伤大雅的事情，也万万不要发生。

然而，当员工把对同事或经理的忠诚凌驾于公司规则和政策之上时，这并不是好事——而会构成利益冲突。担任检察官和法务高管时，我见过一些人先是对不当行为甚至是非法行为视而不见，然后为当事人掩饰，最终卷入其中，而在这个过程中，他们一直告诉自己，这是忠诚的表现，所以自己在做正确的事。有一次，我控告过一名美国中央情报局特工。他自己为外国政府做间谍；被捕坐牢以后，又招揽了自己的儿子做间谍，最终导致儿子被判入狱。这是愚忠的行为。

在企业里，我见过高管助理出于愚忠，伪造开支和差旅记录，替老板说谎，虚报行程。我调查过的一些同事编造出虚假的故事，为朋友的不当行为掩饰。我听说过有员工偷窃设备，或者欺骗公司、背地里拿回扣，被同事发现时，就以忠诚为名要对方保密："别出卖我，我欠你一个人情。"

愚忠是一种利益冲突，但利益冲突还有许多不同形式。在我们的道德守则中，我们努力帮助员工了解到，许多不同的行为都可以构成利益冲突：

- 从原材料或其他供应商处收受回扣，以换取向公司推荐他们，或者决定与他们开展业务。
- 在涉及恋人、好友或家人的情况下，做出商业决定或企业采购，而不披露与对方的关系。
- 利用属于公司的市场调研或其他知识产权，创办或帮助另一家公司。
- 主张收购一家自己持股的公司，而不披露相关权益。
- 由于一家供应商会给自己赠送喜欢的礼物（例如音乐会门票），为了与其维持关系，而做出商业决定。
- 根据自己的旅行计划，做出有关差旅的商业决定。例如，由于你的姐姐现在住在波士顿，你明知到波士顿出差的商业理据并不充分，还是在论证中夸大其词，甚至特意开始与波士顿的供应商合作，让公司支付差旅费（利益冲突和滥用公司资源经常有重叠之处）。

在科技公司，一个常见的利益冲突是员工兼差为另一家科技公司担任顾问，甚至在全职工作之际创办自己的公司。创办一家软件公司的门槛是很低的：一个程序员拿一台笔记本电脑，在哪里都可以开发应用程序或编程，包括在全职上班的办公桌上，占用公司付钱给他编码、做项目的时间。对于这类情况，爱彼迎强调，凡是有潜在的利益冲突，员工都必须与经理和道德顾问讨论。公司最不想看到的，是从外部来源发现未经报告的利益冲突。

例如，我们不想从供应商处得知，他们为我们的一名员工支付了前往某个度假村或其他胜地的会议费用。如果员工要为另一家公司担任顾问，即使这家公司与我们的业务毫无关系，也要事先跟我们讨论，因为日后我们或许会计划进军相关领域。在我处理过的一个案例中，员工（以较高价格）委聘了其配偶的公司提供的仓库维护服务，而并未披露利益关系。这些做法未必都是不适当的，但决定权显然不应该交到可从中牟取个人利益的人手上。一条经验法则是问一下，某一项行动——决定、开支、投资、解释、差旅、礼物、委派与某位客户合作、外部项目或咨询关系、在家工作等通融安排——是否是为了牟取私利，而牺牲了公司或工作团队的最佳利益呢？如果答案是肯定的话，就可能存在利益冲突。

第7种：欺诈

欺诈是虚假陈述信息，是说谎。我们在前文提到的天然气公司通过令人眼花缭乱的会计账目，把实际营收虚报了好几倍；汽车公司有意在车上安装了专门应付尾气排放检测的软件，而实际上违反了联邦标准。这两宗案例都符合故意和蓄意欺诈的定义。

一个人在组织内的个人欺诈可能涉及许多情境。求职时，如果错误陈述教育或工作经历或伪造推荐信，就算是欺诈。更复杂的欺诈可能包括在研发实验室里伪造研究或测试结果，或者故意误报一个部门的财务业绩、掩饰某个季度欠佳的绩效。一个人把另一个人的功劳揽在自己身上，也是一种欺诈。帮朋友虚开发票，或者给他们发送未付款的产品，都是欺诈行为。我见过有客服代表企图把客户资金转到自己的私人账户上。他以为这个"错误"追查不到自己身上；他想错了，也因此丢掉了工作。

欺诈与其他道德两难困境有重叠之处。如果某一笔开支不是你自己产生的，或者你明知某笔花销不属于真正的工作开支，却还是故意报销，就属于欺诈。如果你为了帮女朋友求职，伪造资质证明或夸大证明人的可信度，就属于欺诈和利益冲突。

欺诈几乎总是属于犯罪行为，而商业中的欺诈往往是"电汇欺诈"，基本上就是通过公共通信网络传输谎言，以获取财物或其他利益。在美国联邦大学舞弊案的起诉书中可以看到，在学术水平测验（SAT）中，一些父母通过行贿方式，专门指定子女所在考场的监考员，这些监考员会在交卷之前更正他们的答案——甚至直接充当"枪手"。由于这些安排是通过电邮和电话做出的，许多父母被控电汇欺诈。一宗欺诈从犯案到被人发现，可能经过很多年；但对诈骗分子来说不幸的消息是，在欺诈罪的刑事检控中，追诉时效是从发现欺诈起计，而不是从欺诈行为发生起计的。

你必须在道德守则中禁止欺诈行为。但说实话，欺诈并不是规则含糊不清、令人混乱引起的，而是故意、有时甚至是精心策划的犯罪行为。

我处理过最有意思的一宗欺诈案发生在eBay。一个卖家把看似知名艺术家理查德·迪本科恩（Richard Diebenkorn）的画作上架出售，还写了一个详尽的故事，说主人是怎样在车库销售中发现了这幅画作，而小孩在玩摩天轮玩具时，把画作撞坏了。后来发现，这人就是一个骗子，走遍了跳蚤市场和车库销售，寻找廉价作品，伪装成知名艺术家的作品出售。

卖家在刊登这幅画作时，并没有提到迪本科恩的名字，但他在画作上伪造了一个签名，让人误以为是这位艺术家的作品。卖家还找了两个"托"，用他们的账户假出价，制造假象，让人以为有艺术品收藏者"发现"

了这幅珍贵的作品，竞相出价，慢慢地抬高了价格。卖家后来告诉《连线》（Wired）杂志："我对迪本科恩画作的描述纯属虚构，为的是让人把我当成一个倒霉的普通乡巴佬。"

一位迪本科恩的爱好者上当了，最终花了超过13.5万美元拍下这幅画——却发现这是伪造的。美国联邦调查局展开调查，发现卖家还是一名律师，他承认了自己的罪行，其法律职业资格证也被吊销了。能够策划这么复杂的欺诈案，犯罪分子是不会把道德守则或社区标准放在心上的。但由此可见，企业必须投资于技术和其他流程控制，一旦发现某些行为就发出警示，让有诚信的人可以插手干预。不然，这种活动（以及随之而来的媒体曝光）可能会损害企业整个价值主张的完整性。

第8种：分享机密信息和商业秘密

所有道德守则都应该包含一条规定，禁止员工分享机密信息和知识产权。这听起来简单，其实对大多数公司来说都是一大挑战。如今，科技工具或媒体选择比以往任何时候更多，因此，员工也更加容易违反这条规则。在这信息透明的年代，机密信息绝不应该放进群发电邮里，也不应该用注明"仅供内部使用"的纸质文件分发。不然，能够保密的概率是很低的。

对于频频上新闻的知名企业来说，保密的两难困境是员工几乎每天都要面对的挑战。记者（他们会利用领英等网站，寻找消息来源）、家人、朋友、供应商、客户和顾客会经常询问员工，打探内幕消息。因此，企业必须时常提醒员工、供应商和承包商，保护公司知识产权和机密信息有多么重要。企业要制定一条政策，规定凡是公司以外的人为了履行职责而需要获取机密信息，都必须签署一份保密协议。你必须向对方说明，你是会强制执行这些协议的，如有违反，就需要承担后果。

泄露机密信息可能包括恶意泄露有关不当行为或冲突、令人尴尬的公司秘密，但也可能关系到许多其他话题和类别。招聘计划、产品和市场营销策略、专有算法、数据分析、专利申请、公司不能合法披露的员工或数据机密信息都可能成为攻击的目标。保护机密信息和知识产权并不等同于保护客户数据隐私，但一宗违反道德守则的事件可能涵盖两个类别。

例如，在2011年，《纽约时报》报道，美国某医院2万名急症室患者的详细记录意外泄露。这是在滥用机密信息方面，我见过的最严峻的事件。医院把这些数据制作成电子表格，发给一家合作多年的收账咨询公司。这家公司要求医院提供数据，以制定新策略，改进收账流程。双方就数据传输签署了保密协议。这本身并没有问题——患者在入院时，就同意收账流程的相关人士可获取其个人资料。

然而，这家收账公司的一名顾问有权限查看这份电子表格。他想要雇用一名新的数据分析师，于是复制了这份表格，发给了自己正在考虑的一名求职者，要求她把数据转化为图表和图形，展示自己的数据分析能力。他虽然没有恶意，但严重滥用了机密数据，埋下了典型的诚信陷阱：顾问想要聘请最优秀的分析师处理这种数据，为了达到这个目的，不惜暴露了2万名患者的记录，并为此找借口。

但事情还没有完结。求职者后来表示，她不知道电子表格里的是真实患者的真实数据。由于项目做不出来，她上了一个学生可以付费咨询各种编程或分析问题的在线资源网站。她发帖求助，并附上了这份真实数据。就这样，在这个网站一个未加密的项目二进制文件里，大约2万名患者的个人医疗信息存放了一年多时间。

在数码时代，海量敏感数据的泄露甚至传播，就是这么容易的事。

此外，也别忘了涉及模拟通信（而不是数字通信）的许多保密问题。极端的例子包括商业间谍活动，这是一种故意的犯罪活动，是指竞争对手向你的员工支付酬金，以换取许多类型的秘密，包括竞争对手的恐惧或弱点。没有那么极端的例子可能是员工在酒吧里说话太大声，或者在派对上说长道短，这些举动也可能会造成损害。如果有员工不用碎纸机，就直接把机密文件丢进垃圾桶里，也可能造成问题。

你在撰写守则、制定与机密相关的政策时，必须考虑三种不同类型的员工（以及供应商和顾问）。

首先，你必须考虑现任员工。在任何一家公司，都有一般类别的机密信息是每个人都需要保密的：项目启动时间表、员工一般可查阅的潜在客户笔记和数据库、所有新产品设计等。还有一些具体情况，是某一条信息需要保密的，例如公司准备提起诉讼或者宣布召回产品。

此外，企业也普遍制定了一项良好的政策，规定凡是与公司相关的媒体垂询和采访申请，都应该交给企业沟通团队处理。这不仅意味着员工必须事先获得许可，才能允许媒体引用自己的话，还意味着未经与企业沟通团队讨论相关情况，他们不得接受媒体代表的采访，包括不具名采访或记者同意不公开报道的私下交流。假如员工向媒体泄露机密信息，可能会危害公司利益。不过，干预或报复依法吹哨人是违法行为。

其次，你必须考虑要离职的员工。离职时，他们应该再签署一份保密协议，该协议的内容可能经过修订，以反映离职员工一旦透露，就会损害公司利益的具体信息。显而易见，掌握了公司当前计划的员工会成为竞争对手和记者的目标。企业必须清楚地告诉他们，假如员工泄露商业秘密或机密信息，就违反了入职和离职时签署的协议，甚至可能因此被提起民事诉讼。

再次，你必须考虑新入职的员工。根据"刻意诚信"的规定，公司经理不得叫新员工透露依法不能分享的、竞争对手的商业秘密或机密信息，也不得根据这类信息做出雇用决定。这是一条"金科玉律"：你不会希望竞争对手这样做，所以你也不应该这样做。这不仅明显有违道德，而且窃取商业秘密也是违法行为。对于某些经理来说，他们会想出（在他们心目中）巧妙的方法，企图套取信息（"如果你还在某某公司做项目X，到这个点上，你能够计划在7月份放假庆功吗？"）。别玩这种游戏。如果你利用追问和劝诱的手段，从新员工口中得到信息并据此采取行动，公司和那位员工可能都要承担严重的法律责任。

第9种：贿赂和礼物

贿赂和礼物之间有重要的区别。我已经详细讨论过礼物，所以在这里就长话短说吧。许多员工会问我有关礼物的问题。我深信，每家公司都需要制定政策，消除员工收送礼物的模棱两可之处。

另一方面，贿赂无疑可能会对公司品牌造成灾难性的影响。在美国，为了公司利益，在正常渠道以外向公职人员支付金钱的做法100%是犯罪行为，无论对方是建筑检查员、市长还是美国参议员，都是如此。切勿行贿。要取得成功或加快进度，请找到合法的途径。

此外，全球性企业还必须面对一个事实，那就是在一些国家，公职人员收受贿赂是司空见惯的，已经被视为企业营商的代价。我有一个同事曾任职于亚马逊，他告诉我，在印度分公司开始对外运营之前，他曾经在印度与100名员工开会。他反复强调："我们不会行贿，现在不会，以后也不会。"一名女性员工显得非常生气，站在整个团队面前告诉他："这项政策是行不通的。在印度，你从一个邦开货车进入另一个邦，不给边防人员一点钱，他们是不会放行的。他们有权拒绝通行，让你打道回府。"她觉得按照公司的要求去做，是不可能成功的：如果公司坚持这项政策，她迟早会丢掉工作。

我的同事体谅她的感受，但坚定不移："我们不会这样做事。告诉所有货车司机，如果边防人员拦下了车，索取贿赂，就把车停到路边，给索取贿赂的边防站拍一张照片。我们会向印度政府提交证据，要求他们采取行动。政府说希望我们在这里经营，就需要帮助我们解决这个问题。"边防人员收到风声，知道亚马逊的货车不会行贿，于是就不再向他们索取贿赂了。这个问题解决了。当然，很少公司有这样的影响力，除非你提供明确的培训，告诉员工禁止贿赂，否则，一些当地员工可能会随大流。

你也应该明令禁止贿赂。美国《反海外贿赂法》(*Foreign Corrupt Practices Act*)明确规定禁止贿赂。这是有正式记录的联邦法律中，强制执行和检控最严厉的法案。违法企业面临巨额罚款，有时高达数亿美元。凡是在海外扩张的企业，都必须认真对待《反海外贿赂法》，并确保所有供应商都恪守法律。一旦有员工违法，就可能对你的企业造成沉重打击，甚至这位员工也会锒铛入狱。你或许觉得所在国家的每一个人都对贿赂睁一只眼,闭一只眼,但可千万别抱着侥幸心理。或许前任员工或当地竞争对手都很乐意举报你。

第10种:员工使用社交媒体

"我们士气高涨。我们薪酬丰厚。我们期盼着10万美元的年终奖。道德有什么用,钱才是万能的。"

—— 自称是Facebook工程师的匿名人士在网站Blind上发帖[1]

这则帖子让我皱眉。

许多不同公司的许多员工都会在这些论坛上发表令人气馁、令人沮丧、尖酸刻薄和其他类型的负面言论。但"道德有什么用"这句话之所以让我深受震动,是因为从中可以看到当今商界前所未见的透明度。无论一则帖子是署名还是匿名的,你的员工都可以即时在社交媒体上发表言论,而他们所说的话无论是代表了大多数员工的意见,还是一个人喝多了几杯咖啡之后的宣泄,都会影响到你公司的品牌形象。

光是制定政策,并不能防止这类事情发生。你唯一的希望是公开强调这项政策,经常性地宣传你的价值观。你必须利用这样的机会教育员工,要求所有员工理解和认真思考自己在社交媒体上发帖的内容。如果有人以某家公司员工的身份发表傲慢和攻击性的言论,情况可能一发不可收拾。可能会有其他哗众取宠的员工有样学样,扭曲了公司内部大多数员工的真正想法。这可能激怒各个利益相关者社区和合作伙伴。监管机构或政客可能以此为证据,推出限制性更强的法规。可能会有用户本来喜欢Facebook好的一面,但再也受不了这家公司傲慢的形象,决定注销其Facebook账户。我们都有心情不好的时候,都说过自己后来为之后悔的话。此外,在任何一家公司,都有极少数员工真的毫无道德观念。但身为领导人,我们必须

---

[1] 不得不提一句,无法确认发帖人是否是Facebook现任员工。——作者注

反复强调：我们重视公司声誉，全世界都看着我们。在敲键盘之前，先动动脑子。

对于在乎"刻意诚信"的人来说，社交媒体是一个雷区。在Instagram、Facebook页面，或者Blind这种网站上（员工电邮是经过验证的，但用户会匿名发表言论，人们想在这里打探在某家公司工作的"真实故事"），会出现形形色色的问题。

如今，所有公司都需要制定政策，指导员工怎样使用社交媒体。在制定这些规则时，员工可能会提出一些问题，例如：这是我的个人账户！你怎能限制我的言论呢？回答是，我们对真正个人的东西不感兴趣，但顾名思义，社交媒体既不是私人的，也不是个人的。如果你同意自己的言行应该强化公司品牌，在社交媒体上的表现却截然相反，这就会给公司带来问题。如今，要把一个人表面上私人的个人页面或账户与他们的工作场所联系起来，已经变得非常容易，通常是通过领英。或许员工对一些具有争议性的话题持有强烈的看法，而这些话题与爱彼迎毫无关系，但他们发布的所有帖子都可以追溯到我们。

还记得我在上一章提到的例子吗？一位经理去观看球赛，大声诋毁某位球员或裁判员。在公共场所，这人不能（也不应该）对隐私有什么合理期望。如果有其他员工或利益相关者（例如投资者甚至是房东）在场，对方可能会举报经理这种令人不快的行为——而爱彼迎会很严肃地处置这件事。

社交媒体页面也是同样的道理。在爱彼迎，我们的道德守则规定，如果有同事、供应商、承包商或爱彼迎社区的其他成员"在你的个人社交媒体频道里，你们之间的在线互动本质上是工作场所互动。如有言论或发帖基于受保护特征，贬低、辱骂、侮辱他人或对他人怀有偏见，就会严重损害员工有效代表公司品牌、管理他人以及与他人合作的能力"。违规者可能会被辞退。

守则案例5：是简单地玩游戏，还是玩得太过火了

你所在公司的首席执行官鼓励员工团队一起参加背包旅行和郊游，以加强沟通和团队合作。这些活动赢得了大多数员工的喜爱，似乎也有助于提振士气。旅途的精彩瞬间衍生出许多圈内笑话、古怪的外号和友谊。

你是运营高管，收到了比你低两级的员工发来的邮件："上个周末，我终于报名参加了团队前往优胜美地国家公园的背包旅行。前几次组织的旅行我都没有参加，但每次回来后两个星期，大家都在讨论这个。我们一行10人，一起远足，玩得还比较开心。可是篝火升起后，大家围在一起，几杯红酒下肚，有同事提议：'我们玩那个游戏吧。'他说，每个人要轮流讲述自己的第一次性经历，以及这次经历教会了我们什么。我吓坏了。这是很私人的事情，我不想跟同事分享。我说自己觉得不自在。我们的经理说：'其他人先开始吧，然后你可以决定自己想不想玩。其实还挺好玩的。'我回到自己的帐篷，听见他们窃笑。第二天早上，我觉得受到了孤立，也感到难堪。我们的职位描述什么时候开始包括了这样的事情？我想调到另一个团队。"

是这位员工过于敏感了，还是其他人违反了道德守则？

讨论这一案例，请参阅附录第269页。

守则案例6：这个酒吧归你负责吗

大家工作很辛苦，于是你代表团队，询问能否在工作区角落设立一个主题好玩的酒吧。团队经理梅雷迪思觉得这个想法非常好，捐出了自己的霓虹灯，还批准花500美元购买鸡尾酒的原料和印有公司标志的塑料杯。但梅雷迪思说得很清楚，这是你的项目，你需要

去管理。团队里每个人都同意，除非是特别场合，不然大家在下午4点之前都不会使用这个酒吧。

有人违反了守则吗？

讨论这一案例，请参阅附录第271页。

> **守则案例7：马蒂要如何应对媒体询问**

马蒂在BigCo工作了五年，这是一家知名的大型上市公司，生产滑板、自行车和其他娱乐设备。另一家公司NewCo招揽他加入。马蒂离开BigCo时，双方关系良好，他与BigCo签署了一份离职协议，承诺在两年内不会与之竞争或分享秘密。

NewCo的道德守则规定，凡有媒体垂询，都必须交给企业沟通团队处理。马蒂入职后第二天，一名相识的商业杂志记者通过领英，给他发了一条私信："你好，恭喜你加入新公司。一起喝杯咖啡吧？很想跟你聊一聊。"马蒂尊重这位记者的工作，看到他发的私信，感到受宠若惊。两人见面了，马蒂才发现，原来记者想聊一下顾客对BigCo的电动滑板不满、纷纷退货的传闻。记者表示，有些滑板出现故障，造成严重伤害。"我知道你跟那个部门没有关系，但据你所知，怎么会发生这样的事情？我听说有个十几岁的孩子玩新款Xmodel时出了意外，昏迷不醒，家长可能会提起诉讼。"

听到记者提起这宗事故，马蒂长叹一声。他在BigCo内部听过一些不满的声音，说是工程师团队曾经提出滑板零部件有问题，但管理层为了实现发货目标，驳回了反对意见。他显然知道一些内情。

马蒂可以把知道的情况告诉记者，同时维持诚信吗？

讨论这一案例，请参阅附录第273页。

> 守则案例8：如何界定"学术"咨询

你是一家全球连锁餐厅的市场营销高管，这家公司正在大力拓展亚洲市场。你在食品行业听到小道消息，当地一所高校酒店学院的几位教授做了深入的研究，探讨了向亚洲不同文化推广食品的不同之处。你主动跟这几位教授联系，请求与对方会面，讨论在泰国做市场营销的问题，也想了解一下他们对整个地区的研究。你还表示，公司会考虑跟他们建立咨询关系。

他们回复说，对这个想法持开放态度，也很乐意会面。正好他们一直在筹集资金，想要前往日本做调研，并计划与监管机构会面，讨论外国公司在日本开设餐厅时有时会遇到的障碍。

你的预算里有充裕的资金，足以支付他们去东京几天的费用。

咨询关系通常都是直截了当的，对吧？

讨论这一案例，请参阅附录第275页。

INTENTIONAL INTEGRITY

第 6 章

传达守则：
加入变化，大力宣传，
再三重复

光是制定守则，并没有完全解决问题，你还需要把守则深入灌输到企业文化之中。怎样才能让"道德很重要"这个观念深入人心？你要让大家形成这样的思维模式：发自内心地想要做合乎道德的事情，即使会遇到困难，即使不做也没有人知道，也要这样去做。你要努力通过令人难以忘怀的方式传达诚信信息，并且通过多个渠道，反复强调。不要光是按部就班地完成任务，而要像教练一样去思考。好消息是：科学是你的好帮手。

第6章 传达守则：
加入变化，大力宣传，再三重复

向员工传达对诚信的期望是至关重要的。但从过往历史和文献可见，即使传达的信息再清晰不过，人们也经常会做出违背期望的行为。摩西想用十诫建立路线图。纳撒尼尔·霍桑（Nathaniel Hawthorne）在《红字》（*The Scarlet Letter*）中，讲述了用公开羞辱的手段实行道德管束的故事。我在弗吉尼亚大学读书时，根据信誉准则，无论出于什么理由，学生凡有说谎、作弊或是偷窃的行为，一律会被开除。就像有人违反了黑手党的缄默法则，就会受到追杀。这些做法都不乏热忱、巨大的威胁，甚至上帝的认可，然而总有人试图违背……

因此，我们先要承认一点："刻意诚信"并不是假设可以做到十全十美。只要有一个人做出一次有欠考虑的举动，就可能会让决心最坚定的领导人感到气馁，让诚意满满地努力打预防针的品牌也卷入丑闻之中。研究人员也发现，其实大多数人都会为不诚实、不道德的行为找借口。

几十年来，杜克大学行为科学家丹·艾瑞里一直在研究一个问题：人们为什么会说谎和作弊？纪录片《谎言的真相》[(*Dis*)*Honesty*—*The Truth About Lies*]介绍了艾瑞里和他的研究成果。他在片中表示，不诚实其实是一种"深入折射人性的体验"。2019年秋天，我们在他的办公室坐下来谈话。他告诉我，把人分成"好人"和"坏人"，其实并没有什么用。我们都有可能做出不诚实的事。片中艾瑞里做的一个实验尤其令人不安。研究人员把一份数学卷交给受试者,里面有多道数学题,答题时间有限,应该是没有人能够答出所有问题的。答题时间结束后,受试者来到房间前方,把答卷投入碎纸机,然后告诉监考员他们回答了多少道问题。他们说自己回答了多少道问题,就可以马上得到多少美元。

受试者不知道的是,这部碎纸机只会切掉每份答卷的边缘;艾瑞里的团队可以翻查答卷,确定谁对自己回答了多少道问题说了实话。4万多人参与了测试,结果发现,将近70%的人说了谎,大多数人说的数目跟实际情况相距不远。艾瑞里称之为"蒙混过关因素"。大多数人说一点小谎,还是会自我感觉良好。如果受试者相信周围的人多半也做出了一点不当行为,那么他们自己也会更倾向于做出不当行为。

艾瑞里表示,如果一个人经常蒙混过关,大脑就会对说谎形成反射,以后更容易为不道德行为找借口。你一旦在生活中的某一个领域说了谎,就更容易在这个领域继续说谎。有趣的是,研究显示,富有创意的人比缺乏创意的人更倾向于说谎。艾瑞里相信,这是由于他们更善于讲故事,所以能够更轻松地向自己和别人把谎言合理化。在头脑风暴中,"创意没有好坏之分"。创新企业家往往要打破传统思维方式,跳出条条框框,从而颠覆行业,在这过程中,有时候会越过道德行为的界限。艾瑞里解释道,大多数时候,这是当事人的无心之失。误入歧途的创新企业家往往会说服自己和周围的人:他们所做的事十分重要,极具开创性,免不了要打破一些规则。

这没有什么可奇怪的。在《谎言的真相》中,杜克大学脑科学研究所(Duke Institute for Brain Sciences)的穆拉利·多瑞思瓦米(Murali Doraiswamy)指出,大脑越大,找借口和说谎的能力就越强。对于希望吸引最富有创意的人才的工作场所来说,这一点发人深省。

然而,我们有理由相信,这些趋势是可以克服的。艾瑞里的研究也显示,如果受试者在做上文提到的数学卷之前,先听了一番有关诚信的讲话,作弊的现象基本会杜绝。艾瑞里也表示,如果有人提醒自己诚信是很重要的,而自己也相信旁人做出了诚实的选择,那么,人们"蒙混过关"的意愿就会大大降低。通过提醒人们他们具备的道德品质，会改变他们的行为。在不良环境下，道德很容易被侵蚀，但艾瑞里的研究显示，通过有意地付出努力，我们有办法帮助自己在家里和工作上做得更好，保护和建立信任和诚信。

再三强调和重复要传达的信息

我从这项研究得出了一项令人遗憾的启示，那就是即使是重视诚信的人，诚信这项品质在人身上还是很脆弱的。不得不承认，活到现在，有时我也会轻易地说出一个善意的谎言，或者编个理由糊弄他人。这说起来实在令人尴尬。但我真的相信，艾瑞里的研究是正确的：企业可以通过有意地大力提倡诚信和诚实，强调这些品质的重要性，在工作场所筑起诚信和诚实的堤坝。如果员工相信道德行为是常态，其他人都遵守规则，他们就更有可能恪守这种行为。NBA总裁亚当·萧华跟我谈起联盟的道德计划时表示："你必须通过多个渠道反复传达这一信息。这就像电视广告一样。你需要重复，才能让大家听进去。如果你能营造出一个经常传达这一信息的环境，慢慢地就会让人把这个信息放在心上。"

另外还有很重要的一点，就是要由最高层来传达这一信息。我担任联邦检察官时，埃里克·霍尔德（Eric Holder）还在美国华盛顿哥伦比亚特区检察官办公室，我们偶尔会就毒品检控问题进行交流。这些年来，我们一直保持联系。后来，埃里克当上了司法部长，他会亲自到访每一个当地联邦检察办公室——足足有93个——直接向属下数千名联邦检察官传达一项信息。"我想制定的不是泛泛而谈的道德守则，而是对大家有何期望的守则。我在私营部门工作过，见过最高层承担起这项工作（领导层以身作则，倡导合乎道德的行为），所以觉得这是很重要的。一家公司的首席执行官或领导人的为人处世、一言一行，都会对企业文化产生莫大的影响。"[①]

[①] 一些有色人种房客向爱彼迎举报，房东拒绝了他们的预订。于是，我立即联系埃里克，咨询他应该怎样处理这一情况。我在爱彼迎任职期间，他的法律事务所多次为公司提供法律意见。——作者注

这个概念十分重要。然而，在当今商界，大家很少会讨论道德和高期望的问题。有些首席执行官觉得这会给人留下爱说教的印象，或者担心这种谈话会干扰员工实现利润。圣塔克拉拉大学（Santa Clara University）马库拉应用伦理研究中心（Markkula Center for Applied Ethics）的执行董事唐纳德·海德（Donald Heider）最近告诉我："认真看待道德问题的大型科技公司屈指可数。"马库拉应用伦理研究中心专门研究企业管治、全球商务、领导力、高管薪酬和其他商业领域的道德问题，也为企业提供培训计划。他深信，"你必须打造出让大家对道德问题畅所欲言的文化"。

是的，你会遇到令人气馁的挫折。老板可能会爱上直接下属，无视规则，发起追求。总会有一些好人为糟糕的选择找借口，无论你怎样强调规则，还是会有一些员工想要钻空子。我跟员工所说的话，未必是他们听到的或者想要听到的。但我会说，我们还是要去聊这个问题。我时常要求自己换个方法讨论这些话题，以免员工把我的话当成耳边风。

◆

我在教材租赁公司Chegg担任法律总顾问时，曾经让几位高管站在舞台上，在200多位员工面前，以答题闯关类电视节目的形式，考一下他们对公司道德守则有多了解。我充当主持人，提出一些道德两难困境，让高管回答。如果我觉得高管的回答违反了公司道德守则，就会按下提示回答错误的按钮，发出"哔哔"声；如果我觉得高管回答正确，符合公司道德守则，就会大力赞许。我提出的问题大多是假设性的，类似于这本书中提到的守则案例。起初，我们会一来一回地开着玩笑，首席技术官查克·盖格（Chuck Geiger）为了协助我说明一些要点，还故意答错了几个问题（我和查克在eBay共事过）。但当我深入讲述一些问题时，房间里安静下来。有时候，高管们观点不一，或者不确定正确答案是什么。这正是我想看到的：我希望大家认识到，答案未必是显而易见的，有时候需要做出权衡取舍，因为存在着灰色地带。但这并不代表我们应该回避这些问题。在一些问题中，我在查克故意回答错误时，按下"哔哔"按钮，并解释我不同意的理由，这时，我可以看出房间里有些人意识到自己也会给出相同的回答。

我还陈述了一位男性员工的真实投诉。他表示，女同事们在大谈谢丽尔·桑德伯格（Sheryl Sandberg）的书《向前一步》（*Lean In*）①。事实上，她们把这本书挂在嘴边，让他觉得自己受到了排挤，感到不安。他应该怎么办？是应该向人力资源部门举报呢，还是"做个男子汉"，挺过去呢？

房间里鸦雀无声。这个问题逆转了女性面对的一个老生常谈的问题：在星期一早上开会时，男性员工大谈足球比赛或向往的新车款，让女性员工感觉受到排挤。

查克仔细想了一会儿，回答道："我想，重点在于，我们不应该让工作场所里的任何人感觉受排挤。无论是出于什么原因，如果有人觉得自己受到排挤，就应该跟经理讨论这个问题。如果他们想向人力资源部门举报，也是合适的做法。"

房间里没有人说话。大家都在等我的回应。

"我想，这个回答是正确的。"我说道。

查克还记得，这次讨论让一些人感到不舒服，但也令人难忘。"那些问题不是非黑即白的。有些问题的两个答案之间只有49%和51%的差别，而有些问题的答案是很值得商榷的。"

在这里，我要为Chegg的首席执行官丹·罗森维格（Dan Rosensweig）鼓掌。他允许我举办这场活动，即使遇到棘手的问题，也没有叫我停下来。他向来坚定地支持我，确保公司有效传达了我们的价值观。他最近跟我说："这样做是有点让人心惊胆颤。但我觉得，如果我们不愿意站出来，设身处地地去想一下，应该怎样处理日常工作中的棘手情况，那么，我们又怎能向员工展示如何践行企业价值观呢？我们要利用这个机会齐聚一堂，让大家看到我们都是人，都会犯错。"

换言之，每个人都可以从中汲取经验教训。丹·罗森维格补充道："我相信，我们要愿意去谈论我们的价值观。我们不希望光是因为一个人犯了错，就假设他/她是坏人；我们也不希望有人不敢开口去问：'嘿，在这种

---

① 谢丽尔·桑德伯格是Facebook首席运营官，其著作《向前一步》剖析了男女不平等现象的根本原因，解开了女性成功的密码。——译者注

情况下，你为什么要这样做？'只要不涉及人身攻击，就可以大胆地去问。"

我之所以要做这个演示，第一个目的是让大家看到，讨论诚信问题是十分重要的，也会得到高管团队的支持。我还想要强调，做出道德选择未必是简单的事，也不是自动自发的，而是在很大程度上取决于关键细节或背景。但我也觉得，这段经历让我们学会了多一点谦逊。我可以肯定，有些员工事后会拿出道德守则，回顾有争议的问题涉及的规则，以确保对此足够明白。听到查克的一些回答，我甚至开始反思自己在高管团队里是怎样传达某些想法的。自此之后，我一直在这方面努力，下面是我在这过程中确立的一些原则。

心怀谦逊、满怀热情地出发

成功的沟通一定是双向的。这意味着你在讨论诚信问题的时候，需要抱着开放、虚怀若谷和谦逊的态度。法律总顾问可以解释有法律保障的规则，以及在某个情况下应该采取怎样的流程，才能最大限度地降低品牌承受的风险。可是，如果你表现出我在上文提到的"摩西综合征"，好像拿出了一份启示录，要带领大家前往应许之地一样，这种态度很快就会令人反感。如果你摆出说教的态度，或者就像一个"顺我者昌，逆我者亡"的治安官，大家也会觉得讨厌。

要传达诚信信息，必须做一个充满热情的道德倡导者。首席执行官也必须支持这项工作，但首席执行官通常是没有时间深入细节的。总得有人充当诚信大使，处理复杂的问题，而这个负责人必须是高级领导人。在爱彼迎，这个负责人是我。我乐于迎接这个挑战，不是因为我喜欢逮住别人干坏事，而是因为我喜欢思考怎样才算合乎道德，怎样才能最有效地防止问题发生。我与其他人并肩合作，努力弄清楚什么是正确的事，然后身体力行，并为此感到自豪。在复杂的情况下，我希望相关员工在发现可能存在道德问题时，停下来想一下，寻求意见，然后再去采取行动。大家在做出这些决定时透明度越高，员工越是考虑周详、有意地寻求意见，结果就会越好。

我们的道德顾问也秉持着同样的信条。他们来自公司各个部门，包括技术部门的员工，他们持有高等学位，在计算机科学或工程领域经验丰富。他们思考和解决问题的方式或许跟我不一样。但他们往往有一个共同点，那就是想要探求这个话题的相关知识，喜欢思考自己想要支持怎样的文化。

我们的沟通计划基本上可以分为四大要点：

1. 确保公司在每一位员工入职后，尽早地向他们传达诚信的重要性。

从旧金山到爱尔兰，在我们的每一个办公室，每位新员工入职第一周都会参加入职培训，其中包括为时75分钟的"让这里充满诚信"计划。我加入公司后，刚制定道德守则时，会跟所有员工和高管团队召开小组谈话，介绍道德守则的基本要点。这项工作费时费力，我要出差到20多个国家，把同一套讲话重复100多遍。如果我自己出差在外，偶尔会安排团队成员向新员工做介绍，但只要没有外出，我一定会自己来做这件事。这一做法是受到了梅格·惠特曼的启发。多年来，她一直坚持在eBay每一个新员工入职培训班上发表讲话。梅格是个大忙人，但她认识到，当新员工一入职，就从领导人口中直接听到公司看重哪些方面，这件事是非常重要的。就像埃里克·霍尔德一样，她知道，如果自己表现出认真维护诚信的态度，那么，她对eBay价值观的认可就比其他任何人都更具有说服力。

我在小组谈话中，首先会放映一张幻灯片，上面写满了最近媒体报道科技公司丑闻的新闻标题。我在这本书中已经列出了许多。从中可以看到，当一个人或一家机构判断失误时，会造成令人尴尬的结果，甚至引起公愤。我会直言不讳地讨论这些丑闻。这就像我十几岁时看过的血腥的安全驾驶教育短片；片子的目的是让我们受到一点惊吓，对此问题加以重视，注意安全驾驶。我列出这些新闻标题的目的也是引起大家的注意；相关话题包括数据泄露、性骚扰和性侵犯、贿赂外国官员、在社交媒体上行为不当、向受害者支付"封口费"、就公司政策和行为说谎，等等。可悲的是，我听过的例子不胜枚举，一张小小的幻灯片根本承载不下。不过，我总是告诉员工："我不想看到爱彼迎登上这样的新闻。"

我会提醒员工，他们入职第一天，就收到了一份道德守则，并在电子版上签署了姓名，视为同意遵守守则（认真看过里面内容的员工，应该不过半吧）。然后，我们会深入剖析守则的含义。我会尽量深入浅出地说明，让大家有更切身的体会。

2. 运用实际生活中的例子。以实例说明相互冲突的本能可能产生怎样的碰撞，或者其他人可能会对你的意图有怎样的误解。

在演示中，我并不是一个人在唱独角戏，而是会留意员工所虑、所读和所想。我会讲述在公司内部发生的一连串真实案例，联系到道德守则中的相关条文。我们会展开类似于"守则案例"的讨论。我会指出问题、选项，让大家意识到问题未必会有完美的解答，但我们的目标是根据具体情况的具体细节来考虑应该怎么做，尽量去做合乎道德的事。

大家也会向我提问。例如，我刚开始发表诚信讲话时，客户支持团队的一班员工提醒我说，爱彼迎房东偶尔会送他们一些礼物，例如觉得员工帮了很大的忙，于是邀请他们周末到自己的房子里免费居住。他们问我，能否接受这样慷慨的礼物。警铃大作！我们应该为每一位房东提供卓越的服务。我们绝不希望客服代表以明示或者暗示的方式索取礼物，让人觉得只有送礼才能获得更好的服务。自此之后，我们在道德守则中对此加入了一条规则，也会在给客户支持团队的员工做培训时强调这件事。在这种意义上，我的演示偶尔还能充当实验室，可以借此收集数据，在日后实际修订守则时参考使用。

几年前，我刚开始发表这些讲话时，说到员工不要随便在工作场所触碰别人，应三思而后行，偶尔还会看到观众席里有男性员工翻白眼。但这些白眼已经越来越少见了。考虑到#MeToo运动，以及人数众多的首席执行官和其他高管蒙羞下台，这种反应已经变得不合时宜。我们整个文化在这个问题上都发生了转变。

还有人问我，员工聚会地点有没有"禁区"，例如脱衣舞俱乐部。这也给我带来了意外的启发。现在，我会在新员工诚信讲话中讨论这个两难困境，由此带出"排斥行为"这个更宽泛的话题。例如，在脱衣舞俱乐部开会或举办公司以外的活动，并不是团建或工作的适当场所。没有人应该觉得自己为了工作，必须置身于一个与工作无关、而充满性张力的环境中，又或者觉得一旦提出反对意见就会遭到排斥。员工在自己的闲暇时间，有权到自己想去的地方，也当然可以选择跟谁一起去，但绝不应该组织这样的外出活动或者在工作场所讨论这些话题，把其他人排斥在外。

我们撰写道德守则时，我万万没想到要处理脱衣舞俱乐部的问题。公司总部设在旧金山，这里没有人提到工作场所会遇到这个问题；我在硅谷工作了将近20年，也没有人提起过。但在美国某些地区，一些公司是允许员工在脱衣舞俱乐部会面的，甚至允许带客户去这些地方。现在，我会在大多数演示中提到这个例子，因为从中可以看到，虽然人与人之间、各个地区、文化和观点之间存在差异，可是，我们不能以在抽象意义上或者在某个地方，什么做法比较时髦、什么做法比较古板为判断依据，而是必须从公司价值观的角度出发来看待诚信问题。爱彼迎要创建一个让所有人都感到"家在四方"的世界。你可以用另一项活动来替代上脱衣舞俱乐部——或许是打高尔夫球，或者参加当地政治示威游行——或许团队里某些成员喜欢，某些成员不喜欢，这也没有关系。可是，如果你故意在公司以外组织只会取悦团队/公司里某些成员的活动，就与我们支持包容性和归属感的价值观发生了冲突。

你举的例子越能让人产生共鸣，培训的互动性就越强，然后，你就能更好地与员工互动交流，一起确定正确的答案是什么。以防听众只是被动聆听，你要提出两难困境和问题，迫使大家去思考。探讨一下这些规则背后的"为什么"。例如，我提出了一个问题：为什么我们允许200美元以下的礼物，而沃尔玛完全禁止收送礼物呢？

我会有意提出模棱两可、动机不明和涉及某些背景的问题，举出这样的例子。我特意告诉大家，我明白问题未必有正确或错误的回答，但我们需要留意人的本能和直觉。这让我觉得，我有点像自己心目中的法律英雄：美国最高法院前大法官波特·斯图尔特。

在一份对于某部电影是否涉嫌淫秽的法官意见书中，斯图尔特曾经表示,虽然难以界定什么是硬核色情物品,但"我一看就知道是不是"。这成为了他说过的最著名的话之一。在我看来,他的这一观点跟与性相关的许多问题都息息相关,包括性骚扰、正常的吸引、调情、随意的碰触和赞美。有时候,我们难以清晰界定这些行为的界限——怎样才算,怎样不算。重要的不仅是用词,还有背景、意图、语调,都很重要。例如:

- 你说"嘿"时,可以像是认出了牧场上长的是什么。
- 你说"嘿"时,可以像是有人刚霸占了你的停车位。
- 你说"嘿"时,可以像是在参加恋爱真人秀《单身汉》(*The Bachelor*)的试镜。

在我的演示中,我们会谈到性骚扰和有敌意的工作环境。以前,女性遭遇职场欺凌行为,可能会以为自己必须默默忍受;但现在越来越多的女性学会了挺身而出进行举报。男性对此反应不一,有的人很高兴一些令人恶心的人终于得到了应有的惩罚,还有的人疑神疑鬼,担心自己不能像过往一样开玩笑。

在道德培训中,我会问道:"赞美呢?赞美是可以接受的吗?"

"有些可以。"通常会有人大声说。

"好吧。"我说,"那么哪些是可以接受的呢?"

"没有性意味的那些。"

我回答道:"类似'这件毛衣真漂亮!'的话吗?"

"是的。"

"那么,'宝贝,这件毛衣真漂亮'呢?"(我装出一副纨绔子弟的口吻。)大多数人笑起来,还有些人摇了摇头。

"啊,同一句话,语调不同,就不可接受了?"我问道。

我看见有些人皱起眉头,有些人来回挪动双脚。啊哟。对吧……对吗?

我朝第一排的一个人转身,说道:"这双靴子真漂亮。"那人局促不安地挪动一下。我说道:"说真的,我很喜欢。你是在哪里买的?"

我抬起头来,说:"我刚才说的话是可以接受的吗?"

"可以。"

"靴子可以接受，毛衣却不行？"

"靴子是没有性意味的。"有人说。

"或许对你来说没有。"我说道。

我会努力在演示中加入一点幽默感。我会努力传达出一个信息：虽然"表达意图"的时候难以捉摸、含糊不清，却确实很重要。一般来说，我会建议员工不要以表露出性吸引的方式去赞美别人。但你**怎样**说一句话，跟你说了**什么**同样重要。这么主观的判断标准，是不是让人沮丧？确实如此。可是，要表现出对别人的尊重，说话之前就要过过脑子。凡事谨慎为上。考虑一下，如果你开了这个玩笑、做出这个评论，或者对身体有这样的描述，其他人可能会做出什么反应。戴上道德眼镜，既要观察这个两难困境的细节，又要考虑这涉及什么较大的问题，以及不知道你的个人观点或意图的旁人可能会对此有何看法。

有人以为，如果一家公司重视诚信，就会营造出紧张、刻板、警察国家的文化，这其实是一个迷思。是的，有些人比其他人更加敏感。但常识和礼貌是良好的"道路规则"，也易于遵循。如果你穿着一件花里胡哨、饰有闪灯的圣诞丑毛衣上班（我就穿过这么一件来拍摄公司视频），有人大笑着说："这件毛衣真漂亮。"我们俩都会觉得很好笑，笑成一团。可是，如果你问一位女性，她的长裤是不是那天早上画在腿上的，①然后补充一句"开玩笑的"，就会让人觉得这不是笑话，而是侮辱或试探。

意图总是很重要的。跟我合作过的一位女性高管曾经担任一家上市公司的法律总顾问，她有过这样的经历：在一次会议之前，另一位高管凑过来，说道："我可以赞美你一句吗？"她有点搞不清是怎么回事，说道："或许可以吧？"他回答道："你穿的这件胸罩很好看。"

哇，真恶心！等一下，难道她不是允许他这么做了吗……

当然，她并没有允许他说出不当的话。她怎么知道他要说什么呢？他也可能说："你上次会议做的笔记，给大家传阅的那份，做得很好。"可是，

---

① 形容紧身裤非常贴身。——译者注

这位高管却对她和其他人说了一系列不当的话，不久之后，公司就把他辞退了。

我还会探讨滥用客户数据等类似的情景。

我问道："这里有多少人的家人现在觉得，你应该充当他们在爱彼迎的私人客服代表？"

很多人举起了手。接着我解释说，虽然帮朋友解决问题是很诱人的想法，但这并不是你的工作，而且存在利益冲突。你要做的不是登录数据库，设法自行解决问题，而是应该叫你的朋友去找客户支持代表，协助客户是他们的职责。我们不希望有人对如何对待客户、如何对待客户数据产生混淆。

3. 通过多个沟通渠道指出具体问题，包括员工通讯、留言板、海报、电邮和有趣的短视频（这是非常重要的）。

我们制作成本低廉、简单的短视频，取得了巨大成功，这是我在爱彼迎工作时的一大惊喜。视频涉及的话题从理性饮酒到进行贿赂等，不一而足。这些短视频不是什么杰作。我们只不过是把手机放在价值10美元的桌面三角架上拍摄，然后用电邮发送出去，就赢得了大家这么积极的回应，实在不可思议。有些人成为了这些视频的爱好者，发来电邮，感谢我们清楚解释了某些规则。有些员工自告奋勇，想要在下一个视频中出镜，也有些员工为接下来视频的选题出谋划策。这些视频成为了Slack频道上讨论的话题。我在视频中出镜以后，走在街上或者到世界各地的办公室，都会被观众拦下。

视频简短有趣，却会让人认真地反思一些严肃的问题，让我感到振奋。爱彼迎中国的一位工程师看完诚信视频之后，给我发来电邮："我喜欢看沃伦·巴菲特（Warren Buffett）的作品，他总是谈到能力与诚信。我一直在想……我有能力，但怎样去做有诚信的人呢……怎样才能获得诚信呢？"这样的电邮给了我莫大的启发，让我继续推动这项工作。正因如此，我深信当一家公司倡导诚信时，不只会在公司内部产生影响，还会发挥更深远的影响力。

有一天，我在办公室里吃午餐。一个女人走过来，说不好意思打扰一下,她想知道某个视频背后的真相。"好吧。"我说道。

"在上一个视频里,就是节日派对那个,你站在一个视频屏幕前说话,屏幕上有一个假的壁炉。"

"是的。"我说道,纳闷这为何会吸引她的注意。

"你是想做'篝火上烤着的栗子'吗?"①

我们制作的最成功的视频之一,是一位经理在面试一位求职者(我扮演)。他的态度友善、积极向上。他问我结婚了没有,有没有孩子。我坐下来时,他问道:"你一瘸一拐的?背部还好吗?"我们言简意赅地指出了这样提问有什么不妥的地方。例如,问一个人成家了没有,有没有孩子,会让人以为或许爱彼迎不欢迎为人父母者加入。这是不可接受的。

他在视频中问我:"你的工作经验很丰富……你是哪一年大学毕业的?"他询问我的背景:"你在哪里长大的?切斯纳特——这名字真奇怪。你来自弗吉尼亚州——不是共和党人吧?"我后来了解到,许多员工看了这个视频以后才惊讶地发现,原来面试过程中聊天拉家常,过后也可能被视为年龄歧视,或者想要打听医疗或其他信息。而根据联邦和州的反歧视法,如果面试官以这些信息作为是否雇用的依据,就是非法行为。

在另一个视频中,我穿着一件出名丑陋的圣诞毛衣,走进一个房间里。团队成员正在为节日派对做准备。他们告诉我说,他们盼着一起喝个够,不醉不归。我环顾房间,提出这样的问题:如果我不喝酒,那么大家还欢迎我吗?在这个案例中,我们想要强调,办公室派对的目的是给大家社交的机会,享受彼此的陪伴,而不是过量饮酒。派对和其他节庆活动都需要提供无酒精饮料和食物,还要对不能饮酒的人抱着欢迎的态度。

大家辛勤工作,偶尔也需要开怀大笑,需要与其他人建立情谊。我觉得这些视频满足了这一需求。感谢我的女儿比安卡,她是一名大二的学生,帮助我了解到其他一些教导诚信的方式成效欠佳。

比安卡在一家餐厅找了一份新工作,需要完成一个反性骚扰培训计划。

---

①《圣诞歌》的第一句是"篝火上烤着栗子",而作者的姓名是"罗伯特·切斯纳特",切斯纳特(Chesnut)有栗子的意思。——译者注

她说这个计划糟糕透顶，视频播放了长篇大论的无聊幻灯片，而且必须用笔记本电脑观看，因为要点击翻阅每一页。她是在机场完成培训的，幻灯片给她留下最深的印象就是帮她打发了时间。后来，她跟朋友聊了一下，他们都是为了做暑期工，才必须完成类似的在线培训课程。朋友们告诉她，他们一起坐下来，点击翻阅，嘲笑这个课程有多么糟糕，看过以后也不会有半点收获。

但我的女儿此前参加过卡内基梅隆大学（Carnegie Mellon University）的暑期计划，接受过反性骚扰培训，发现可以有截然不同的培训方式。我问她，区别在哪里呢？那次培训也是围绕一个视频展开的。这个视频在YouTube上可供观看，点击量达到了760多万次。视频的主要观众是年轻人，它的确也抓住了这些人的心思。它没有使用满是文字的幻灯片，而是用了火柴人动画，男性配音声音好听、口吻略带嘲讽。视频想要传达的信息是：如果男人看待"性同意"的方式，跟他们问女人想不想来一杯茶一样，就可以避免闯祸。旁白说，把"发生性行为"想象成"喝茶"，当女人说"我想要来杯茶"时，就只给她倒一杯茶好了。但如果她说想要来杯茶，结果你把茶泡好时，她已经不想喝了，那她也没有义务去喝这杯茶——不、要、逼、人、家、喝、下、去！如果她失去了意识，别往她嘴里灌茶——"已经失去意识的人并不想要喝茶"。即使她上个星期六想喝茶，那也不代表她每天都想要喝茶……或许她这辈子再也不想喝茶了。

这个话题是很严肃的，但可以通过生动有趣的方式传达信息。发挥幽默感，与目标受众互动，可以给人留下深刻的印象。除了这个视频之外，还有另一个视频专门讲述了职场性骚扰。这部动画简短有趣，但清楚传达出令人难忘的信息。自#MeToo运动兴起以来，职场中有些人感到困惑和忧虑：他们并没有恶意，但喜欢拥抱、赞美或触碰别人，而别人有权利反对；这个视频探讨的正是这个话题。

制作与道德守则相关的视频，应该简短扼要，发挥一点幽默感。视频内容应该与我们息息相关。加入一点让人意想不到的元素吧。如果大家喜欢第一个视频，那么不管是什么话题，都会期待着后续的视频上线。发挥一点创意，以免落入俗套，让人对你传达的信息感到腻烦。我也喜欢让许多员工参与其中，让尽可能多的人对这个信息负起责任，并有兴趣将其广而告之。

4. 委任和培训一个道德顾问团队，他们是公司的诚信大使，方便员工随时联系。

虽然我对诚信问题满怀热情，但我们有6000多名员工，会提出关乎报销、礼物、潜在利益冲突等方面的许多问题，我不可能一个人一一为其解答。因此，我们设立了道德顾问团队。

我第一次与道德顾问合作是在eBay，亲眼见证了这种同僚咨询是多么有效。2016年，我们在爱彼迎撰写了道德守则以后，先是委任了三位道德顾问，至今已经发展到30多位，遍布全球各地。如果你在撰写或更新道德守则时，委任的委员会成员已经深入了解了计划目标，我会建议你从中选择第一批顾问。在爱彼迎，时常有员工咨询怎样才能成为道德顾问。这涉及大约四小时的培训，每年还要前往旧金山开会，了解最新政策。唯一的额外补偿是一件带有道德标志的漂亮外套，许多人都会自豪地穿在身上。

顾问的主要任务有两项。第一项，凡是有电邮发送到处理道德问题的综合电邮账号，都会抄送给整个道德团队，每位道德顾问都应该查阅。这是一项宝贵的资源，可以为员工解答问题，也能让整个团队保持互动，思考员工真正关心的问题。我有时会回答员工的问题，有时也会等待团队提出建议。从微不足道到更严肃的问题，电邮涵盖许多不同的话题：

"一家供应商想送给我《汉密尔顿》（*Hamilton*）的门票，我可以接受吗？"

"我可以在办公室里，为孩子学校的筹款方出售包装纸吗？"

"你需要跟经理马克聊一下。他事事采取对抗的态度，是一个恶霸。"

团队的第二项任务是面对面谈话。我们确保各个地区、各个部门都有顾问常驻。他们要深入了解我们的道德守则，也要友善待人，方便员工在遇到两难困境时向其求助。他们要用心聆听，根据道德守则给出反馈意见。

这里的要点是鼓励员工找到自己的答案。例如，有时员工会问，能不能为另一家公司兼差。顾问可以反过来问一下：这家公司是竞争对手吗？日后可能成为竞争对手吗？兼差工作是否仅限于周末或私人时间呢？这家公司打算怎样在通讯中处理与这位员工的关系呢？例如，会不会暗示与这位员工合作，就意味着他们在与爱彼迎合作呢？

　　道德顾问的首要角色是提供教育和信息，充当员工的道德教练。他们的任务不是当卧底。但我要提醒道德顾问，也要提醒其他发起道德顾问计划的人士：请务必谨记，团队成员不应该把自己看作负有保密义务的顾问，也不应该给员工留下这样的印象。员工咨询道德顾问的对话，并不是享有特权的密谈。这就像高管就其个人行为寻求法律总顾问的意见一样，如果法律总顾问认为高管的行为对公司或品牌构成了威胁，也不会为其保密。法律总顾问是公司的律师，必须把当事人的利益置于其他人之上。

　　以我的经验来看，这并不是很大的问题。向道德顾问寻求意见的员工通常是主动咨询的，而不是私下透露。但要说明白了，如果员工向顾问透露的事情是非法的，或者是可能产生法律责任的，那么，顾问必须向公司举报。接下来，就轮到我们的调查团队接手了——但这要留到下一章再做讨论。

　　总而言之，一项良好的道德沟通计划，需要有以下关键元素：

● 领导人和顾问需要满怀热情，真诚地对这个话题感兴趣。谈论道德话题的高管级别越高，对员工产生的影响力就越大。向新员工第一次介绍公司道德守则的人级别有多高，就展示出公司有多重视道德问题。

● 你是教练，不是传道士。

● 使用实际生活中的例子，讨论灰色地带。

● 运用多个渠道，发挥幽默感，制作视频。加入变化，避免让人对你传达的信息感到腻烦，但要不断重复。

● 委任顾问，在全公司传播道德信息。

● 指出目标并不是抓住手册不放，而是为员工充分授权，让他们为公司文化感到自豪。

守则案例9：托里和10张复印纸

托里在电子商务公司SportsCo负责数据分析，这家公司会把球队的标志印在背包和咖啡杯等物品上。她很喜欢自己的工作，经理也给予她很高的评价。托里刚为SportsCo的客户数据库做完冬装购买规律的分析，包括在一份电子表格中，列出在天气寒冷的州购买金额最多的1000名买家，以及他们的地址和电邮。市场营销部门计划举办电邮营销活动，出售印有球队标志的派克服、手套和帽子。

托里的妹妹凯蒂成立了一个家庭小作坊，编织漂亮、宽大的毛衣，上面织有未经官方授权的足球队标志。生意难做，凯蒂入不敷出。

托里把报告发给市场营销部门以后，打印了一份出来。三天后，一个信封寄到了凯蒂在明尼苏达州的家中。托里在封面写道："我想这应该能帮到你，你甚至可以向这些人发电邮，争取毛衣订单。"凯蒂给托里打了个电话："这真的太棒了——这不会给你惹上麻烦吧？"

"当然不会。我反正都是要做这份报告的，没有人在乎10张复印纸。我上个星期还在复印机上看到老板的扑克派对邀请函呢。"

如果是在球场上，托里会被判罚吗？

讨论这一案例，请参阅附录第277页。

守则案例10：是皆大欢喜，还是好心没好报

你是一家中型银行的行长，是社区中活跃的一分子。邻居也是你的朋友，想要在家里安装全新的视听设备和互联网，问你是否认识可靠的人。"我正好认识你需要的人。"你告诉他，"我的团队里有一个很棒的IT支持人员，我会问一下她啥时候有空。"

"太好了!"邻居说道,"我很乐意给她钱,只是希望请来的人靠得住。"

"不用给钱,很高兴能帮到你。"你说道,打算自掏腰包,给IT技术人员一点钱。

这个安排合适吗?

讨论这一案例,请参阅附录第278页。

第 7 章

清晰的举报制度：
及时发现问题、采取行动

　　举报诚信违规行为好像充满了风险。企业必须营造出一种信任感，让员工在举报违反道德守则的行为时得到尊重；管理层必须公平地调查指控，绝不能掩饰问题。员工总是会担心要是举报的话，会被报复。公司必须清楚说明，报复是不可接受的，并鼓励举报人在遭到报复时告知道德团队。

第7章 清晰的举报制度：
及时发现问题、采取行动

我在爱彼迎工作早期，跟首席运营官贝琳达·约翰逊（Belinda Johnson）讨论道德违规行为，以及鼓励员工举报有多么重要。我们聊完以后，她在笔记本电脑上搜索公司内网，想看一下目前员工遇到或见到涉嫌违规行为时，有哪些举报途径。过了大约15分钟，她还是毫无头绪，因为没有哪个显眼的地方提供了举报选项和链接。她把我叫回去，说道："罗伯特，如果连我都找不到应该到哪里去举报道德违规行为，那么我们怎能指望员工去举报呢？"

贝琳达说得对。我们发布了在线资源，推荐了一个举报流程，但相关资源淹没在人力资源部门发布的其他材料之中，很难被找到。我们马上着手解决这个问题，在公司内网主页的顶端设置了一个方框，用大号字体写明这是举报渠道。

要帮助领导人和员工思考本章的话题，有一个非常简单的方法，那就是回顾一下最常见的诚信违规行为清单。现在向自己提问：如果我自己是受害者，或者发现了这样的违规行为，我应该向谁求助，给谁打电话，可以利用哪些资源？

公司的每位员工都应该能够马上回答出这些问题。你在传达诚信信息的所有沟通材料之中，都应该向大家灌输举报违规行为的渠道。

然而，从务实的角度来说，究竟员工应该向谁求助，在一定程度上取决于公司规模和成立年限，以及这究竟是私营还是上市公司。例如，一家初创企业或许还没有设立内部法务团队，甚至连正式的人力资源部门也没有，但这并不代表你不会遇到道德问题、不当甚至非法的行为，这些问题和行为可能会让你的公司在没有走上正轨之前，就已经断绝了成功的希望。在公司增长的任何阶段，都可能出现欺诈、向投资者虚假陈述公司技术、违反法规、性骚扰和其他潜在问题。

加入一家初创企业令人激动的地方在于，员工往往抱着"不惜一切"的心态去干。如果这指的是加班加点，即使从严格意义上来说不属于自己的岗位职责，也愿意为任务和项目出力，少花钱多办事，这是很好的。我十分尊敬那些思维积极进取、执行雷厉风行，从而改变了世界的公司。但为初创企业工作的一项风险在于，需要评估在遇到棘手的道德两难困境之际，首席执行官或创始人够不够成熟和诚信，会不会"不惜一切"地处理问题。当危机爆发之际，他们的行动会维护公司和（像你这样的）员工的最佳利益吗？

◆

随着企业发展成熟，它们会建立法务团队和人力资源部门，并委任相关领导人。这两个部门在首席执行官级别以下，员工凡是发现涉嫌非法、可疑或者与工作场所健康和安全问题相关的事务，都可以向其求助。可是，你**可以**向人力资源部门或法务团队投诉是一回事，而公司明确鼓励你举报不当行为并指明具体举报方法，又是另一回事了。

在爱彼迎，贝琳达费了老半天也找不到我们的举报流程。之后，我投入大量时间，与团队开了几次会，设计和维护公司内网，在主页显眼的位置加入道德资源的链接。我要求采用最大号字体和清晰的设计，列出我们的热线电话（员工可以选择匿名举报问题）和处理道德问题的电邮地址。我会跟法务团队和所有道德顾问一起，亲自查看这些举报。

之所以要这样做，是因为我相信，企业若想营造出诚信的文化，就必须让员工能够简单、直接、安全、清晰、及时地获得指引，举报违反守则的行为。你不能光说："全体员工注意了，你们有责任告诉公司发生了什么事。"却又忽略了妨碍他们举报的障碍。

上市公司还要遵守其他一些法规和流程；不过，一些考虑周详的私营企业也在采纳这些最佳实践。首先，上市公司必须设有一条热线，让员工不必经过经理，也可以通过保密的方式，匿名举报不当行为。这显然是因为如果员工只能通过经理举报，而行为不当的又是经理本人，那么员工就会束手无策。

爱彼迎设有一条热线，会接获各种各样的举报，有些是匿名的，有些不是。举报的问题五花八门，从利益冲突的指控，到经理与直接下属发生不当关系，不一而足。我们会认真处理每一条问题。

会让我感到沮丧的一点是，虽然我相信举报人的用意是好的，但单凭匿名热线来举报性骚扰问题，并不是充分的解决方案。如果你是性骚扰受害者，你进行了匿名举报，公司在得知这件事后的唯一调查途径是跟被指控人谈话，而对方多半会矢口否认。这样一来，会发生什么事？被指控人知道他/她跟谁打过交道，可能会马上报复受害者（在绩效考核中给予差评，把受害者调到较差的项目，甚至发出人身威胁）。然而，公司并不知道受害者是谁，所以无法干预或者预防这类行为。

企业正在开始探索其他方式，了解工作场所发生的不当行为。例如，在爱彼迎，我们在试用一套基于应用程序的全新系统——Vault平台，员工可以用于实时记录自己的经历。起初，这只是为了让员工收集细节证据，如果他们以后决定举报骚扰者，就可能用得上。后来这个应用程序还给了当事人另一个选项，那就是只有当他们不是第一个，或者唯一一个举报同一个骚扰者时，才会把记录发送给公司。这项技术"提供了调查脉络"，让受害者知道自己不是孤身一人，可以大胆举报，企业也可以得知骚扰者反复造成伤害的行为。受害者经常害怕陷入双方各执一词的局面，但如果他们知道有佐证可以证明骚扰者的行为，就更愿意挺身而出去举报。

在NBA，亚当·萧华正在确保球队管理层里的大人物不会对举报流程免疫。他设立了联盟热线，各地员工都可以以此举报工作场所的不当行为。投诉会经由独立第三方审核，直接向NBA的审核委员会汇报，而不会向球队总裁或老板汇报。毕竟，领导人也可能做出不当行为。这样做是为了确保他们没有办法勒令停止问询、报复或威胁举报人，或者阻止发起调查。

还有些公司为了应对举报相关的挑战，设立了监察员办公室。员工可以致电或到访这些办公室，讨论上述问题。这是员工享有的一项保密资源。公司出资设立这项服务，但按照制度设计，并不会得知寻求意见或举报违规行为的员工身份。建立这项保密制度是有很重要的理由的，所以我想在这里说明几个问题。

如今，无论通过什么渠道，一家公司一旦了解到会威胁到自身声誉或品牌诚信度的情况，就必须调查解决。法律总顾问是公司的律师，为高管、经理和员工提供法律意见，目的是维护公司的利益，保护公司免于承担法律责任。但有一点要非常清楚：法律总顾问并不是公司**员工**的律师。如果有员工觉得自己在工作中受到了任何伤害，而法律总顾问"私下"跟他们谈话，建议他们应该怎样做，这是不合乎道德、也不专业的行为。

在我的职业生涯中，多次有同事来找我，想咨询我的意见，并要求我为他们保密。为了履行身为法律总顾问的道德义务，我不得不叫他们别说了。我会提醒他们，我是公司律师，不能保证为公司任何员工保密。我有责任维护公司的利益。理论上，如果有员工（甚至是首席执行官也不例外）告诉我会威胁到公司的情况，我就必须采取行动。

有好几次，对方回答说："哦，不用担心啦，这跟公司或我的工作没关系，是私事而已。"我的回答是一样的："我可以跟你聊一下，可是不能保证为你保密，也不能保证不会就你告诉我的话采取行动。"我有责任广泛诠释怎样才算维护公司利益。凡是可能令人尴尬、令人质疑高管或公司相关人士的诚信度或判断力的事情，都可能影响到我们的品牌。我可能有义务建议首席执行官或董事会采取严肃的措施，包括解雇相关员工，公开声明公司之前并不知悉某一行动或行为，等等。

令人遗憾的是，即使是所谓与工作无关的个人行为，也可能对品牌造成巨大影响，这样的例子比比皆是。

◆

有了这些问题作为背景，我们来举一个假设的例子，解释为什么设立独立第三方资源或监察员是不错的选择。

假设在一个星期六晚上，市场营销经理克里斯汀跟三个朋友一起去酒吧。一进门，她马上看见了男同事凯文跟几个男的在一起，一边喝酒，一边玩飞镖。克里斯汀相信，在他们的工作团队中，凯文是上司的亲信。

凯文看见她，东倒西歪地走过来，一把抱住她，久久不放手。"克丽莎（克里斯汀），过来见一下我的旁友（朋友）。"克里斯汀后退一步："啊，谢了，凯文。我也跟朋友在一起呢。很高兴见到你，玩得开心点儿。"凯文皱起眉头："哎呀呀……我那天就跟比尔（他们的经理）说，我想约你出去——不过，唉唉，你就是心高气傲，不把人放在眼里呢。回头见。"他转身走了，继续跟朋友一起玩飞镖。

克里斯汀受到了冒犯，也生气了。凯文不仅侮辱了她，对她动手动脚，还提到了他们的经理比尔。可以听出，他们私底下会对她评头论足。她应该举报他吗？难道要向经理，也就是凯文的朋友举报？她左右为难。她担心如果自己采取行动，经理会在绩效考核或工作分配上给她使绊子。她应该就这么算了吗？

星期天早上，她收到凯文发来的电邮。"克里斯汀，我昨晚喝多了，犯了错。我不应该那样跟你说话的。很抱歉。"

凯文是真心想要道歉吗？还是怕惹上麻烦，先打一支预防针？他是否已经跟比尔讨论过发生了什么事呢？她接下来该怎么办？她列出了一些选项。

1. 什么也不做。

2. 上班后去找凯文，告诉他说，他的行为冒犯了她，如果他再犯，她会举报他。

3. 去找比尔，聊一下凯文在酒吧的行为。

4. 打电话给道德顾问，咨询要怎么解决这个问题。

5. 向人力资源部门或法务团队发起正式投诉，准确描述酒吧里发生的事。

6. 拨打公司热线，匿名举报凯文"使用不尊重的言语，不适当地触碰同事"。

性骚扰不仅会给受害者的情绪造成伤害，让其感到羞辱，而且会让受害者不知道接下来应该怎样应对，心如乱麻。克里斯汀可以接受道歉，不采取行动，可以告诉凯文她受到了冒犯，也可以举报他。这都是她的权利。找经理谈话也是合适的做法——可是，如果她相信经理和凯文是朋友，那她难免会感到害怕；同时，由于经理有义务把这件事向人力资源部门汇报，她也为自己的工作感到担忧。她应该怎么办？应该向谁寻求意见呢？

如果公司设有监察员这样中立的第三方举报资源，克里斯汀就可以更加自由地讨论自己的选择和担忧了。监察员了解道德守则、法律，同情她的处境……**而且不像公司那样有责任就她举报的事情采取行动。**他们可以一起充分考虑可能产生的后果，制订计划，让她知道接下来应该怎样做。监察员可以帮助她了解自己的权利，明白如果发起投诉，接下来很可能会发生什么事。由于这并不是正式通知公司，也给她带来了喘息的空间，让她有机会进一步思考。如果她不想追究下去，可以就此罢休。如果她想追究，也要做好准备，提高警惕，心中有数。

◆

里德·霍夫曼的创投公司Greylock Partners使用第三方举报机制，处理有关性骚扰的举报。里德告诉我，由于在职业生涯早期的一段经历，他对性骚扰问题非常敏感。当时，他在PayPal担任高管，有同事想跟他讨论一件事，但前提条件是，他必须明确保证不会为此采取行动。他答应了。于是，她告诉他说，公司里有一位员工受到经理的性骚扰——经理向她发送色情短信，叫她赤身裸体地上他家去。她把一段短信拿给里德看。里德感到既担忧又生气，但由于他已经答应了同事不会就此采取行动，感到无能为力。他最终决定，在经理的档案中加入一条备注说，这个经理给他留下了很坏的印象，不予提拔。"当然，事后想来，我当年做错了。我意识到，以后不能再同意为这样的私下谈话严格保密。现在回过头来想一下，我后悔当初没有违反承诺，辞退这个经理。"

如今，Greylock Partners与一家独立机构签订了合约，由这家机构接听举报热线，处理有关性骚扰或其他道德问题的投诉。员工不必说出自己的名字，但Greylock Partners承诺从第三方机构接到报告详情之后，调查事件，并把调查结果反馈给第三方。如果过了一定时间以后，第三方觉得Greylock Partners并没有做好适当的调查工作，或者并未就此采取行动，就可以公开报告。里德表示："这给了我们很大的压力，迫使我们承担起应有的责任。"

我尊重里德承诺主动为这些棘手的情况找到解决方案的做法。在2017年，里德更进一步，呼吁创业投资者做出"正直承诺"，秉持与公司高管相同的标准。例如，凡是与创业投资者有业务往来的企业家，都不得与之发生性关系。这个提法是有争议的，有些创业投资者表示，现有的法律已经足够了，用守则来规范人品是行不通的。然而，只要一项工作能激发大家对这些棘手话题的讨论，我都会予以支持。

我想，接下来大家应该会提出许多富有创意的新想法，方便员工举报各种不当行为，降低举报人面临的风险。这样做是正确的——趁问题还没有酿成危机，努力去解决，还是相对简单一些。这也让我想到，要是不设立良好的举报流程，会造成一个后果：吹哨。

吹哨人

在公司内部打造一个备受尊重和信任的举报流程，有一个重要的动机是避免员工"吹哨"。吹哨人往往会在公司以外表达忧虑，或许是对监管机构举报，或许是提起民事诉讼，或许是向媒体爆料。对一家公司来说，如果有积极的吹哨人绕过内部流程，或者试过走内部流程却发现不足以解决问题，就会引发"守则红灯"。

社会对鼓励某些类型的吹哨有既得利益。如果你任职于一家航空承包商公司，发现其违反了引擎零部件的安全标准，或者伪造检验证明，那么，你若是挺身而出，揭发这一信息，这是符合公众利益的。或许你和公司签署了保密协议，但为了全社会的利益，我们想要强调一点：当公共安全蒙受严重的即时风险时，举报是很重要的。我们也在数据领域见过吹哨人的案例，例如员工举报雇主不当使用私密的客户数据。

我支持有原则的吹哨。这对奸诈危险的做法形成重要的制衡。但我想要强调的是，当员工提出合理的问题，企业应该做出更合乎道德的回应，认真应对和解决问题，以免吹哨沦为员工唯一的选择。吹哨人往往会痛心地说，他们试过向公司内部举报问题，却因此遭到压制、转岗、报复、羞辱或排斥。

然而，这世上没有完美的道德专员，也没有完美的吹哨人。有些人举报某些行为，动机很复杂，他们掌握的信息不完整，又或者对指控是否正确并不清楚。例如，在有的案例中，吹哨人就可以分享他们指控的公司的部分和解金。一些公司为自己辩护的法律策略是质疑吹哨人的意图，说他们并不是通过适当的渠道努力解决问题，而是从中牟取个人利益。因此，企业光是设立了举报流程是不够的——还必须对举报事件进行彻底、公平的调查。两相结合，才能提高相关行为获得公平处理的概率。怀有正当关切的人士也就不必公开投诉，也能让公司采取适当行动。

当员工指出道德违规行为时，考验公司基本价值观的时候就到了。一般来说，如果公司一心只顾质疑吹哨人的可信度，这并不是诚信的做法。请记住：即使是不完美的人，也可以发现确实存在或应该改正的问题，粉饰太平并不能解决问题。怎样做才是正确的？你能忍住不去怪罪报信人，而是努力解决问题吗？我认为，有诚信的公司不会掩饰真相，而会追查真相；还会寻找机会，在员工真诚地提出道德和法律问题时，予以嘉奖。

做出全面公正的调查

现在，你接到了道德违规行为的举报，你该怎么做呢？

无论是举报人还是被指控做出不当行为的人士，想到公司会做正式调查，大多数人都会胆怯。他们脑中会冒出一些充满压力的情景——有一次，他们用公司配备的手机给伴侣发短信，开了个亲密的玩笑，又或者拍了张照片……他们害怕竞争同一个晋升机会的同事会为了一己私利，夸大其词……担心某一封电邮或某一次会议上说过的一句话会被人断章取义。调查人员会有什么发现？公司会给自己解释的机会吗？

一旦有人作出指控，公司就必须展开调查。视乎公司规模而定，调查形式可能不一样。我的首要原则是，调查本身必须是诚信的。在一家只有10个人的初创企业或小公司，这个任务多半会落在公司首席执行官或老板头上，他/她要跟当事人一起坐下来，直接讨论指控。这是一段艰难而又令人分心的谈话，没有人喜欢做这样的讨论。但如果你对问题置之不理，又或者不看证据就偏袒其中一方，你就会从根本上损害公司文化。在一家规模较大的公司，首席执行官或法律总顾问可能会委聘一支调查人员团队，调查指控，尤其是当指控对品牌构成了重大威胁时。我的建议是：认真对待所有指控，不要妄下定论，而是要努力寻求真相。

调查人员会调查哪些方面？会如何展开调查？训练有素的调查人员会挖掘不同的资料来源：从数据足迹和人事档案之中，看过往投诉或报告中是否亮起了红灯；可疑的报销账目或预算项目；还有面对面的问话。但在任何一宗案例中，处理手法是由涉嫌的违规行为而定的。例如，有人匿名举报海外办公室的一位高级经理贿赂了当地官员，如果指控属实，就会给公司造成灾难性的影响。调查团队在找上这位经理之前，会先查看电邮、经理的进度报告、经理给上级的反馈，以及有没有异常的预算或报销账目项目看起来与现金相关，等等。然后，调查团队很可能会把经理叫来，讨论指控，同时与经理的直接下属谈话，以免双方有时间串口供。

在其他一些情况下，举报的事宜或许不是非法行为，不过冒犯了他人，违反了公司政策。例如，一家公司发现一些员工跟一位高管是网友，而这位高管经常在社交媒体账号中发布诋毁女性的笑话和照片，包括女性政治候选人。有员工看到这些发帖，举报高管发图嘲笑女性候选人声音尖锐或蠢笨无脑，感觉受到了冒犯。

等一下，这不是言论自由的问题吗？

如果公司全体员工都必须同意遵守道德守则，而守则规定了不允许性别歧视，以及公开发表不尊重的言论属于违规行为，那么，高管就违反了这一契约。如果公司没有权限查看账号，就应该找高管谈话，询问举报情况是否属实。如果高管矢口否认，却又拒绝让公司查看账号，那么他的话也不是十分可信。另一方面，如果公司可以肯定指控不属实，就应该调查指控人，分辨其动机。诬告是诚信违规行为。然而，如果高管开放查阅账号的权限，且举报行为属实，那高管须承担严重后果。

这个例子相对直截了当。但要说所有调查都这么简单，那肯定是骗你的。有时候，指控性质严重，但相关行为比较含糊，或者唯一的证据取决于其他人的证词，而这些人又恰巧是被指控人的朋友或竞争对手。有时候，匿名指控并没有提供多少证据，只是在语音留言中表示"运输部门的拉纳尔德从燃料供应商那里收受回扣"。遇到棘手的案例，调查人员应该保持开放的心态，平衡地展开调查。

假设一家公司接到举报，说某位经理是恶霸，会嘲讽员工，开会时侮辱他们的智商，在团队成员之间挑拨离间，把一些人孤立起来，向其盘问其他员工的忠诚度和工作习惯。举报人声称，自己是经理霸凌行为的受害者，他在最近的绩效考核得到差评，其实是经理故意让他不开心，想把他逼走，这种做法摧毁了他的信心。

大多数守则都表达出营造互相尊重的工作场所的价值观。霸凌是不尊重人的，涉及把某些人排斥在团队活动之外，公开羞辱和批评甚至是蓄意毁掉某个人。麻烦的地方在于，在充满压力的工作环境下，员工有时候表现不如预期，管理层的确会给出适当的批评，所以，建设性批评和霸凌之间的界限应该在哪里？一个人觉得是霸凌行为，或许另一个人会觉得只不过是"执行高标准"和"直率的反馈"。人们对霸凌的看法，可能与被指控人的种族和性别有关。一个人对怎样才算侮辱的看法，也可能跟所处的文化有关，这令人更难以判断某种行为是否属于霸凌。

近年来，校园霸凌现象备受媒体关注。可是，职场不是游乐场，经理背负着部门业绩的重任，如果团队表现不如计划，说话可能会比较简短生硬，甚至带有明显的怒气。这些反应本身并不算诚信违规行为。此外，究竟怎样才算霸凌，是带有主观色彩的。整个概念让人觉得模棱两可，容易引发其他不良行为。同事们可能已经偏袒其中一方。在接受调查人员问话时，他们可能夸大其词，或者在没有多少证据的情况下做出假设。他们可能故意利用自己在调查中所说的话，去讨好团队领导人，或者陷害本来就不喜欢的同事。

这是一个棘手的话题。每个案例都需要经过全面、公平的调查，即便如此，也未必能找出确凿的证据来采取行动。或许经理需要学习怎样激励员工，营造出能为员工提供支持的良好环境，但这不等于说她原来做出了诚信违规行为。

你也可能需要在严格和人道之间取得良好平衡。从科技公司频频传出的丑闻可见，当员工相信公司的使命，努力推动公司取得成功时，偶尔会在道德问题上产生偏颇。他们想要相信指控人缺乏"团队精神"，动机可疑；当团队中备受信赖、表现优异的重要成员言行失检时，他们更愿意相信问题其实并没有表面上看来那么严重。他们想要责怪媒体"惹是生非"。抱着这样的心态，调查就有失公平公正，目的不再是查明真相，而是为某人开脱；他们也会急于下判断，断言没有问题。如果企业利用法律的字面意义来得出一开始就想要的结果，或者由于喜欢被指控人而"高举轻放"，就会损害员工对领导层的信任和信心。

调查是很严肃的，会为所有相关人士带来压力，有时候需要快速进行。一家大公司很可能会设有内部调查人员，由法务部门管理或指导。就连小公司也应该事先思考一下，在紧急情况下，他们要如何调配资源进行调查。方法或许很简单：物色或聘请一位律师，请律师推荐一位训练有素的调查人员。千万不要在公司内部随便找个不擅长调查的人负责，不然，调查工作可能会存有偏见、漏洞百出或不完整。

如果有外部人士指控公司出现了不道德或不当行为，你也可能需要发起调查。最近，我跟快餐连锁集团温迪（Wendy's）的前总监就此进行了相关讨论。温迪在2005年3月遭遇了"守则红灯"。当时，加利福尼亚州北部门店的一位顾客声称，她打开一包辣椒酱，开始吃了以后，居然在里面发现了一截人的手指。

如果食品安全处理真的出现了这么严重的失误，会对温迪的品牌造成灾难性的打击。当警方证明，顾客在辣椒酱中找到的物品确实是人的手指时，温迪的销量开始下跌。据温迪表示，在接下来的一个月里，每天的销售额下跌了100万美元，加利福尼亚州北部业务的销售额下跌了20%~50%。

温迪的运营高管认为，顾客描述的情景似乎是天方夜谭。公司悬赏5万美元奖金让人提供有用线索，以便查出手指的出处，后来又把悬赏金额翻倍。此外，温迪还委任了一支调查人员团队，仔细梳理把辣椒酱送到具体门店这条供应链的每一个步骤。从原料供应商开始，到运输供应商、包装者、厨师和门店员工，团队追溯了每一个可能的步骤，还用测谎机来检测员工有没有说谎。

经过彻底的调查，温迪的团队深信：在这条供应链上，没有员工或供应商断过手指。这肯定不是工作或流程相关的污染。与此同时，在吃辣椒酱的顾客聘请了律师之后，记者调查指控时发现，指控人本来是个"诉讼大王"，之前也曾经声称食物被污染，向另一家连锁快餐店索赔。警方调查人员最终发现，原来声称自己发现了手指的顾客认识那截手指头的主人。这人在工作中，手指头意外被卡车的后挡板切断了。于是，指控的顾客与她的丈夫一起谋划了这起事件。两人被控串谋欺诈和盗窃数额较大财物未遂，最终认罪入狱。

没有一家公司可以为骗子的所有图谋或员工的每一次言行失检做好万全的准备。可是，从辣椒酱骗局可见，企业可能需要在短时间内做出全面公正的调查，未雨绸缪方为良策。

守则案例11：高管和助理间的猫腻

你负责管理公司的道德顾问。星期一早上一上班，就有顾问进来，关上了门。她说自己在卫生间隔间，不小心听到了两个女人的对话（她认不出两人的身份）。其中一个人说："我今天去复印，在复印机的玻璃稿台上看见特雷弗·琼斯（高管）和路易丝·克劳福德（他的行政助理）签的协议。特雷弗借给路易丝10万美元，'在未来五年内按照双方协定'来进行还款。"另一个人接着说:"天啊!路易丝每天早上迟到,特雷弗也不闻不问;但如果团队里其他人迟到了,他总会说人家。特雷弗就是个混蛋。我敢赌20美元,他们俩肯定有一腿。"

唉,这真是一团乱局。你应该怎么办?

讨论这一案例,请参阅附录第280页。

守则案例12:"照顾"两个家庭的职员

埃利奥特任职于一家制药公司,负责管理国际业务。这家公司的总部位于迈阿密,他也经常出差。原来,埃利奥特有两个家庭:他的妻子和双胞胎女儿住在迈阿密,情妇和儿子住在巴西。巴西情妇知道迈阿密妻子的存在,但迈阿密妻子不知道巴西情妇的存在。

埃利奥特是有正当的商业理由到巴西出差的,但最近,他主张公司进一步拓展巴西业务。他表示希望有一半时间留在巴西。他做出的商业论证是很有道理的,巴西工厂的生产力和工作效率一直都不错。

斯图尔特是埃利奥特长期以来的竞争对手,收到风声,得知埃利奥特在巴西有第二个家,而埃利奥特的美国家庭一直蒙在鼓里。斯图尔特也了解到,埃利奥特有几个直接下属知道他有两个家庭,在为他打掩护。斯图尔特约见了法律总顾问,表示埃利奥特最关心的是以公事为借口飞到巴西,拿公费来支持第二个家庭,其实在其他地区有更好的拓展机会。

巴西狂欢节比解决这个问题好玩多了吧。现在该怎么办?

讨论这一案例,请参阅附录第283页。

第 8 章

违反守则的后果：处分适当，公平公正

一旦有人做出道德违规行为，企业必须经过深思熟虑、有目的性的流程，予以适当处分，让全体员工都觉得公平公正。无论是在高价值员工犯错时"睁一只眼，闭一只眼"，还是不切实际的"零容忍"政策，都可能损害公司的诚信。

我在22岁那年加入法律行业，在弗吉尼亚州亚历山德里亚市为理查德·L. 威廉姆斯法官（Judge Richard L. Williams）工作。已故的威廉姆斯法官是联邦初审法院法官，声音粗哑低沉，带着南方人拉长的腔调，神态举止丰富，又表现出固执的一面，在法庭上充满了权威感。他会警告律师说："不许长篇大论，折腾我的陪审团。"如果律师重复发问，法官会快速打断他/她："已问已答——陪审团第一次就听到了。"如果辩方或检控方不服裁决，想要争辩，威廉姆斯法官会叫他"出门左拐"，也就是沿着法庭外的道路，前往弗吉尼亚州里士满的第四巡回上诉法院。威廉姆斯法官为人聪明，我也敬佩他对初审法院的深入理解，以及伸张正义的承诺。

这并不代表我同意他的每一个判决。每逢星期五早上处理刑事动议，法院日程表上总有几个判刑。判刑对每个人来说都是很有压力的，受害者、案件代理、被告亲属都会出庭。检察官经常会列出罪行不愉快的细节和后果，有时提出的量刑建议超过了10年或20年。被告的辩护律师会努力强调被告的案底有限，也做过一些好事。法官会宣判："本院宣判，对被告人判处有期徒刑……"在宣判刑期之前，还会稍作停顿，以示肃穆。表情严肃的联邦法警会把被告带走，家属有时会哭喊出来，或者伤心欲绝地倒在彼此怀里。

我为威廉姆斯法官工作的那一年快结束时，在某一个星期五，审判的一名白领被告（至少在我眼里）犯下了严重的危害国家安全罪。可是威廉姆斯法官只判处了缓刑。我对此大吃一惊，看到检察官咬紧了牙关，而被告的辩护律师转身看当事人，惊讶地抬起了眉毛。控辩双方律师都没料到这个结果，我也万万没想到。

我们回到法官办公室，我随意地问法官："您为什么只判了缓刑？"

"因为我不是刻薄、古板的混账。"他吼道。我们俩关系挺好的，但从他的身体语言可以看出，这个话题到此为止了。

我很尊重威廉姆斯法官，但那一天，他的做法是我完全看不懂的。他一直没有告诉我为什么要做这样的判刑，也没有解释为什么会对我提出的问题有这样的反应。我完全明白，法官在判刑时有一定的裁量权，这是很合理的——犯下相同罪行的两名被告可能有截然不同的动机、心智能力或过往犯罪记录。但我初出茅庐，还是一名充满理想主义的律师，想到制度可以这么反复无常，心里感到不安。

人们有时觉得法官量刑过轻或过重，这并不是个例。我离开法官助理的职位后不久，国会通过了联邦量刑指南。指南对罪行给予评分，限制法官在一定范围内选择判罚。我觉得这个概念是合理的，旨在确保流程每个元素的公平公正和诚信度，包括调查、审讯、处理和出示证据、法庭程序，以及法官和陪审团的公正性。

那么，这份指南有没有纠正不公正的现象呢？有一些吧。但后来，我担任联邦检察官时，也见过由于这份量刑指南过于僵化，让许多人蒙受不公的待遇。这种现象让我感到沮丧，也部分是出于这个原因，我转投企业——我还是致力于在严格的规则、减罪细节、保护商业品牌，以及基于"刻意诚信"、让每位员工感到自豪的企业文化之间找到适当的平衡。这可不是简单的任务。

惩戒处分制度

在企业里，惩戒违反守则的员工是诚信流程中不可或缺的一部分。说实话：这也是我最不喜欢的一部分。撰写道德守则是很有趣的，让我充满活力，觉得自己在打造一家全体员工都为之自豪的优秀企业；但看到有人违反守则，可能会让我感到愤怒、沮丧和悲伤。人们出于各种各样的原因，有时会犯下大错，丢掉工作，危及家人的财务稳定性，也给自己（和公司）的声誉留下不可磨灭的印记。但你必须予以回应，不然，守则就会毫无公信力可言。你的领导会失败，遵守规则的人的利益会受损。

企业的酌情权比联邦法官大得多。大多数人力资源团队会建议采取基本的惩戒处分制度，由轻到重分为：口头警告、书面警告、停职、降级和辞退。但公司没有义务从某一档开始，只要违规行为没有违法，也可以不采取任何措施。在偶尔的情况下，一家公司在确定某项行为是否违反了规则时，甚至会决定某项政策过时了，不适用于目前的商业或文化环境或公司目前的增长阶段，于是决定改变政策，或者从守则中彻底删掉某项规定。

然而，如果员工做出诚信违规行为，而公司处分违反了基本的诚信和公平原则，那么就会损害整个制度。如果两个员工犯下了同样的错误，处分却截然不同，而你又不能给出合理的解释，那么，员工就会幻灭——甚至把你告上法庭。

美国企业制度不同于法律

刑事司法制度与执行公司规章制度之间有重要区别。首先，除了有限的例外情况以外，美国的刑事司法审判是公开进行的；所有相关方（包括媒体）都可以旁听审讯。

与此相反，美国大多数企业调查和处分都是私下进行的。一个组织公布道德守则时，会制定规则和政策。在调查中，接受问话的员工会大致了解到公司想要弄清楚什么问题，但即使是事件的目击者也未必了解全部情况，甚至可能永远都不会知道。公司通常不会公布问话或宣誓证词的记录抄本。

在收集了事实之后，法律总顾问办公室或人力资源部门的相关负责人就必须考虑接下来该怎么做，这往往是经征询受影响员工的经理一起决定的。守则本身通常会有一些不详却又含糊的措辞，例如"违规者将受处分，严重者可被辞退"。负责决定的人不太可能拥有跟经验丰富的法官一样的判断力。他们或许会力图保持公平，但未必能做到公正。经理要是觉得团队的成功有赖于某位惹上麻烦的员工，可能会为其求情，希望能宽大处理。事实上，我在上文中说过，某些领导人（法律总顾问）必须明确地把全公司的利益放在第一位。在一家秉持"刻意诚信"原则的公司，坚守公司的基本价值观永远是正确的事，因为公司的长远利益有赖于合乎道德和诚信的文化。目光短浅的企业往往看不到这一点。

无论如何，领导人必须做出决定。或许结果只是口头警告，或许是辞退，或许是调到另一个工作地点或岗位，又或许被指控人会免于处罚，重返岗位。虽然没有正式的上诉流程，但可能会有进一步的后果。例如，性骚扰的受害者可能对调查结果感到不满，起诉公司，或者坚持把投诉提交仲裁。或者有人因为违反道德守则被辞退，却发现有证据证明其他违反了相同规定的员工只受到了警告或停职的处分，心生不忿——这人可以向美国平等就业机会委员会（EEOC）提起正式投诉。如果提起仲裁，在许多情况下，各方可能会被禁止谈论和解问题。这可能意味着被指控违规的人返回工作岗位之后，可能无法去讨论仲裁员为何觉得这项指控是缺乏理据的。这也可能意味着居心不良的性侵害者在这个过程中被人揭发之后，还可以自称因"个人原因"离职，去找一份新工作，而新雇主会蒙在鼓里。

我不会粉饰太平，这个过程可能相当棘手，法律程序也很复杂。有些公司会以不合乎道德的方式利用保密条款。如果你是一家小公司的领导人，公司并未设立人力资源部门，难度就更大了。你等于身兼多职：调查人员、法官、陪审团——在小公司里，所有人都看着你做事。

性侵害者和作恶者也可能会利用保密条款和法律现况，加大惩治难度。在下文中，我会探讨怎样提高流程的诚信度，但就目前来看，我们还是先说一下现有的规则吧。

高标准，严要求

对于必须确定适当的处分方式的人来说，我给出的首要指引是：戴上你的道德眼镜，有意识地去做决定。在这个流程的每个阶段，参与的每位领导人都应该努力做到公平、诚实，不仅要了解相关人士会对你的决定有何感受，还要考虑其他员工会对此有何感想。不要光以最低限度去遵守法律规定，也不要去钻空子、借题发挥炒掉难搞的员工。无论你做出什么决定，都要有理有据，也要跟大家沟通清楚是为什么。为了更好地说明这些要点，我们来举一个假设的例子吧。

过去一年里，米洛在一家家族式家具企业担任物流经理。公司有150名员工，制定了道德守则，规定收受礼物金额不得超过100美元。米洛的行政助理是老板的侄子。他告诉叔叔说，运输合作伙伴送来两张斯坦利杯（Stanley Cup）季后赛门票，价值500美元，米洛收下了。

米洛显然违反了规则。

老板打电话给米洛的上司，了解到米洛是优秀的员工，从来没有受到其他投诉。接下来，老板找米洛谈话。米洛说知道自己应该去看道德守则的，但还没顾得上。他表示，他任职的上一家公司并没有制定限制礼物金额的政策，所以收到门票的时候，他没想到去查看一下。发现自己违反了规则，他为此道歉，也似乎真心悔过。米洛不仅深感愧疚，还提出要打电话给送他门票的供应商，给他500美元的补偿。米洛的行政助理、也就是老板的侄子承认，他看到包裹随着门票一起送来时，并没有跟米洛提起这项政策。他是冰球迷，还曾因此感到嫉妒。他说从未见过米洛收下其他昂贵的礼物。

米洛犯错了，这是毫无疑问的。他马虎大意了……但在我看来，他并没有恶意。根据这些事实，我大概会建议老板给予米洛严厉的口头警告。我也一定会补充说，如果他再犯，会受到更严厉的处分。我也会强调，他必须阅读道德守则。我还会提醒米洛，他绝不能以任何方式报复行政助理。助理有权利，也可以说有义务举报违规行为。如果米洛已经用了门票，就应该拿钱补偿承运商，解释说自己犯错了，以免合作伙伴觉得应该或者适合给这家家具公司赠送昂贵的礼物。

或许有人觉得这是宽大处理了。公司完全有权利给予米洛最严厉的惩罚……但他似乎是一名优秀的员工，只是无意识犯错。请记住，他并没有违反法律，只是违反了一家私营企业的规章制度。雇主有权利决定怎样处理。员工不能把不清楚守则当作借口，但米洛似乎真心悔过了，我觉得应该给他一次机会。

在这个案例中，老板表现出同情和体谅，也可以趁此机会提醒每位员工，必须重温道德守则，防止更多问题上演。口头警告不涉及保密规定，因此，米洛和行政助理可以讨论发生了什么事，其他同事如有疑问，也可以提出来。

我们就说这是情景一吧。现在，把事实改一下。

如果老板问起门票的事时，米洛生气了，只一味地辩解和反驳呢？如果米洛的行政助理说，这是这家承运商第三或第四次给米洛赠送体育盛事或音乐会的门票，而助理已经多次警告他，收下门票的做法违反了公司政策呢？如果米洛的上司说，恰好就在承运商送了门票之后几天，米洛建议把更多业务交给这家承运商呢？

在情景二中，调查结果显示，米洛与这家承运商的关系存在利益冲突。虽然这两个违规行为的举报是类似的，但在深入细节以后，会发现情景二要严重得多。从中可能会发现承运商的员工故意贿赂米洛，严重程度可能足以马上辞退米洛。

哇，这好像是很严厉的处分。辞退一名员工可能会对这人造成毁灭性的打击，也可能让一个工作团队失去重要人手。你绝不应随随便便做出这一决定。可是，有些违规行为（例如性骚扰、欺诈或贿赂）是十分严重的，你一旦确定了指控属实，就必须果断采取行动，向全体员工发出这样的信号：这种行为是不可接受的。

我自己也见过这样的事情。在我工作过的几家公司里，有少数员工利用职务之便牟取私利。例如，有些人私吞本来要给顾客的优惠券，给了自己的朋友和家人，甚至把本来应该打小折扣的优惠券改为五折或五折以下的优惠。这些人跟情景一中的米洛不一样，并不是"忘了"阅读道德守则，而是故意采取不正当的手段，利用公司为了提高顾客契合度而实施的计划，中饱私囊。这种做法背叛了公司的信任，会腐蚀公司价值观，应该严惩不贷。为了防止类似事件再度发生，公司也在内部加强了控制和宣传工作。

让员工明白处分决定背后的原因

从米洛的例子中可见，事实和细节都是很重要的。意图也是很重要的。无意识犯错跟早有预谋的行为是不一样的。公司必须公平、全面、客观地展开调查。但从下面这个例子也可以看到，在有员工违反守则、受到惩罚之后，公司还应该让其他员工对工作抱有适当的积极期望。

约瑟夫在一家大型电子产品分销商的仓库工作。有一天晚上，他忘了锁门，仓库被人抢了。你身处人力资源部门，对此事展开调查。约瑟夫之前做过这样的事情吗？没有。有证据证明他与盗贼串通，故意开着门吗？没有。原来，他整个星期都发烧头痛，还是出于尽忠职守来上班。到了星期五，他整个人筋疲力尽，提早下班，忘了叫人帮他锁门。无论如何，这种行为违反了公司的安全政策，对公司造成了严重的负面影响。

约瑟夫的上司有权因没锁门这件事，把他停职、降级或辞退。但在此情况下，经理表示，这些处分方式太苛刻了。约瑟夫病了，这是意外。惩罚约瑟夫是不合适的。于是，公司给予了约瑟夫一次警告，要求他以后小心点儿。

这样做是有道理的。可是，每一次处分都会立下先例。

一个月后，凯蒂忘了锁门。公司没有失窃，是经理回家时发现了这个错误。经理很生气，给了凯蒂无薪停职一天的处分。在经理心目中，处分的升级是为了让大家深刻意识到，员工必须锁门。但在凯蒂（可能还有其他员工）看来，这也太不公平了。约瑟夫不锁门，"只受到了轻微的处罚"。凯蒂可能觉得，男同事一直以来都享受到更好的待遇，在犯错之后处分较轻，这次停职只是冰山一角。她再也受不了了，可能会发起投诉，指称工作场所存在性别歧视。或许会有另一名员工向美国平等就业机会委员会发起投诉，指控经理性别歧视，同时引述这个例子，表示公司习惯性地更严厉对待女性。在这些案件中，原告律师可能会要求公司移交所有涉及惩戒处分的文件，仔细翻查，寻找处分标准不一致的证据。

我之所以会花这么多的篇幅谈论包容性，强调这是工作场所的重要价值观，其中一个原因是我相信这可以打造出健康向上、获得充分授权的员工队伍。多元化会带来广泛的思维方式和经验，让公司能够做出更明智的决策，以更开放的心态评估各种机会。但当员工觉得公司处事不公，自己受到了老板眼中的"自己人"排挤，或者两人犯下同一个错误，却受到了不同的处分，就可能会觉得公司的决定带有歧视性，自己受到了歧视。

正因如此，公司凡是要做出警告或惩戒处分这样的重大人事决定，都应该戴上道德眼镜，想象一下：所有的利益相关者会怎样看待这项决定？这里的利益相关者包括了直接牵涉到的一名或多名员工、经理、工作团队里的其他成员、旁观的员工、公司合作伙伴，甚至还有顾客。你要逐个评估其他人可能会有的看法，扪心自问：我们过去是怎样处理同类事件的？我们的调查和分析是否彻底、公平？我们是否不自觉地怀有偏见？我们是否给员工设立了适当的期望，公司是否要对这个错误承担部分责任？如果你能够认真思考这些问题，我相信，你会逐渐营造出诚信度高、员工对公司充满信任的工作场所。如果你忽略了这些因素，就会让公司出现负面新闻，包括可能会被起诉。

回到仓库的例子中。仓库之所以存在安全漏洞，其中一个原因是锁门和打开警报器的任务落到一个人头上。对一个储存贵重物品的设施来说，我觉得这个计划是有缺陷的。约瑟夫犯错之后，经理本来可以召开会议，请队员提出意见，制订后备计划。或许每天关门后15分钟内，保安团队应该再检查一下门锁。或许应该有另一个人跟负责锁门的人确认一下门是否锁上了，如果没锁上，就要通知保安团队。或许仓库需要安装一个自动系统，在预设的时间锁门。

无论如何，考虑到没给设施锁门的威胁是持续存在的，在约瑟夫犯错之后，经理本来应该跟整个团队的人说："好了，大家听着，这次我们只是警告。可是，如果下次有人忘了锁门，处分就会严厉得多。"如果他这样说明了，其他员工就不会对惩罚力度不一的现象感到奇怪——下次无论是谁忘记锁门，都会受到更严厉的处分。如果惩罚力度还没有达到辞退，请务必说明，如果不当行为再度发生，会有更严厉的处分。如果员工觉得处分标准不一，即使只是表面看来如此，也会引起员工的不信任、疑神疑鬼，或者认为公司以守则为武器，借题发挥，存心针对某些员工。

确实需要改变守则的情况

在米洛和约瑟夫的例子中，涉及的违规行为是相当直截了当的。接下来，我会讨论两个比较复杂的案例，在处理违反道德守则行为的过程中，这两个案例涉及企业多个优先目标之间的冲突。这种案例可以真正考验到一家公司坚守诚信的决心——我们也见过许许多多的公司在这个考验面前败下阵来。

我在第3章中提到，任何一家公司在制定道德守则时，如果有任何一条规定是不会对最重要的员工强制实施的，那么，就根本不应该把这条规定写进守则里。你在设定价值观时，必须考虑到这一点，这既适用于你撰写的实际规则，也涉及有人违反规则时你打算做何反应。在同一章中，我提到了在一些公司，总有某位员工是高级领导人的"亲信"，即使违反了规则，也通常不会受到批评，甚至不必承担任何后果。当这个人在其他人面前利用自己的地位优势行事时，就会为公司带来十分棘手的诚信两难困境。他们基本上是在发出挑衅，想让经理或其他领导人"睁一只眼，闭一只眼"，忽视违反道德守则的不良行为或行动。

我们以虚构的ThriftyCo.公司为例，进一步说明这个问题。在草创时期，这家公司为了省钱，规定全体员工（包括首席执行官在内）在国内出差时都必须乘坐飞机经济舱。10年后，ThriftyCo.已经发展成为一家全球性企业，旗下有2000多名员工。其中，珍妮担任销售高管，是全公司的销售冠军。珍妮经常在国内外出差，从机场直奔销售演示现场，接着又要赶回机场。她要接连辗转多个城市，有时候包括国际和国内航班，需要在能睡觉时睡上一觉，以便保持充沛的精力，为下飞机后不久就要召开的会议做好准备。顺带一提，珍妮身高5英尺11英寸①，坐经济舱对她来说是很痛苦的。她在这个岗位上做了一年以后，就开始忽视这个规则，只会订商务舱，并让公司报销。她的上司纵容了这一行为。毕竟，珍妮是明星员工。

可是，有另一位销售代表投诉了珍妮。经理找珍妮谈话，跟她说："珍妮，我们都知道会有这么一天。一直以来，我都睁一只眼，闭一只眼。可是，现在有人正式投诉了。你必须坐回经济舱，又或者自掏腰包进行升舱。"珍妮真不敢相信，他居然拿这种事来烦她。她回应道："哎，我们的竞争对手的销售团队是坐商务舱的。或许我应该去给他们工作。"

珍妮的经理还有一个顾虑，那就是首席执行官经常告诉记者和《华尔街日报》说，ThriftyCo.的全体员工还是乘坐经济舱的。因此，严格来说，珍妮的行为会对品牌造成损害。但他本来应该早早提出这个问题，而不是置之不理。理论上说，如果经理坚守立场，坚决要求珍妮乘坐经济舱，这似乎是高标准、严要求的做法。但死守这个立场也是愚蠢的行为。如果你身材高大，相信我，想要在经济舱睡一觉不只是不愉快，还是很痛苦的。如果经理为了几千美元的差旅费失去这位明星员工，看起来是为媒体保留了一则趣闻轶事，但实则全公司的利益都会受损。

另一方面，如果违反了规则还不需要承担任何后果，珍妮可能会随心所欲地违反其他规则。此外，其他员工也会有样学样。在我看来，这位销售代表是公司宝贵的资产，而她的要求并非不合情理。因此，公司应该灵活地做出调整，要么把这条规则从一般守则中删除，允许经理有选择性地批准差旅待遇的升级，要么发挥创意，改变这条规则的说法，把差旅待遇的升级作为奖励。或许公司可以规定，员工若超额达成某个业务目标，即

---

① 折合约180厘米。——译者注

可享受乘坐商务舱出行的津贴。这样一来，珍妮的差旅津贴就不是违反守则，不是因为对她网开一面而损害公司诚信了，而是对她的奖励，也能激励其他员工做得更好。如果原本表现平平的销售代表提高了销售额，符合乘坐商务舱出行的资格，那么，他们带来的额外业绩足以支付增加的成本。

首席执行官或许不喜欢改变乘坐经济舱的说法，但这多半比失去全公司的销售冠军要好。一项规则或许在某时某地是适用的，但时过境迁，已经不再有用。改变这样的规则并不代表你缺乏诚信。归根结底，这个一刀切的规则不再有助于实现公司的业务目标。因此，公司需要承认这一点，重新思考——而不是戴上虚伪的眼镜。

"10倍"人才

现在，我们来看一下一个类似的两难困境，可是情况要更极端一些。

在硅谷，你有时候会听见这样的说法："他是'10倍'人才。"或者"她要多少工资都可以给她——她是不折不扣的'10倍'人才。"史蒂夫·乔布斯曾经表示，一般的软件工程师与最顶尖的软件工程师的能力差异可以是50倍，或许甚至100倍。换言之，一个顶尖电脑程序员的生产力胜过了10个、50个甚至100个一般程序员。这里说的不只是敬业。极少数的编码员具有独特的才华、专注力、（有时）痴迷度、解决问题的技巧、创意和决心，能够为公司创造极大的价值。这些顶尖人才凤毛麟角，也要求（并能够）拿到天文数字的薪酬。

我有个朋友在职业生涯中成功地管理多家科技公司，帮助企业扭亏为盈。有许多次，初创企业脱离了正轨，而她的加入把团队"拉回正轨"。她不止一次地发现，这些公司有"10倍"人才被指控做出了不当行为（包括性骚扰），而管理层正在为他们打掩护。

为什么会有这种现象呢？她解释道："'10倍'人才之所以是'10倍'人才，是因为他们通常是高智商、低情商的，社交能力通常很糟糕。他们之中不是全部、但也有大多数是男人。他们通常不是爱玩派对的伙计，也不是故意讨人嫌，而是通常不知道怎样跟女人打交道。他们会说一些不适当的话，做一些不适当的事，例如迷恋上某个人，一直缠着她。"她也深信，被他们缠着的女人完全有权利举报他们"纠缠不休"的行为和充满性意味的不当言论。同样毫无疑问的是，如果有人做出了性侵犯行为，会立即被解雇。问题在于，当遇到轻微投诉时，公司通常会对这样的顶尖人才比较通融。

这是非常坦诚的说法，许多公司都不会这样公开讨论。我的朋友承认，就连她有时候也会非常努力地找出一个解决方案，既能够支持和保护受害者，又让"10倍"人才留下来完成项目。"当你有了一个'10倍'人才，其他什么都顾不上了。他们太过珍贵，你会千方百计地把他们留下来。这就是处于生死存亡状态的企业要面对的现实。"

许多公司只会视而不见，或者尽可能地睁一只眼，闭一只眼。如果公司领导层秉持"刻意诚信"原则，那这简直就是一场噩梦。凡是有道德的人看到这里，都会想："如果那人继续不尊重同事，公司应该马上辞退他。"

但在实际生活中，情况往往是这样的：法律规定公司不得容忍性骚扰行为，也不得制造出有敌意的工作环境，但并没有规定如有员工被指控做出性方面的不当行为，就必须被解雇。在一些初创企业里，一个"10倍"人才是企业成败的关键。如果公司炒掉这个人，这家公司也就完了，每个人（包括骚扰者骚扰的对象）都会丢掉工作。然而，如果公司留下骚扰者，可能会持续给每个人造成不适，这人也可能会继续骚扰受害者，而受害者可能会向美国平等就业机会委员会投诉或起诉。

那么，你要如何是好呢？我相信，你必须抱着合作的态度，有意地做出决定。你要跟骚扰受害者谈话；如果调查发现指控属实，就可以向违规者发出严重警告，告知其必须停止骚扰行为，否则他就会被辞退（不过，这个选择确实会带来挑战）。与此同时，你要对受害者表示理解："情况是这样的，这种行为是错误的，你不必忍受。我们不会做出损害你的职业生涯或给你造成不便的事情，不会调动你的位置或办公室。我们会把骚扰者调走。你觉得这个处理方式合理吗？你觉得合适吗？如果我们承诺密切关注他的行为，看他是否认识到了问题的严重性，你觉得如何？是的，这位员工对公司很重要，但你也是公司宝贵的一员，有权在安全、不受骚扰的环境中工作。"这样做的话，或许会有人批评你对顶尖员工宽大处理，但你也做出了承诺，如果不良行为再度发生，你会立即采取行动。无论怎样做，都会有风险，但你必须划定一条底线，如果骚扰者违反了底线，就必须离开公司。

我还没有试过在一家未来发展完全依赖一个"10倍"人才的公司管理这样的问题，但给我讲这个故事的朋友解释道，根据她的经验，受害者在很多时候并不是要求公司辞退这个人，只是希望骚扰行为停止。她不希望公司经营失败。但即使你尽可能把"10倍"人才调到离她最远的地方，她还是不想在茶水间、停车场或走廊里遇到这人，因为她会感到不舒服、尴尬和分心。我做咨询的朋友说，有时候，她会在奖金、股权激励或其他薪酬计划中规定，被指控的骚扰者不得做出不当行为，否则日后就拿不到这些薪酬。她说在大多数情况下，这些方法是奏效的，但有时候也不奏效。而如果一家公司真的完全依赖一个人，往往终究还是会失败的。

遇到这种情况，每个人都不好受。"10倍"人才是公司宝贵的资产，但如果这些人肆意妄为，就会给公司带来不可预测的动荡局面。

这些两难困境不仅关系到性骚扰。我在另一家公司工作的一个朋友告诉我，有一位十分天才的"10倍"程序员，在工作场所做出一连串古怪的个人行为，令人分心。例如，他对火的恐惧达到很极端的地步，每天在二楼的办公室走动时，脖子上卷着25英尺长的绳索。凡是有人肯听，他都会告诉对方，之所以挂着绳索走来走去，是因为一旦发生火灾，他就可以从窗口结绳逃生——绳索恕不外借，可别想问哦。

换作在百货商场或银行里，如果有人做出这样的行为，或许旁人会叫他去找心理咨询师，而且必须停止滋扰同事，不然就请另谋高就。可是，这家软件公司的整个未来都有赖于这名"10倍"人才。于是，软件公司容许了这样的行为。我明白他们的出发点。可是想象一下，如果不是"10倍"人才的另一位员工宣布，自己非常害怕办公室窗外的鸟儿，要求更换办公室,不然就只在家工作,到时又该如何?如果你要列出员工可能请你通融的事项,这是没完没了的。而处事不公的指控可能会令你的团队分裂。

遇到这些情况,你能否诚信处理呢?这并非易事。可是,股东会期望你做出最大努力。最合乎道德的做法,是认识到在公司哪些领域里,顶尖人才日后可能会带来棘手的道德两难困境。积极主动——从一开始就付出特别的努力,跟这群同事讨论道德和规则的问题。俗话说得好,预防胜于补救。杜克大学行为科学家丹·艾瑞里的研究显示,经常强调遵守规则和合乎道德的重要性,会增加员工这样做的概率。如果一个组织可以让员工把"我是好人"的自我形象与"诚信行事"联系起来,真的能发挥重要作用。

你可不希望听天由命,盼着不会出事。

零容忍

在处分方式上,我要强调,有一个沟通策略是我**不**推荐的。尤其是在#MeToo运动年代,有些公司一旦爆发丑闻,就会公开做出有力的承诺,表示对诚信违规行为"零容忍"。我明白,如果企业希望在公众心目中建立起反对某一种不当行为的形象,就很容易发表这样的声明。但我要提醒的是,不要轻易夸下海口,因为你日后或许难以兑现,尤其是在更为微妙的情况下。在太多情况下,企业发表了强而有力的声明,却未能立即采取严肃措施,解决问题。

2018年9月,某连锁快餐店(我们暂且称之为M公司)数百名员工在繁忙的午餐时间罢工,抗议一群#MeToo活动人士的指控:M公司在自营及加盟餐厅和办公室里,大范围地容忍性骚扰行为。虽然公司的道德守则规定,公司"不会容忍"性骚扰行为,而发言人也重复了这一点,但女性员工向美国平等就业机会委员会提起了投诉,绘影绘声地描述了在工作中遭到男同事口头骚扰和动手动脚,而经理往往袖手旁观或同流合污。有些女性员工表示,男同事在洗手间堵住她们,向她们施加压力,要求发生性行为。当她们提起正式投诉时,骚扰者不仅没有受到惩罚,举报的员工还遭到报复，排班时间减少，欺凌行为变本加厉。随后，在另外25宗案件中，M公司也受到了涉嫌类似欺凌行为的指控。

《国家》（*The Nation*）杂志就罢工事件请M公司发表评论，M公司的电邮回复是："任何类型的骚扰或歧视在本公司都无立足之地。"

这究竟是什么意思？公司发言人表示，公司已经投入资源，加大培训力度，设立新的热线，强调经理不应该容忍骚扰行为，向所有门店发送反骚扰海报。美国公民自由联盟（American Civil Liberties Union）支持员工的诉讼，批评M公司未能采取更多行动。

张贴海报听起来像是不容忍性骚扰吗？像是坚定承诺性骚扰"无立足之地"吗？工人表示，就在M公司声称进行新的培训之际，她们受到了欺凌——而这些工人也从来没有听过什么反性骚扰培训。那么，M公司的"不会容忍"究竟表现在何处？除非M公司采取行动，严肃处分涉事经理，否则，就根本没有表现出消除骚扰行为的决心。

或许是由于加盟店模式比较复杂，或者其他细节真的限制了M公司快速采取行动、回应举报的能力，但我想要说明的是：无论你的公司是充满了凤毛麟角的"10倍"人才还是拿最低工资的工人，员工都有权在安全、不受骚扰的环境中工作。光是喊几句口号，快速做出强调"零容忍"的回应，是毫无意义的。如果企业接受了这样一个事实，就必须展开适当调查，让违规人士受到实质性处分。我认为，你必须承认这是一个棘手的问题，决心纠正问题。你必须采取具体措施和行动，调查事件，保护员工。除非你解决问题，不然还会有愤怒的员工罢工，向媒体爆料。这不仅是理念问题，还会给公司利润带来威胁。在M公司员工罢工的城市，倾向于支持#MeToo运动的顾客可能会开心地发现，其他快餐店的汉堡也跟M公司的一样好吃，于是一去不复返了。

深谋远虑

企业若是高瞻远瞩，改变在工作场所处理不良行为的方式，就可以赢得员工的信任。一个明显的例子是入职前协议有关纠纷解决机制的规定。过往，许多公司规定，员工入职时须同意，一旦双方发生纠纷，会接受有约束力的仲裁，而不会提起诉讼。我工作过的每家公司（包括爱彼迎）都坚持把"同意接受仲裁"写入雇佣条件。

比起拥挤的法院系统，仲裁通常是更具成本效益的纠纷解决机制，当事双方可以通过不那么正式的程序，更快地做出决定。仲裁也是私下解决纠纷的途径——审讯是非正式的，不会公开进行，这种保密机制通常对企业和投诉的员工都有好处。企业不希望法庭剖视他们的内部决定，使得令人尴尬的故事被公之于众，遭人嘲讽；视乎问题而定，投诉的员工或许也不想公开讨论私密或令人尴尬的事情。

但#MeToo运动暴露出强制仲裁机制的弊端：让性骚扰案件"秘而不宣"，法律条款会防止受害者、被指控人和公司公开讨论事实。即使作案者被辞退了，细节也几乎总是保密的。这听起来很耳熟吧？三方保密使得作案者能够重返就业市场，找到另一份工作——或许对另一个受害者下手，周而复始。

2019年初，爱彼迎宣布在性骚扰或歧视案件中，不会再强迫员工通过仲裁解决纠纷，而是恳请员工，要是在这方面感到不满，先真诚地努力通过非正式渠道与公司一起解决问题。如果他们还是对公司的处理方式感到不满，就有权在仲裁和法院之间做出选择。几个月后，加利福尼亚州立法禁止强制仲裁条款。不过，法律界人士普遍认为，该法案与偏向仲裁的联邦法律存在冲突，因此是不合法的。但由此可以清楚地看到，人们看待这个问题的角度正在发生改变。为什么会这样呢？

首先，有些机构不仅把非法和不当行为的指控束之高阁，秘而不宣，而且，保密的处理方式还使得作案者能够去从事其他任务或职务，有机会加害其他人。秘而不宣的处理手法使得许多被指控性行为不端的人士可以进入一个新的工作场所，再度犯案。我们必须认识到这一点，加以应对。

其次，人们需要为自己的行为承担起责任。公司需要为自己的行为承担起责任。如果公司与受害者达成了和解，受害者应该能够讨论这件事。

虽然把骚扰案件公之于众，显然会令人不安，或许也会让人尴尬，可是，透明度也会带来另外一些好处。实际上，我相信这会对日后的骚扰行为起到阻慑作用。

最后，这样做虽然不符合当下的短期利益，却可以让你借此赢得员工的信任。去掉强制仲裁条款之后，员工有机会对公司提起公开诉讼，如果一些不良行为被公之于众，公司声誉甚至可能受到打击。但长远而言，你向员工发出了一个重要的讯息：他们也很重要，公司不会利用自己的影响力，迫使员工在这么重要的事情上让步。

正当理由

有关处分方式的问题，我主张各家企业做出的另一项改变，是更加注意劳动合同和董事会协议中的个人行为条款。

具有影响力的高价值员工有时会聘请资深律师，通过谈判，在劳动合同中加入异乎寻常的条款。其中涉及许多变量，从底薪、绩效奖金到停车位、特殊薪酬（例如享受私人健身教练的服务）等，不一而足。有时候，这些与标准合同元素不一致、经过协商敲定的豁免条款，可能会反过来令公司陷于被动。

例如，许多年来，劳动合同一般会规定，如果公司"因故解雇"员工（所谓"因故解雇"，界定为员工做出暴力行为、公然滥用药物或酒精、做出性骚扰或其他会让品牌蒙羞的行为），本应支付员工的遣散费将会失效。

可是，在许多案例中，当备受青睐的员工和顾问拒绝签署包含"因故解雇"条款的合同时，这些条款会被淡化或彻底删除。这些"道德条款"之所以遭到舍弃，部分是由于一些男性表示担心遭受女性的诬告和勒索。在过去20年里，我见过创业投资者在取得企业董事会席位时，拒绝签署道德条款。因此，创业投资者可以做出各种各样的不当行为，一旦被公之于众，就会让公司蒙羞。可是按照合同规定，公司无权罢免董事，除非董事同意卸任，否则双方的关系就会一直维持下去。我担心，删除这些条文的主要作用并不是加强保障相关人士避免受到诬告，而是让他们更加大胆妄为，又无须承受严重后果。

我们见过一些高管在被指控做出不当行为之后，被公司辞退或主动离职，却获得丰厚的遣散费。对于其他员工来说，会觉得他们并未受到处分，反而受到了奖励。对于董事会来说，如果一家公司的董事会成员都不同意遵守道德守则的条文，那么又怎能在员工之中强制执行呢？毕竟理论上说，归根结底，执行道德守则是董事会的责任。有的创业投资者对募资的企业家做出不当行为，有的在其他情况下行为不当，这样的例子不胜枚举。在《正直承诺》一文中，里德·霍夫曼表示："不幸的是，从结构上来说，创业投资者本身并不受人力资源部门管辖，去防止他们做出性侵害和不当行为，因此，他们会自称（谎称）自己的行为只不过是无伤大雅的调情或开玩笑。"此外，创投公司本身的结构决定了，不可能轻易解雇或罢免有权有势的合伙人，不然，整家公司都得重组。

我明白有些人会害怕承担法律责任，可是身为领导人，创业投资者和董事会全体成员都需要做出承诺，凡是他们期望公司高管和员工遵守的诚信标准，自己也必须做到。

为了强调道德守则的重要性、透明度以及违规后果，爱彼迎还采取了另一项全新措施，我会在下一章中对此进行解释。

守则案例13：特里的"机密"任务

特里新入职ProCo公司，在安全团队工作。有一天下午，公司的首席技术官蒂娜把特里叫到会议室里，递给他一张卡片，上面列有ProCo公司竞争对手的客户数据库服务器地址，并写着用户名和密码。

蒂娜冷笑了一下："我们在Blind上看到一些帖子，发现这些家伙在向我们发动黑客攻击。我们有销售人员捡到了这张卡片。这不是偷来、买来或问人要来的。我们不欠他们什么。"她把一台笔记本电脑推给特里。"我要你到城里另一头，找个有Wi-Fi的餐厅或咖啡厅。用这台笔记本电脑，看能不能进入数据库，找到些什么，回头向我汇报。把与我们相关的内容下载了，如果有通讯录，也复制下来。不要用这台电脑做其他事情，完事以后，把电脑拿回来给我。"

特里结结巴巴地问："我们向美国联邦调查局报案了吗？"

"我们会报案的，但需要证据。我们也需要趁美国联邦调查局还没有查封所有资料，先拿到手。"蒂娜站起来，"特里，别让我失望了，你的前途光明着呢！别跟任何人讨论这件事，这是高度机密的任务。连你的经理也不要说——明白吗？"

保护公司数据殊非易事，可是，特里接到这样的任务，该怎么办呢？

讨论这一案例，请参阅附录第286页。

第 9 章

经常性的提醒：不要放过企业文化的任何细节问题

　　"刻意诚信"并不会自动自发地运作。公司领导人必须持续实施流程，确保"刻意诚信"政策落到实处，员工对这一政策的诠释符合其设立的初衷。领导人还应该监控投诉情况，在公司容易滋生道德问题的"热点"领域，积极主动地展开调查。在道德两难困境和解决方案的问题上，公司还应该考虑征询员工的反馈意见。

"煤矿坑里的金丝雀"——这个表达可以追溯到20世纪初。当年，英国煤矿工人每天下井，深入坑道，都会提着装有金丝雀的小笼子。为什么是金丝雀？原来，金丝雀在海拔高处飞翔，需要大量氧气，进化出特殊的气囊，以便更好地吸气和呼气。这意味着一旦空气中有毒气，它们吸入的毒气量也是翻倍的。据说，煤矿工人喜欢一边工作，一边听着金丝雀的鸣叫声。一旦音调发生了变化，或者金丝雀晕倒了过去，这就是二氧化碳或甲烷浓度上升的预警信号——煤矿工人应该赶紧逃命。

明智的企业也应该时时寻找像金丝雀这样的预警信号，及早发现道德问题，趁问题还没有达到"有毒"的水平，及早解决。我在上文中提过，企业可以使用一些具体资源：

- 设立匿名电话热线，让员工可以在不透露自己姓名的情况下，举报道德问题；
- 设立内部电邮地址，让员工可以向公司提问、举报问题，以及沟通有关政策的其他情况；
- 由志愿员工组成一班道德顾问，既可以向员工提供信息，又可以向公司提供反馈意见，帮助公司了解需要在哪些方面投入更多时间和关注，向员工宣传规则；

● 安全和调查团队使用软件程序，一旦员工滥用客户数据，访问被禁止的网站，或者在公司平台或系统上做出其他不当行为，就会发出警示；

● 当然，员工也会向人力资源团队成员提起正常投诉。

这些系统的数据汇集起来，可以帮助你评估公司的诚信氛围。如果有人打热线电话匿名举报说，有人在公司旗下一家制造厂贩卖毒品，这会对品牌构成重大威胁，也可能伤害遵守规则的员工，被指控的毒贩也面临惩罚。如果在一个工作团队里，有几个人都在询问能否接受某家供应商送来的礼物，你需要调查这个容易滋生问题的"热点"领域，以免供应商找到一个连问也懒得问就收下礼物的员工，然后这位员工又悄悄地为了这家供应商牟取利益。如果几位不同的员工都举报称，某一位经理对自己或其他人做出不当的性骚扰行为，那么，这就是一只晕倒的金丝雀了。

即使是不严重的违规行为，假如数目增加，也是反映诚信氛围的一个重要体现。例如，我谈到的"勿以恶小而为之"——员工拿公司邮资寄私人邮件。借口是："我本来就要加班加点地工作了，这样做，公司至少可以为我省下半小时上邮局买邮票的时间吧。"从大局来看，邮资是微乎其微的。而如果在某种情况下，由经理授权暂停某项政策，在商业上也是合理的。可是，当员工打着自己的小算盘，来发泄对现状的挫败感或不满，这会对员工心理和公司文化造成不良影响。情况只会变本加厉，这人可能会做出更多不当行为，而其他员工也会有样学样。你还没反应过来，他/她已经告诉同事："你已经连续五天、每天工作14个小时了。如果我是你的话，我就会打电话给女朋友，去吃一顿好的，然后当作招揽候选人的费用去报销。"

如果一个人或一个团队习惯了为这种不道德的行为找借口，麻烦就来了。在项目中承担的工作、薪酬、工作条件……如果员工对这些方面有正当要求，完全可以向经理提出，可是，私下偷偷摸摸地占公司便宜、作为给自己的"补偿"，是不可接受的。这违反了道德守则的条文和精神。顺带一提，这不是微不足道的问题：我了解到，一家前景大好的公司最近辞退了首席执行官，其中一个理由是这人雇用了一个"特别助理"，而公司发现，原来这个助理的主要工作之一就是为首席执行官的家购买艺术品。这位首席执行官这么做的借口是：公司不能没有他，因此，他的快乐关乎公司的既得利益（他的快乐来源之一是买艺术品）。公司对他的回答是：薪酬的用处是——让你买只满足自己需要的东西。

◆

要收集与诚信相关的数据不算难，难的是一听到数据"金丝雀"发出不祥的鸣叫，就鼓起勇气采取行动。这不是理所当然的吗？可是，从许多公司的例子中可以看到，并不是所有公司都会做出正确的选择。

2017年，某打车软件（我们在前文也提到过）前工程师在博客上撰写长文，题为《回顾在公司非常非常奇怪的一年》。在接下来几个月里，这篇博文连同其他多宗事件，将此公司推上舆论的风口浪尖。她在博文中写道，她正式加入团队第一天，经理就给她发了一连串与工作毫无关系的聊天信息。经理说，自己和女朋友有一段开放式关系，女朋友很容易找到新的伴侣，他却觉得很难。他说不想在工作中惹上麻烦，却总想找个女人跟自己发生性关系，所以总是惹上麻烦。前工程师写道："很明显，他想让我跟他发生性关系。"她觉得这种行为是不适当的，于是把这些聊天信息截屏，向人力资源部门举报。

当时，此公司已经有相当规模，我期望他们会以正常的方式处理这样的问题。我以为，向人力资源部门举报他以后，他们会适当地处理这件事，然后，我会继续正常工作——不幸的是，接下来的事态发展出乎我的意料。我举报之后，人力资源部门和高级管理层都告诉我，即使这显然是性骚扰，他在向我提出性方面的提议，可念在他是初犯，公司只会给他一个警告，与其进行严肃的谈话。高级管理层还告诉我，"他的业绩表现出色"（他的上司在绩效考核中给予他很高评价），这对他来说多半只是无心之失，公司不想为此惩罚他。

前工程师表示，管理层随后还告诉她，她需要找到并加入另一个团队，不然的话，如果她选择留在现在的团队，经理很可能会在绩效考核中给她差评，以此报复她，而"他们对此无能为力"。

前工程师还表示，在举报这人之后的几个星期、几个月里，她遇到一些女同事，发现她们在她加入公司之前，也曾经向人力资源部门举报这人的骚扰行为。她指出，人力资源部门每一次接到举报，都会坚称这是这位经理的初犯，并告诉受害者说，公司不会采取任何措施。骚扰行为在这家公司真是司空见惯。就在人力资源部门主管对此表示"震惊"之后不久，负责调查此公司的事务所表示，它们共收到了215起性骚扰举报。20人被解雇了。

另外，美国前司法部长埃里克·霍尔德获委聘研究这家公司的文化。他在一份公开报告中提出了多项建议，包括"高级管理层应该能够追踪是否有多人投诉某个组织或某位经理，由此发现是否需要对这位经理进行干预"。

很明显，他们应该能够追踪这些投诉。可是，他们首先需要想要追踪这些投诉，否则，"能够"追踪也是枉然。从这个例子中也可以看到，为什么说最高领导层发挥着至关重要的作用。

匿名申诉

要是公司对自己提出的问题置若罔闻，员工会在博客和社交媒体上发帖，公开宣泄不满，这也给企业带来了挑战。上文提到的案例中，打车软件公司明知前工程师的遭遇并非个例，其他女性员工也有过同样的经历，却对她的指控故作震惊，表示难以置信。结果证明，纸终究是包不住火的。

前工程师的做法是相对罕见的，她实名发表博文，详尽讲述了自己的经历。她并没有对其他人指名道姓，但与她打过交道的许多人肯定在文中看到了自己的身影。我觉得这是十分勇敢的举动。许多员工都会害怕，如果自己大胆地指出雇主的错处，会不会很难找到新工作，或者被公司列入黑名单，这种顾虑也是可以理解的。

然而，员工还可以在其他平台上倾诉工作上的问题。这些评论就不像一只金丝雀的鸣叫了，而是更像一群喜鹊，站在电话线上冲着彼此嘎嘎怪叫。我说的是职场八卦论坛Blind和雇主点评网站Glassdoor这样的网站。在这些社交媒体工作平台上，用户以某公司员工的身份发帖，但通常不会透露自己的真实姓名。

这些网站成立的初衷是，为公司员工提供真实、不受审查的信息发布平台和反馈平台，供其他员工参考。套用Blind的话，目的是"展开有意义、值得信任的对话"。上面的主题帖涉及话题众多，包括科技、社交媒体、人际关系、职场女性等，不一而足，所有人都可以查看。然而，要在Blind上注册发帖，你需要提供一个经验证的工作电邮。对此，Blind解释道："我们有专利保护的基础设施决定了，所有用户账号和活动信息是与电邮验证流程完全分开的。这有效保证了没有人可以从你在Blind上的活动追踪到一个电邮地址，就连我们的内部人员也做不到。在我们有专利保护的基础设施的保障下，你的工作电邮会永久性地加密和封存。你在Blind上的用户活动储存在一个完全分开的服务器上。没有人可以把你的用户活动与注册时提供的个人资料或电邮地址联系起来。"

简言之，你一开始用自己表面上真实的公司名称和经验证的电邮地址注册，然后披上匿名的掩护，随心所欲地发布信息，而无须为此承担责任。就连网站的运营商也不知道你是谁。有了匿名保证，用户可以（也确实会）发布各种各样的信息：薪水和奖金、津贴对比（健身房很棒，但自助餐厅糟透了）、面试建议、有关首次公开募股（IPO）的揣测、老板口臭，等等。相反，如果他们的注册信息能够被调查到，他们在分享之前会犹豫再三。

这样的平台有没有价值呢？当然有了。不加修饰的信息是很有用的。企业在招揽候选人的时候，总是会展现出最好的一面，或许不会提起即将迎来或已发的坏消息，比如，某些部门接收到种族主义指控，某个办公室距离一个有毒废物弃置场很近，首席执行官即将离任的传闻等。说句公道话，有些员工怕同事嫌自己笨，不敢开口问一些关于公司的问题，也可以在这样的网站上发问。

例如，一位新入职的员工可能会发现，首席执行官公布的新战略举措似乎跟经理最近所说的路线图有矛盾之处。这位员工可能会发帖提问：我是否应该感到担忧？我的上司是不是搞不清状况？公司会经常这样改变发展方向吗？我对新举措的理解正确吗？这位员工提问的出发点是善意的，他希望联系公司过往情况，了解一项新举措的背景，通过发贴询问他可以从中收获富有成效和有用的信息。

这些网站也让员工有机会发泄沮丧的心情，而不怕遭到公司报复，这也是一种健康的做法。大家可以在上面找到有同感的人：公司的人力资源门户网站就像一个迷宫，每周五天的工作时间都没有空调，简直不可接受……以此宣泄自己的情绪。说不定公司有决定权的人会看到你的帖子，进而改变这个局面。

可是，藏在匿名的面具背后，人性最邪恶的一面有时也会释放出来。我在这些网站上看到，有些人发帖欺凌其他员工，发动种族主义的恶毒攻击；有些帖子公然蔑视一整个族裔、某个团队或某所高校的所有人。有些人可能会"透露"有关不当恋爱关系的传闻，讨论专有信息，发布内部文件或有关扩张计划或诉讼的商业秘密。有些人会发布粗俗、幼稚的评论，就像我最近看到的这个："我喝醉了，身价500万美元。"还有人发帖说，听说X公司的副总裁要离职了。在匿名的掩护下，用户有时会打击别人的声誉，攻击同事的诚信度、能力和意图，偶尔还会指名道姓。是真是假，是虚构是事实，谁知道呢？如果你成为了攻击的对象，会作何感想？

这个话题有点超出这本书的范围了，但我觉得，这个模式是有严重缺陷的。或许你在加入Blind时，是某公司的员工，但Blind不会追踪你的职业生涯。你可能会愤然离职，却保留了用户名和密码，发帖大肆批评你的宿敌。你也可能把用户名和密码交给记者，去监控某家公司所谓的"真实故事"。我有个朋友在一家公司担任首席执行官，他跟我说："这些网站绝对是违背道德的。如果你想要解决某个问题，把你的名字写上。这样公司就能展开调查，采取行动。这里面许多人是因为公司没有给他升职加薪而心怀怨恨。我见过的一些指控，完全是胡说八道！"

我能明白他沮丧的心情。毫无疑问，有些帖子可能会毁掉一个人和一家公司的声誉。有些人受到恶毒的匿名攻击，向我倾诉了痛苦的心情。一个充满不准确信息的帖子发布后几小时内，就可能在网上疯传开来，推文被转发给数以千计的关注者和同事后，我或其他高级管理层才得知这件事。有些帖子会引起主流媒体的关注，发表调查报道；还有些帖子会让人在整体上对某些员工产生不良印象，其实这或许是很不公平的，会惹来流言蜚语，让人分心，也打击士气。

话说回来，我们不能忽略这些网站，而要从里面透露的信息中发现问题，纠正误解，这是很有必要的。是的，某些发帖人只是抱着酸葡萄心态，或者发动人身攻击。但从某些帖子中明显可以看到，发帖人似乎已经通过其他渠道投诉，却遭到公司无视，无可奈何之下才发的帖。在我见过的许多帖子中，员工表达了对公司内部发生的道德违规行为感到不满，觉得在员工举报问题后，公司并没有采取足够的措施。有时候，员工在遭到无视之后，会产生恶意报复的心理。下面就举一个例子吧。

2019年7月中旬，我在Blind留意到一个题为"道德投诉"的帖子。发帖人自称在国防行业一家规模很大的上市承包商工作，他写道：

我要离开现在这家公司了。总监层面的员工有很大问题。我的导师是一位备受尊重的资深团队成员，却遭到报复，被公司辞退。我几位同事就辞退问题提起了道德投诉，公司随后的反应让我看不下去，我也要走了。投诉越多，公司就越要使用强压手段，至少大家都这么说的。

有谁的公司在接到道德违规行为的举报之后，会真正采取行动吗？还是这只会引起嫌隙和仇恨？

我懒得投诉了，反正投诉了也没有用。怎样投诉才能让公司比较当回事呢，是在职时发起正式投诉，还是离职面谈时投诉？

对此，我的第一反应有几点。首先是这句话："有谁的公司在接到道德违规行为的举报之后，会真正采取行动吗？还是这只会引起嫌隙和仇恨？"发帖人竟然在问"有谁"的公司会认真回应道德违规行为的举报，这个问题发人深省。看来，美国的大企业，问题大了去了！按规定，美国每一家上市公司都必须制定道德守则，必须列出举报流程，但这位大型上市公司的员工似乎产生了迷茫，不相信一家公司会对举报作出回应。

但我觉得，发帖人是真心诚意地想要咨询大家的意见，解决一个不合道德的状况，以免整个团队或公司声誉受损。我感觉到，发帖人想做正确的事——我真的相信，大多数人都想做正确的事！我也明白，比起在企业官网上发帖，甚至是在实名认证的社交媒体上发帖，这种在匿名社区发帖的方式可以更有效地得到更坦诚的回答。

大多数回帖是相当温和的，有些人鼓励这人去举报，还有些人理所当然地说，不用举报了："没有用的。接受现实，找份新工作，别为这事操心了。太多垃圾经理毁了这个行业……"

另一个Blind成员回复："发一篇博文，将其转发给TechCrunch①，然后买份爆米花，等着看好戏吧。你所在的是大公司吗？"

还有人回帖说："记住，人力资源部门不是为你服务的，而是为公司服务的。我担任经理，见过公司对道德投诉不闻不问，将其抛到九霄云外。年度道德认证和其他仪式只是做做样子而已。"

第四个人说："我举报了……在离职面谈中，投诉前经理和另外一名团队成员之间涉嫌有婚外情。公司根本不管。这个团队成员一文不值，面试官都拒绝他了。经理否决了面试官的决定，坚持雇用了他，还帮这个笨蛋说话，把整个团队搞成一盘散沙。不到一年，团队从10个开发人员减少到3个。只有我在离职面谈中说了这件事，但整个团队都会聊起他们俩的关系。"

◆

我在这些帖子中，看到发帖人深深的怀疑和不信任。这些人显然对公司恪守道德毫无信心，有些人也相信领导人习惯性漠视自己制定的道德政策，对有问题行为的举报置之不理。如果我在发帖人声称自己所在的公司担任法律总顾问，我会系统地调查问题。我很难想象，这些公司真的做出了努力，展现出自己重视诚信。但即使是从外人的角度来看，在商业环境中，员工的这种情绪是全国范围内的"守则红灯"，激励着我在爱彼迎采取不同的做法。

---

① TechCrunch是一个聚焦科技行业、初创企业、创投融资和硅谷报道的新闻网站。——译者注

在爱彼迎，我们在努力加强内部举报沟通渠道，尤其是给员工传阅报告，让他们知道出现了哪些道德问题、在哪里出现，以及最重要的是，我们采取了什么措施去解决。我在上文中提过，我们是如何追踪不良行为和申诉的，我们会查清楚这种现象在哪里出现，又牵涉到哪些问题。但迄今为止，这些报告主要是面向道德团队的，为的是让公司能够作出有效回应。

我想在日后，企业还需要解决员工关切的一个问题：许多公司都收到了道德违规行为的举报，却置之不理。由于道德调查的处分方式涉及隐私和保密问题，有时候员工会觉得公司只是走过场，实际上并没有采取实质性行动，有这种想法也是可以理解的。在前文（打车软件公司）的案例中，公司在受到指控之后做出了全面整顿，但在此之前可能确实是这种情况。我要说的是，在我工作过的公司之中，绝对不是这样的。我们不能公开详细讨论我们采取的行动，但这并不代表我们什么都没做。

企业可以试着发布道德守则相关查询的年度概要，并就公司如何处理违规行为的问题编制报告。这些报告至少应该呈报给董事会。但企业还需要想方设法地告诉员工，公司究竟是怎样处理投诉的。当然，为了保护隐私，董事会看的报告会比全体员工看的更加详尽，可是我认为，员工需要从节录版报告中了解更多信息，明白公司会怎样处理从热线电话接获的举报。要是缺乏信息，员工有时难免会怀疑公司只是把投诉遮掩起来。

一直以来，大多数公司会尽量把这类信息保密。他们可能愿意张贴安全记录的内部指标，或者宣布公司达成的销售目标，但不太愿意公布不良行为和作案者受到处分的报告。有些公司担心，万一这些不好的消息被泄露出去怎么办？万一员工对此产生误解怎么办？万一我们发现某些指控是无法证实、无法解决的怎么办？万一我们被起诉，原告利用我们收集的数据，证明我们知道工作场所存在这些问题怎么办？

我认为，如果一味地担心这些问题，就会埋下诚信陷阱。我们说过，道德违规行为会对品牌构成重大威胁。如果每位员工都是十全十美的，看了道德守则之后，永远都不会犯错，那该多好呀！可惜，现实生活不是这样的。

某些行业长久以来都在努力处理呈报敏感信息的问题。按规定，餐厅必须经常张贴卫生检查的评分。当然，餐厅并不喜欢做这件事。可是，大多数讲道理的人都会意识到，大概没有一家餐厅可以永远做到100%没有蚂蚁，或者每时每刻都让冰箱保持在完美的温度。最顶尖的医院在某些类型的高风险手术上，死亡率往往是最高的。这并不是由于这些医院名不副实，而是由于其他医院的医生尊重他们的医术，把最棘手的病例转介到这些医院。如今，社会对企业透明度提出了更高的要求。在此环境下，企业需要公开应对某些挑战，这已经成为了经营商所要处理的现实问题。

◆

有些被举报的道德问题含有地理位置或文化元素。例如，如果工作团队常驻城里，办公室附近有许多酒吧或舞厅，或许员工会去那里聚会，偶尔有的人喝多了，会做出不适当、不尊重人的行为，那么公司接获这类举报的可能性就会更大。又或者，在文化多元的团队里，一些员工可能会烹饪某个族裔的食物，让公用厨房和周围的工作区弥漫着一股味道，引起其他人的反感，引发冲突。乍眼看来，这似乎不是道德或诚信问题，但当公司的基本价值观包括归属感和互相尊重，凡是会让人在工作场所发生冲突的问题就都是诚信问题。大家是否抱着为人着想、互相尊重的态度解决这个问题？少数群体的文化习俗是否遭到了多数人的轻视或漠视？你能否改造实体环境，让所有人的需要得到满足？这就是打造多元化员工队伍所需要付出的代价，这个代价也是值得的。但管理层需要收集数据，了解这究竟是个例还是反映了某一类问题。经过审慎周详的考虑后，才能做出明智的决定。如果你卷起袖子，踏踏实实地理解、应对和解决这些冲突，往往就可以找到解决方案，并推广到其他地区，也能用于解决或许一开始看似不相关的挑战。

◆

有些领导人提出，即使有人举报违规行为，情况也未必属实，那么，公布未经证实的指控岂不是不合适吗？其实，如果我们接获多个缺乏证据或者不属实的违规举报，那么就有另一类问题需要解决了。举报人是不是不明白道德守则？我们需要澄清规则吗？在某个团体中，是否存在怨恨情绪，或者有人想要报复？

此外，如果举报某一种违规行为的个案上升或下降，又或者根本没有人举报，我们应该从中得出什么结论？某个部门没有人举报违规行为，并不代表没有人违规（不过也不能排除这个可能）。我想要再次强调的是，如果我们一开始就选择加大透明度，就可以公布数据，看大家有何反应。或许我们可以集思广益，收集到比管理层的思路更好的想法。如果某个工作小组本来较少咨询道德顾问，甚至有人暗中阻挠他们举报违规行为，当他们看到其他团队是怎样利用这些资源的，或许会受到启发，更准确地举报。

在理想的情况下，如果大家就道德守则提问的数量稳步上升，但举报严重违规行为的数量下降，我觉得这就算是成功了。我们必须尝试新想法，加大透明度，集思广益。故步自封是不能解决问题的。

流程没有终点

我们谈过了建立诚信文化的六个C流程。我做了"刻意诚信"演示之后，通常会收到两类反馈和提问，需要我们进一步探讨：首先是职场性骚扰；其次是更广泛层面上的社区标准和诚信，甚至有时候，一家公司需要为顾客设定行为标准。我接下来会探讨这些问题。

守则案例14：带着面具的匿名者

里克讨厌冲突，但对许多话题都很有意见。于是，他上了匿名网站Blind，肆无忌惮地发帖。例如：

"公司痴迷于垃圾回收，完全是浪费时间——我们好不容易把纸张和罐子分开丢弃，却看到维护团队的人把所有东西丢进同一个垃圾桶里。这只不过是私营企业高管在惺惺作态罢了，毫无意义。"

"在这个月的下班时间里，有很多人在开'高'层会议。听说

Orion 项目的新总经理会自己种植优质大麻，跟大家分享。所谓分享，也就是贩卖。"

你在里克所在公司担任法律总顾问，有人通过道德热线匿名举报说，里克用三个不同的用户名，发表这些尖刻、有时不适当的言论。举报人自称任职于信息技术部门，部门同事帮里克伪造电邮地址，让里克可以在 Blind 上注册不同的用户名。

你应该撕下发帖人的面具吗?

讨论这一案例，请参阅附录第 287 页。

第 10 章

并非简单的约会：工作场所的性行为不端

长久以来，许多女性遭遇了性骚扰和其他性侵害行为，却往往忍气吞声。公司领导人和旁观者未能采取行动，更让问题变本加厉。因此，性行为不端仍然是工作场所长期存在的威胁。处理性骚扰的老一套方法——举报热线和一刀切的培训——是不管用的。我们需要新的想法。

到了傍晚，我和妻子吉莉恩喜欢在旧金山山区的街道上散步，走过一段长长的路。几年前，我们还没结婚，一天晚上，正穿过唐人街，街边狭小的咖啡馆有热气腾腾的面条供应，还有些店铺展示着充满异国风情的玉器。吉莉恩的电话响了。她接听了电话，在接下来一个小时里，她主要是听着对方倾诉，时而插上一句"天啊，不要"和"啊——你需要坚强"。她还静静地说道："自杀是解决不了问题的——这不是你的错。"我永远也忘不了这句话。

这是我第一次听她接听紧急求助电话，她称之为"911"；这番通话牵动她的心弦，也令她悲伤、恐惧。

吉莉恩辗转多个行业，包括银行和传媒，做过不少有趣的工作。据她所说，传媒界是"性侵害者的游乐场"。目前，她在一家硅谷创投基金担任合伙人。她也是活跃和慷慨的慈善家，支持无家可归者收容所、食品银行和其他具有影响力的非营利组织。

20多岁时，吉莉恩一度无家可归。她儿时生活无忧，后来又成为一家公司的高层，但跟一个会对她动拳脚的男人在一起了。最终，他让她身受重伤，而整段经历令她饱受摧残，失去自我。在找回自我之前，她不想跟家人重修旧好。整整一年里，她住在收容所，艰难地重返社会，但最后变得比自己想象中更加坚强，也坚定地致力于保护女性。

#MeToo运动爆发后，吉莉恩跟创投界的许多女性和男性讨论过这些问题。我们讨论过，在这个行业，一些有钱、有权、有势的男人滥用自己的权力，要求与女性（包括公司创始人、高管和董事会其他成员）发展性关系。吉莉恩跟这些职业女性详谈后发现，她们一些人外表坚强，但内心因为这些充满创伤的经历感到深深的痛苦。为此，她产生了越来越大的挫败感。她经常会把自己的电话号码留给她们，叫她们随时都可以打电话给她。慢慢地，遭遇性骚扰或性侵犯的女性会打来紧急求助电话，她称之为"911"。不久后，素未谋面的女性开始发短信给她，向她求助。

在三年时间里，吉莉恩估计自己接到了近2000条短信和电话。她在采访中讨论了创投界的性骚扰问题，许多人在YouTube上观看了这个视频。一位又一位女性企业家向她倾诉了令人寒心的故事：男性潜在投资者有时会要求发展性关系，明目张胆地威胁说，如果她们拒绝的话，就不会为公司注资，甚至会把公司列入黑名单。有时候，女性高管会告诉她，在公司派对上或出差时，老板或男同事会把她们逼到墙角，动手动脚，向她们施加压力，要求发生性行为。

"在节假日前后，来电数量会飙升。人们总是在喝醉时打来电话。有一次，我接到一个女人的来电，她所在公司的高管在派对上一再告诉她：'我知道你想升职，现在只差临门一脚了。'"这个女人告诉吉莉恩，自己在洗手间时，这个高管把门撬开，闯了进来，捂住她的嘴，在坐厕上强奸了她。并在结束后对这个女人说："好了，临门一脚踢出去了，我会给你升职的。"

到现在，我已经习惯了这些来电。吉莉恩会向我做口型，示意"911"，我就知道她接下来一小时里会忙着跟对方通话。有些女人只会打一次，匿名通话以后，就再也没有打过来。还有些人会跟她交上朋友。吉莉恩说，有二十几次，她发现来电女人提到的男人其实是惯犯——她已经从其他女人口中听说过这个人的罪行。她会提出，如果双方同意，她可以为受害者牵线搭桥。吉莉恩说，一旦受害者意识到其他人受到同样的欺凌，往往会联合起来，鼓起勇气提出正式举报和投诉——使得加害者曝光，失去工作，甚至承受更严重的后果。有一次,她接到紧急求助电话,发现自己认识的一个创业投资者向某位女性创始人施加压力,要求对方与其发生关系,作为公司募资的报答。于是,吉莉恩亲自采取行动,把这件事告诉了他的合伙人,并且直接跟他对峙。

"我几乎没有感到过震惊,许多事都在我身上发生过。起初,这些女人会责怪自己为什么要跟这个男人单独在一起,或者怪自己为什么要处在那个境地。"吉莉恩表示,"但当她们开始跟其他受害者交谈,就会发现这是性侵害者处心积虑的结果。当这些女人联合起来,就不会觉得自己很肮脏,而是意识到这样的后果不是自己自讨的。这些本来应该是商业会议,仅此而已。"

吉莉恩表示,她的目标并不是提供心理治疗服务,而是帮助有过这些经历的女人在职场上重拾信心。"我总是说,你必须保持冷静,不要情绪崩溃,大发雷霆。你必须积极采取行动,而不是消极反应。不要让他们看到自己在哭。"但这并不代表什么也不做,也不代表忽略这些罪行。有一次,她接到一个来电,加害者是她认识的一个朋友。吉莉恩听完对方的倾诉之后,打电话给这个人,说道:"我知道你在干什么,你必须停止你的行动。"

吉莉恩会为所有细节保密,她从未跟我说过一个名字。但这些故事震撼人心,令人久久不能忘怀,我也从吉莉恩的见闻中,了解到有关性骚扰的许多后果。

◆

显而易见,这个话题对我来说并不新鲜。我在公司内部当律师,也为其他科技公司担任顾问,在职业生涯中,参与过许多性骚扰的调查。我接到过一些详细的举报,里面讲述的就是吉莉恩所描述的行为。我辞退过一些领导人。有些男人被指控发表不当言论、做出不当提议,甚至对女性动手动脚或侵犯女性。我在调查时直视着他们的眼睛;我听过一些人矢口否认。有时候,有证据可以证实这些指控,例如不适当的电邮,或者有手机记录显示这些人在短短几天内发出了几百条短信。有些男人在有证据的情况下还是不肯承认自己的过错,坚称这只是"闹着玩的"或"断章取义"。

在某些案例中,除了受害者的证词,并没有其他证据。

在我的人脉关系网里,也有过性骚扰的丑闻。我投资的一家公司就发生了性行为不端丑闻,声誉尽毁。还有一位旧同事在我担任过顾问的一家公司担任首席执行官,他在节日派对上喝醉了,在众目睽睽之下,凑到一个女人背后,用下身抵住她的臀部,也因为这件事,颜面无光地离开了公司。

还是有很多女人给吉莉恩发短信和打电话,但求助人群已经变得越来越复杂。例如,有男人致电她的紧急求助热线,表示有女性威胁他们说,如果不投资于她们的公司,就会发出性骚扰的指控,以此勒索。她也看到,#MeToo运动在一定程度上给女性的职业发展带来了负面影响:"性骚扰行为或许有所减少,不过,有些男人以害怕#MeToo运动为由,拒绝跟女性合作。他们说害怕自己受到诬告,不想私下会面,也怕自己开个玩笑就会被举报。有些人是真心诚意的,还有些人只是以此为借口。"我自己也听过这个说法,以性别为由把女性排除在会议之外,这种做法不仅不合乎道德,还是违法行为。

令人震惊的数字

我不知道,在公众加大了关注的情况下,性骚扰或性侵犯行为是否开始减少了,但我知道,目前的数字仍然是不可接受的。性骚扰仍然对女性及其所在公司构成潜伏的威胁,就像埋下了一颗炸弹。2018年10月,全球商业咨询机构FTI Consulting与女性倡议团体Mine the Gap携手合作,调查了近5000位职业女性和1000位职业男性。他们任职于科技、金融、法律、能源和医疗保健行业。调查报告揭示了一些发人深省的统计数据:

• 在过去五年里,38%的职业女性遭受或目睹过职场上的性骚扰或性行为不端。

• 在过去一年里,超过四分之一的职业女性(28%)遭受或目睹过职场上不受欢迎的身体接触。接近五分之一的职业女性有过这样的亲身经历。

按行业划分：在过去一年里，在科技行业，34%的女性遭受或目睹过职场上不受欢迎的身体接触，而在能源、法律、医疗保健和金融行业，这个数字分别为29%、27%、26%和25%。

• 在受访的职业女性中，对于在#MeToo运动中受到公开指控的公司，约有55%的女性向这样的公司求职的意欲会降低，有49%的女性向这样的公司购买产品或股票的意欲会降低。

• 在遭受或目睹过不当行为的受访职业女性中，43%没有举报。在遭受或目睹过不当行为的受访职业男性中，31%没有举报。无论是女性还是男性，受访者表示自己不举报的主要理由都是一样的：害怕自己的职业生涯受到负面影响，给人留下"不好合作"的印象，以及遭受报复。

不必是天才也可以看出，虽然性骚扰问题引起了媒体的广泛讨论，虽然有那么多有权有势的男人由于性骚扰同事而丢掉工作，声誉尽毁，虽然各家公司公布了所谓的"零容忍"政策，但大多数公司处理性骚扰问题的方式还是失败的。人力资源部门制作出泛泛而谈的视频，规定员工必须观看，这种方法并不足以阻止一些人骚扰别人，许多人还是不愿意使用公司的匿名举报热线。在许多公司，员工对公司认真处理举报问题毫无信心，他们认为举报是徒劳的，可能会"自毁前程"。

处理职场性骚扰问题到底有多复杂，我还需继续思考和努力有所作为。有人声称这么多的不当行为只是"人性"所然，无法解决，对于这种说法，我是不肯接受的。

我认为，我们需要展开更广泛的讨论——所谓"我们"，包括了男性、女性、高管、非营利组织、媒体，基本上每一个人都包括在内——**共同去探讨怎样把性骚扰赶出我们的文化**。我们需要鼓励更多人去做吉莉恩，无论他们是道德变革项目成员，还是性骚扰行为的目击者，都应该挺身而出，支持受害者，制止骚扰者。商业领袖必须定下基调，让大家知道性骚扰不仅是不当行为，而且是令人反感、恶心和不受欢迎的。接着，他们必须坐言起行，以身作则。

现　状

我们先来快速回顾一下，目前企业处理性骚扰和性侵犯问题，会面对怎样的法律现状。首先，术语是很重要的。近年来，新闻报道在提到许多案例时，都笼统地称之为"性行为不端"。这包括了性侵犯和性骚扰，但我们必须意识到，这两个类别的犯罪是有很具体的区别的。

性侵犯是刑事重罪，是指使用武力、威胁、恐吓或滥用权力的手段，或者在受害者不同意或不能同意的时候，有意地进行性接触的行为。性侵犯包括强奸以及其他不受欢迎的不雅接触（例如强吻另一个人），属于受害者不情愿的行为，会对受害者造成暴力侵害，性质更为严重。

在美国，无论何时何地，性侵犯都构成犯罪。每位受害者都绝对有权利向执法机构报案。秉持诚信的企业不会阻挠受害者报案，而会协助执法机构调查。

一些公司在某些员工被指控一再做出性侵犯行为之后，对投诉置之不理，甚至加以掩饰，因而臭名昭著，成为处理职场性行为不端的负面例子。我们在前文提到过的度假酒店就是个典型案例。

根据政府监管机构的指控，这家酒店的创始人多年来性行为不端，引发多宗投诉，而公司及其高管一直听而任之，对投诉置之不理，甚至为其掩饰，公司因而遭受了罚款。讽刺的是，酒店自2004年以来，一直在书面文件中声称对性骚扰秉持"零容忍"政策。

归根结底，对待任何性侵犯指控，企业都必须尽量充分、公平地展开调查。如果绝大多数的证据显示，一位员工做出了性侵犯行为，公司必须辞退这位员工。我要补充的是，并不是等到法院宣判这人罪名成立，公司才辞退。比起刑事审讯的陪审团，企业不需要承担那么大的举证责任，就可以更早地采取行动。

性骚扰这个术语更加复杂，也经常被人误解。首先，许多人都不知道，原来当员工做出性骚扰行为，犯罪的其实不是骚扰者，而是允许这种行为发生的雇主（当然，有时候雇主和骚扰者是同一个人）。根据美国平等就业机会委员会的说法，性骚扰涉及两种工作场所违规行为：**交换型性骚扰**（要求发展性关系）或**敌意环境型性骚扰**（制造有敌意的工作环境，干涉被害人的工作表现）。

媒体报道有时把这个问题弄错了。如果有同事，甚至是老板发表评论、向另一个人做出性方面的提议、讲黄色笑话等，通常不是犯罪行为；可是，如果雇主容忍工作场所中发生这种行为，则是违反法律规定的。此外，如果主管威胁员工与之发生性行为，或者要求女性提供性回报，作为加薪、工作任命或升职的条件，公司需要承担法律责任。

想想看，法律这样规定是有道理的。成年人追求浪漫或性关系或进行互动的方式有许多种，从站在建筑梯子上喝倒彩，到在约会软件寻找性伴侣，在酒吧里悄悄地走到某个人身边，在火车上与某人四目相对，或者参加单身旅行团等，不一而足。对于同一句挑逗性的话，或许有人会觉得被冒犯，又有人会觉得性感迷人。浪漫的吸引太过复杂，法律无法合理地规范这种话。此外，在工作中认识的两位同事之间真正你情我愿的关系，并不是那么异乎寻常，也未必有什么问题；但前提条件是两人之间不能有任何"管控关系"，也就是说，在工作职级上，一个人不能对另一个人有管理或控制的关系。

由于员工在工作场所时，基本上是受到雇主管控的，因此，这个责任就落到雇主头上。人们需要工作谋生，需要在工作场所得到保护，以免不当行为干扰这项基本的人类需求。但员工往往没有办法选择自己的同事是谁、工位在哪里、与某个人的互动是多是少。在派对中，如果有个男人说他喜欢你的头发，约你出去，而你不想去的话，大可拒绝对方，然后走开或离开派对。如果旁边工位的同事邀请你到他家用晚餐，问了八次，你每一次都拒绝了，随后他又用电邮给你发性暗示的文章，这会让你难以集中精神，缺乏安全感。法律也同意，你不应该为了内心恢复安宁，而被迫辞掉工作或要求转岗。因此，如果你向雇主举报这一行为，雇主应该设法保护你（和其他人）免受骚扰。

话说回来，究竟怎样才算有敌意的工作环境，美国联邦、各州和地方司法管辖区的法律规定并不一致。例如，在纽约，要评估一个工作环境是否有敌意，标准是一个"合理的人"会怎样看待。联邦标准则是相关行为是否"严重或普遍"。

鉴于情况错综复杂，企业进行培训的依据不能单凭某一项法律标准，也不能单凭企业在各州设立的办公室所适用的许多不同法律标准。我这样说，并不是低估了性侵犯和性骚扰受害者的不适甚至创伤，而是说，光靠法律原则是不够的——企业需要为员工提供务实、具体的指引，让他们知道什么是允许的、什么是不允许的。例如，爱彼迎和Facebook都规定，同事之间的追求必须遵循"最多只约一次"原则：如果你约同事出去，对方拒绝了，这事到此为止，你不能纠缠不休，问了又问，不然，就违反了道德守则。

另外很重要的一点是，有时候，性侵犯和性骚扰只有一线之差。例如，在前文提到的FTI Consulting调查中，有一个问题涉及"不情愿的身体接触"。视乎接触的严重程度而定，这可以是性侵犯，也可以是性骚扰。伸手去摸女人，强行亲吻，还有实施强奸，这些行为显然是性侵犯。如果对这种行为的指控属实，作案者应该丢掉工作……并且被检控。

然而，如果两人在人群中擦身而过，或者一个人轻轻地碰触另一个人的手臂或背部上方，也可能是不情愿的身体接触，但这是故意的吗？是具有性意味的吗？是只发生了一次，还是发生了好几次？对方有恶意吗？为每个情况抽丝剥茧，可能相当复杂，究竟要怎样处理一宗投诉，可能视乎你的调查结果而定。

你可能会问，既然这些问题触发"守则红灯"的风险这么高，那么，干嘛不在一个人初犯的时候，就把这人辞退呢？这不是对类似行为起到很大的阻慑作用吗？理论上来说……或许是这样吧。可是，人们有时候会笨手笨脚或心不在焉，有时候会发生意外的碰触。或许有人跟在另一个人背后走着，或许在拥挤的空间里，不小心地碰到对方的敏感部位。我会考虑被指控人是对被人举报表现出愤慨呢，还是为碰触到对方表示歉意、感到尴尬。感到不舒服的人完全有权利举报这种行为，而被指控人应该接受公平、人道的听证。

企业在衡量怎样应对这种情况时，还必须考虑一个因素，那就是如果雇主在缺乏充分证据的情况下，辞退涉嫌骚扰者，那么，涉嫌骚扰者可能会以非法解雇或歧视受保护类别为由，举报或起诉公司。实质上，员工在指控公司以诬告骚扰为幌子，实施另一种形式的歧视。

这个问题很复杂，我们拿一个虚构的案例来说明一个棘手的现实情况：企业经常需要承担全部法律责任，而骚扰者却逍遥法外。假设哈罗德59岁，迷上了自己的助理朱迪。但他只有在两人独处的时候，才会做出不当行为；他老奸巨猾，不会留下蛛丝马迹。他从来不会威胁辞退她，也不会威胁在绩效考核中给她打低分。没有证人，也没有电邮或短信做证据。朱迪甚至不能私自录下两人会面的场景做佐证，因为在她所在的州，这是违法行为。朱迪向人力资源部门投诉说，哈罗德趁办公室里只有他们俩的时候，想要对她动手动脚，除此之外还对她做出了一系列不当行为。

人力资源部门展开调查，找不到证据。首席执行官自认是"零容忍"政策的领袖。"我相信朱迪。把哈罗德炒掉吧。"

这是正确的决定吗？从法律上说，即使缺乏外部佐证，但只要首席执行官是基于合理的证据做出决定，那么就有权辞退哈罗德。那么，怎样才算是合理的证据呢？例如，或许没有证人或外部证据，但在三次接受问话时，朱迪对哈罗德私底下做了什么事、说了什么话的供述是完全一致的。另一方面，哈罗德坚称朱迪"断章取义"或"想太多了"，但在解释两人的对话时，在几次供述中前言不搭后语。这或许能够为雇主辞退哈罗德提供充分的法律保护——但事情可能还没完。

哈罗德可能早已准备好怎样为自己辩护。他可能会说，情况一开始就对他不利，"完全没有这种事，这全是朱迪捏造出来的。她做事偷懒，害怕我在绩效考核中给她打低分，所以想毁了我。我知道公司炒掉我的真正理由是什么，其实是年龄歧视"。

于是，法律总顾问办公室展开调查。法律总顾问了解到，首席财务官曾经在一封电邮中表示："我们需要甩掉只会安于现状的老人，吸收年轻的新鲜血液。"有人把这封电邮转发给了哈罗德。哈罗德威胁要提起歧视诉讼。

不幸的是，并没有确凿的证据证明哈罗德骚扰了朱迪。如果你辞退了他，哈罗德有具体证据证明公司倾向于基于年龄做出人事决定。在许多同类案件中，受害者和公司会败诉。又或者，公司会与哈罗德协商，支付大笔和解金，让哈罗德宣布自己是为了与家人共度更多时光而离职。所有详情将会保密，或许他可以保住工作，或者加入另一家公司，新公司里不会有人知道他做过什么事。可以说，做出不良行为的人蒙受的损失反而是最小的。

如果企业放纵或忽视普遍存在公开骚扰行为的话，理应受到严厉的惩罚和批评。在此情况下，经常有目击者可以证实，有人多次发表与性有关的不当言论，或者做出了性侵犯行为，甚至有电邮做佐证，证明指控属实或不实。

但不当行为往往是在安静的角落里、电梯里、酒店走廊里发生的，并没有目击者能够证实。受害者和被指控人各执一词。假设双方都有一定信誉，公司的处境就变得十分为难，就像这个案例中，哈罗德和朱迪的雇主一样。在这个案例中，我清楚说明了哈罗德是过错方，可是在实际情况下，或许根据现有证据，并不能确定发生了什么事。

为了解决这些难题，我们需要制定政策方案。我们需要设法为受害者提供适当的支持，我认为，也需要让骚扰者个人承担起法律责任。如果企业对骚扰和有敌意的工作环境抱着容忍态度，那么，也需要为此承担后果；如果骚扰者非常奸诈，没有留下多少线索，企业就要为自己一无所知的情况承担起所有法律责任，企业此时的处境是非常艰难的。对于性骚扰问题，我们怎样才能打造更好、更公正的企业文化呢？

我想，企业要取得进步，需要在三方面付出努力：领导层、更广泛的法律框架，以及整体文化。

第一个方面：高层领导塑造了职场文化

对于怎样的职场行为才算是合适的，领导人必须定下正确的基调。 如果领导人言语猥亵下流，其他人也会有样学样。如果领导人（无论是男是女）容忍员工言语淫秽或讲黄色笑话，员工就更有可能做出不良行为。领导人不仅要通过规范自己的言行举止，还要通过会容忍怎样的行为来定下正确的基调——如果领导人不去制止不良行为，不去斥责做出这种行为的人，事态很可能会变得更加严重。

对于有权有势的男人做出不良行为的故事，我听过其他男人（包括知名上市公司的领导人）抱怨说，他们觉得自己成了受害者。"我觉得现在什么都不敢说、不敢做了，对方可能会误解我的用意——我还是离女人远一点好了。"或者"我完全不会跟女同事一起用晚餐了，免得受到行为不端的诬告。"

这种做法大错特错，一旦遵循，会让歧视现象长期持续（也是违法的）。如果你在晚餐桌上谈生意，就不能把女士排除在外。把自己锁在酒店房间里，盯着客房送餐的鸡柳，也不是明智的选择。像爱彼迎这样的公司有更好的做法。第一，你要设定清晰的界限，与董事会达成协议，或者在公司守则中规定：最资深的领导人无论是男是女，都不得与其他员工发展恋爱关系（也明确界定恋爱关系，包括一夜情和长期维持的性关系）。高管团队要对此展开具体讨论，明文规定，列入公司政策，以免任何人产生误解。爱彼迎就是这么做的。

第二，如果你跟同事共进晚餐，需要特意让所有下属都参与，要么与大家一起聚餐，要么分开跟每个人共进晚餐。在餐桌上，你要负责为当晚是否喝酒/喝多少、讨论什么话题才合适定下适当的基调——这是领导人的责任。

多元化可以为尊重提供支持。 要对抗骚扰，另一个方法是在公司所有层面都保持多元化，包括领导层。如果在一个房间里，不是由一个群体把持权力，权力没有严重失衡，那么，不当行为持续的可能性会下降，也不太会受到容忍。弱势群体更有可能成为不良行为针对的对象。如果在一个团队里，成员的性别比例均衡，那么，出现这种问题的可能性也会较小。

在某些情况下，例如开派对和员工到外地开会，特别容易滋生性骚扰行为，对此，公司需要小心处理。正如吉莉恩所说，在节假日期间，人们在公司派对上喝多了，给她拨打紧急求助电话的人数飙升。如果企业在深夜大开节日派对，无限量供应酒精饮品，那么，迟早是会出事的。你可以举办一些符合企业文化的活动，让大家玩得开心。例如，爱彼迎去年并未举办节日派对，而是在大堂里举办了一次"体验"活动，让房东展示他们的体验……活动中有食物和酒水供应，但这不是活动的焦点，供应结束得也比较早。相比之下，有些公司会举办盛大的节日狂欢派对，酒水供应不断，一直持续至凌晨时分。我甚至看到过一些报道，有些公司会雇用职业模特走来走去，与员工打成一片。

不要只依赖内部热线电话。上市公司必须设有举报骚扰行为的热线电话；许多私营企业也会这样做。别光是把热线电话设起来，就当作完成任务，解决问题了。许多受害者由于不信任举报流程，往往不会拨打热线电话。他们很清楚，律师和人力资源部门的员工接到投诉，代表的是公司的利益，而不是受害者的利益。我们在第9章中提到过，公司必须时常监控有关道德和工作场所安全的所有相关数据，包括举报流程。别以为举报数目减少，就代表问题已经消失。员工信任举报流程吗？有没有其他资源或许更加有效呢？

例如，你可以考虑设立一条热线电话，凡是有人对管理层提出指控，都会自动直接转给第三方，由第三方独立调查指控，并直接向董事会汇报结果。又或者，你可以考虑公费委任独立监察员，为举报人提供意见。企业通过与员工公开讨论这样的流程，可以发出有力的信号：公司不会对举报置之不理，也不会忽视不良行为。这或许是你防范"守则红灯"丑闻的唯一一条防线。在FTI Consulting调查中，22%的女性高管和20%的男性高管表示，为自己所在组织可能即将爆发#MeToo事件感到担忧。哇！你必须定期问一下：我们做得是否足够？还有什么可以做的？

请重点防范"第一次"不当行为吧。 对于性骚扰问题,杜克大学的丹·艾瑞里说的话很有道理。等到有人侵犯同事、威胁他们的工作,或者要求对方提供性回报作为升职的条件时,事态就已经非常严重,足以酿成危机了,并且你也很难纠正这种极度恶劣的行径了。丹·艾瑞里建议,你应该重点防范第一次不当行为——强调光是触碰同事就可能引发的问题,或者在工作场所喝酒相关的危险。这些领域通常是不良行为的前兆,处理这些细小的违规行为,往往会更加有效。若是置之不理,做出这种行为的人就会习惯了为不良行为找借口,看到第一次做出细小的不当行为没有受到处分,就觉得可以做出更不道德的事了。在他们心目中,道德界限会变得模糊不清,他们可能会更大胆地做出更恶劣的行径,酿成大祸。

第二个方面:更广泛的法律

我在硅谷工作过程中,凡是在雇佣法方面遇到棘手的问题,需要对外求助时,都会找Littler律师事务所的雇佣律师杰奎琳·卡尔克(Jackie Kalk)。她最近告诉我,她留意到一些法律趋势。我认为这些改变是非常好的。

首先,在美国多个司法管辖区,骚扰受害者可以向老板和可能控制他们生计的其他人提起民事法律诉讼。过去,在美国许多地区,受害者可能只能向聘用作案者的公司提起雇佣相关的索赔。新法律向掌权者发出强烈的信号,让他们知道改变自己的行为具有重要意义。

其次,保密条文曾一度禁止骚扰和歧视受害者公开讲述自己的经历,让作案者得以继续作恶,而不必承担真正的后果;如今,立法者正在打击这些保密条文。纽约、加利福尼亚州和俄勒冈州等地已经禁止这些条文。就连美国国家税务局(IRS)也采取行动,裁定倘若和解协议包含这些保密条文,须就此对雇主课税。

杰奎琳还告诉我,她看到越来越多的企业要求新入职的高管在劳动合同中签署"道德条款"。这是很重要的,我大力支持这项决定。这些条款表明，如果高管做出"诚信违规行为"，例如歧视、性骚扰、贿赂或盗窃，因此被公司辞退，高管会放弃本应获得的遣散费。如果公司未能在合同中加入仔细拟定的道德条款，可能需要在辞退做出不当行为的领导人之际，奉上一份令人尴尬的临别礼物，向其他员工发出糟糕的信号。

第三个方面：旁观者和文化的变迁

我觉得，我们需要找到并宣扬一种积极的行为，让骚扰者知道自己不能再肆意妄为了。我们需要有意地让社会和文化变得更具有同理心，让人们无论何时何地（包括在工作场所），只要看到性骚扰或其他不当行为，就采取行动。我们需要营造出鼓励和奖励这种行为的文化。这是做人应该做的事，也是为了公司的利益、为了支持公司日后能够取得成功应该做的事。

我假设，许多（或许大多数）性骚扰事件是私底下发生的。我本人亲眼见过的不当评论和笑话只是很个别的事件。大多数人都不是笨蛋，在公司律师面前自然是最为循规蹈矩的。但在我与里德·霍夫曼交谈过后，我对旁观者这个概念产生了兴趣。为此，我询问了一些男性和女性所看到或听到的事情，或者有旁人在场时他们的经历。旁观者是怎样做的？他们是倾向于挺身而出呢，还是睁一只眼，闭一只眼呢？

许多人承认自己是睁一只眼，闭一只眼的。我跟别人聊起这个问题，发现无论是男性还是女性，有许多人明知有人在做坏事，明知一个有权有势的男人在滥用权力，骚扰或欺凌一个女人，可是，这些人都袖手旁观。就连自己受过骚扰的一些女人，发现别人有同样的遭遇，也不会上前制止。

为什么会这样呢？一些人的回答是："我们要怎么做呢？我们可以告诉谁呢？向当局举报吗？哪个当局会管呢？"

这是一个合情合理的问题，值得大家去讨论。在一家公司内部，应该设有举报不当行为的正式渠道。但要知道，会做出骚扰行为的不只是老板或同事。正如里德所说，没有集中的人力资源部门可以管束创业投资者和其他投资者的行为，而投资者有时候是会与公司员工打交道的。顾客、顾问或有权有势的合作人也可能骚扰员工,向其做出性方面的提议,并威胁说如果员工拒绝或不予遵从,就会实施报复。还有一些情况是你拿不出证据的,或者你看到一些处于灰色地带的互动,作案者声称自己是无辜的,但你知道这人有恶意,或者你看到这人让其他人感觉不舒服,那该怎么办?你可以采取哪些手段,让大家正式认识到这种行为是不可接受的,并且制定具有阻慑作用的解决方案呢?

#MeToo运动大大提升了这方面的意识,让大家了解到工作场所发生的一些不当言论和提议。比起过往,受害者选择默默忍受的可能性有所下降。可是,旁观者往往还是睁一只眼,闭一只眼。即使在今天,你可别指望同事在看到骚扰行为时挺身而出,指责作案者——尤其是在销售或创意领域的工作环境下,员工不仅与竞争对手的公司竞争,同事之间也在竞争。事实上,一个人在看到有人被骚扰的时候,如果受害者是级别更低的员工,他们挺身而出的可能性要比受害者是同级员工的情况大得多。FTI Consulting调查发现,在遭受或目睹过性骚扰的受访职业女性中,43%没有举报;在遭受或目睹过性骚扰的受访职业男性中,有31%没有举报。

◆

一家软件公司的高管(我管她叫"萨莉"吧)告诉我,多年前,她才20多岁,在一家大型广告公司的旧金山办公室担任平面设计师。公司当时在积极招聘更多女性,萨莉加入这家公司六个月,广受好评。

有一次,公司的客户服务部门邀请了最重要的客户参加晚宴,首席执行官从纽约飞过来,与客户会面、交流。公司鼓励团队成员携配偶出席。

客户服务部门主管唐宁问萨莉的经理,能不能和她一起出席晚宴,让席间有点"创意氛围"。经理同意了。萨莉订婚了,问能不能邀请未婚夫一起去。唐宁说不行,只能携配偶。

萨莉来到活动现场。唐宁见到她就直奔过来,开始把她介绍给客户,发表类似于这样的评论:"无须多说,自从萨莉加入以后,办公室生色不少。""你想要打造新鲜的潮牌,就必须聘用新鲜热辣的人才。"萨莉咬紧牙关,强颜欢笑。"我觉得他把我当作花瓶,四处炫耀。"

到了晚餐时间，唐宁喝了几杯酒，站起来，跟聚在一起的40多人说了几句话。他最后提到，公司赞助了一个高尔夫球巡回赛，会在知名的球场上举办，邀请在场所有人出席。"如果幸运的话，萨莉也会去。"他看着她说，"我可以肯定，不止我一个人想看到她挥杆的身影。"

萨莉说，在场所有男人（至少20个）要么大笑起来，要么沉默不语。她尽快离开了。

第二天早上，公司首席执行官的女性助理来到她的工位前。"X先生想让我转告你，他很高兴你昨晚能出席。"她说道，"唐宁就是这性子，希望他没有让你感到太不舒服。这不是你应该忍受的事情，我们很抱歉。"说完，她就离开了。

萨莉把这件事告诉经理，他说道："是的，他们问我你还好吗。我叫他们不用担心，你能应付。瞧，你表现得很好，这是好事——客户留意到你了。真棒！"据萨莉所知，没有人为这件事跟唐宁谈过，他也没有道歉。她尽量避开他。

多么令人尴尬的局面！在这个故事里，领导人没有起到任何作用。唐宁的骚扰行为显然是早有预谋的：他不让萨莉携未婚夫出席活动，就是为了方便把她当成花瓶四处招摇。宴会厅里的公司高管都是男人（其他女人都是他们的妻子），萨莉说，她们只是转移了视线。如果首席执行官表现出不悦，或许会让这帮人收敛一点，但他更在意让客户度过欢乐的一晚。萨莉的经理实际上在赞扬她对骚扰行为"应酬"得当，这有利于她的职业生涯。

"我喜欢我的工作，也喜欢我的经理。"萨莉回忆道，"但我在一定程度上感觉到，办公室里的男同事嫉妒我得到了上司的关注，于是就想，你是领导的红人，有本事你自己搞定好了。"

有时候，诚信的做法未必能带来回报，甚至未必会有好的结果。但这不代表不值得这样去做。我们必须让员工自动自发地支持别人的基本人权，并且觉得这件事是很棒的。如果公司有意地营造出这种文化，也就更有可能会有这种结果。看到经理骚扰同事，会考验一个人能否恪守守则：**如果**

我坐视不理，或许能得到好处。如果我插手干预，或许于事无补，经理还会针对我。唉，是的，生活是不公平的。但你是想为自己当时的援手感到自豪，还是想多年后为此忏悔呢？

我和吉莉恩聊过，培养具有"同理心"的文化是很重要的。当有权有势的人让一个人处于艰难的境地时，其他人应该坚定地伸出援手。或许这是出于"为人处世的原则"，为了做正确的事，设身处地地替别人着想，就这么简单。你唯一能得到的好处或许是好人有好报——在一个充满了同理心的世界里，当你遇到某个问题，需要支持的时候，或许素未谋面的人会向你伸出援手。在那次晚宴上，那帮男人看到萨莉感觉不舒服之后，应该当场制止唐宁的行为，而不是事后假惺惺地表示同情。

在爱彼迎，我多次与一个叫"able@"的内部小组会面，也一直在倡议改善工作环境，为身体残疾的人士提供更好的体验。我很快了解到，要履行这项承诺，并不是光靠提供无障碍专用停车位和斜坡道就万事大吉了。视乎健康状况和活动能力而定，人们有自己独特的需要。我意识到，公司对这个问题越是敏感，我们的工作场所就越具有包容性，这可以造福每一个人。此外，我们也更能伸出援手，让外部世界变得更美好，这也是与我们的价值观一脉相承的。

从我的角度来看，为其他群体挺身而出，是很了不起的。你要从别人的生活体验出发，看待一些问题；你要考虑他们的背景，聆听他们的声音……然后你就会发现，倡议尊重每一个人有多么重要。异性恋者需要支持同性婚姻。身体健全的人士需要真正理解身体残疾的人士遇到的困难。

身为公司高管，我敦促大家改变人性，为别人挺身而出，这是多管闲事吗？这难道不是社会公正倡导者、教师或父母讨论的话题吗？是的，这些人会提倡大家在遇到霸凌行为和其他有害的欺凌行为时，勇敢地挺身而出。但我觉得，这也涉及品牌的基本品质和企业所要承担的法律责任，希望这一点没有让你觉得意外。企业严肃对待和持续打击职场中发生的性行为不端，并鼓励旁观者制止和举报，是符合公司利益的，也有利于维护公司利润。下面，我会列出几点理由：

1. 性骚扰和其他形式的骚扰或歧视会对受害者造成打击，使之分心，而且往往在行为结束后很久，所造成的影响仍会持续。

2. 这种行为可能对公司业绩产生重大影响。有敌意的工作环境会导致工作效率下降。当你削弱了一个人的自信心，也就削弱了他/她取得良好表现、信任同事和为团队做出贡献的能力。许多人不想在纵容这种行为的公司工作，因此，公司难以挽留高绩效员工。

3. 如果公司文化容忍这种行为，最终必然会招来诉讼，及/或引起媒体关注，重创品牌形象。媒体会把注意力投向批评者和不满的前任员工，导致客户流失，也让公司更难以招揽人才。

4. 一个人为受害者挺身而出的同时也在捍卫自己、自己所在的公司或职业。你等于在说，你爱护自己的声誉，不会在一家员工受到恶劣对待的公司工作，因为这会损害你的个人形象。吉莉恩不仅在捍卫女性，还在捍卫自己所在的创业投资行业，致力于营造出诚信、相互尊重的行业氛围。

5. 在骚扰者第一次做出不当行为时，就当下制止或举报这种行为，或许能防止事态升级、造成进一步伤害。这不仅可以保护受害者、其他潜在受害者，甚至对骚扰者也有好处。或许第一次口头或书面警告可以起到作用，防止骚扰者变本加厉，毁掉自己的职业生涯。想一下，你在听到让自己不舒服的笑话时，是怎样应对的。你可以附和地笑，也可以皱起眉头说："好了，我们不需要说这样的话。"这种含蓄而又持续的反馈会让开这种玩笑的人收敛一点。

要改变现有文化殊非易事。有些人只会翻个白眼，说道："想要改变人，你也太异想天开了吧。"我不同意这种观点。我觉得，你需要有意地制定具体的企业愿景。我们很容易忽略了一点：许多文化习俗在过去一个世纪已经变得"不受欢迎"。

现在想来或许难以置信，我小时候，驾车人随手往车外丢弃垃圾是很常见的。由于这种陋习太司空见惯了，在20世纪60年代，"让美国保持美丽"（Keep America Beautiful）组织拍摄了一系列广告。在一个动人的电视广告中，一位印第安人双眼含泪地看见路边满是垃圾。随后，得克萨斯州制作了令人难忘的公路沿线广告和电视广告，威利·纳尔逊（Willie Nelson）[1]等得克萨斯州名人应邀出镜，宣传"别给得克萨斯州添乱"，向乱丢垃圾的行为宣战。通过这些努力，人们对乱丢垃圾的看法和感受发生了改变。如今，如果有陌生人发现你把可回收物品丢进垃圾桶里，可能会劝诫你放进回收箱。

此外，以前人们会随处吸烟，全然不顾周围的人的不适，例如餐厅里其他用餐者、球场里坐在附近的球迷，以及飞机上邻座的乘客。如今，这种行为是恶心、粗鲁、不可思议的，甚至在许多情况下是非法的。

在过去50年里，职场文化已然发生转变，从有高管把周围的女人当成后宫佳丽，到上下级之间变得更强调互相尊重。但接下来，我们还需要让骚扰者看到，他们的行为不仅是违法的，还与社会文明的发展格格不入。

我听到一则有趣的故事，从中发现，即使在硅谷的创业投资者之中，职场文化也开始发生变化。一位创业投资者在多次被女性企业家指控性行为不端之后辞职，接受了一份报纸的采访。他谈到，由于受到指控，他与合伙人之间产生了矛盾，因而辞职。据采访记者的报道，创业投资者似乎觉得，自己之所以会落得这个下场，是由于没有跟约会的几个女人好聚好散（顺带一提，他还是已婚人士）。记者把创业投资者为自己辩护的理由归结成一句话："我只是不懂约会而已。"

我认识的多个创业投资者和熟人现在都会带着讽刺的口吻说起这句话。遇到有人被指控性行为不端或多次做出骚扰行为，突然辞职时，他们会说："嗯，看来他是'不懂约会'喽？"我觉得这是一个很好的迹象。文化就是这样发生改变的。我们在游乐场上可以看到，要让霸凌者失去爪牙，让他的同伴对他翻个白眼是最有效的方法之一。

---

[1] 美国乡村音乐泰斗。——译者注

守则案例15：萨姆，她就是对你不感兴趣

技术文档工程师萨姆不善于交朋友，在女性周围笨手笨脚的。他和平面设计师埃伦一起合作，为MediumCo公司做一个产品手册项目。两人都是单身，也没有汇报关系。有一天，他们俩开完会，萨姆鼓起勇气，问埃伦想不想在星期五晚上出去喝一杯。她微笑着说，星期五有朋友从外地过来，"或许下一次吧"。10天后，萨姆花了一个小时，把一封电邮改了又改，把第六版发给埃伦："贝赛德小酒馆在星期六举办趣味答题比赛，想跟我组队参加吗？"一分钟后，她回复道："哎呀，我要开车到父母家过这个周末，星期五晚上就要出发了。玩得开心点儿——祝你好运！"

萨姆可以继续约埃伦出去吗？还是应该到此为止？

讨论这一案例，请参阅附录第289页。

守则案例16：马尔科，他在诬陷你吗

陆克负责为市场营销部门的马尔科提供技术支持。他们每周在马尔科的工位上开两三次会。马尔科和格雷格结婚了，最近收养了一对双胞胎儿子。陆克总喜欢碰触马尔科的手臂或肩膀，在几个周末里，陆克还连续地给马尔科发许多短信，想要聊项目。马尔科生气了，终于把面对面的会议改为电话会议。第四周的星期五下午，陆克来到马尔科的工位上，约他一起出去喝杯啤酒。马尔科回应道："陆克，我尊重你的技能，但对社交不感兴趣。项目有问题，留到开会时处理吧。回家以后，我需要专心跟家人在一起。"

"我懂，我懂的。"陆克微笑着说，然后走开了。马尔科听见他大声说："混账东西。"马尔科走到走廊里，三位同事带着担忧的眼神

看着他。

　　星期一早上，人力资源部门打电话给马尔科。原来，陆克投诉马尔科，说马尔科要求发展性关系，以换取推荐陆克获得项目分红。有同事告诉马尔科，陆克在社交软件上发表声明，表示："折磨我的人装成居家好男人，而我却要闭嘴干活，这是不对的。"

　　人力资源部门展开调查。马尔科的同事听见陆克咒骂马尔科，但没有证据可以证明陆克的指控，也没有证据证明马尔科是无辜的。然后，有人匿名在道德热线上给人力资源部门留下语音留言："我在另一家公司和陆克共事过。刚听说他指控别人要求发展性关系。这种事他已经做过两次了。"

诚信度高的人力资源团队应该怎么做呢？

讨论这一案例，请参阅附录第291页。

第 11 章

你的客户间接反映你的为人：向整个社区传递诚信信息

INTENTIONAL INTEGRITY

那些客户群主要集中在互联网上的企业，面临着一个独特的挑战：如果要秉持"刻意诚信"原则，它们就不仅要留意员工，还要留意用户社区有没有做出不当行为。他们必须在平台上，在言论自由、容忍度和包容性等价值观之间做出艰难的权衡。但这一点越来越事关重大：做出严重暴力行为或心怀仇恨的人往往会利用互联网社区，宣扬自己极端的观点。诚信度高、勇敢的互联网平台若能起到领导作用，可以在社会上广泛推广积极行为，树立良好的榜样。

第11章 你的客户间接反映你的为人：
向整个社区传递诚信信息

在线平台发展早期，美国在线（AOL）、eBay和雅虎等先行者明白到，他们不仅在打造全新的商业模式，还在打造和管理社区。人们在这些网站上建立联系、共享和获取信息，甚至彼此提供支持。糖果盒收藏者使用eBay，既是为了买糖果盒，也是为了与其他糖果盒收藏者建立联系。

新一代的平台型企业延续了这一趋势，例如Facebook、优步、YouTube、Poshmark和爱彼迎等。钓鱼向导、汽车维修技工和投资顾问等人会在YouTube上发布免费的教学视频，获得"关注者"，打造自己的品牌。人们使用爱彼迎，不仅是为了预订当晚的房间，也是为了查看房源、规划行程——例如，不同住宿选项的房客评价和可订状态可能会左右一家人的度假计划。

这些平台为用户提供了前所未有的机会，让他们得以与志同道合的人建立联系，部分出于这个原因，其受欢迎程度急速上升。归根结底，商务平台靠收费盈利，而社交媒体平台则是靠卖广告、竞价排名和社区成员数据盈利。

我们看到，在线网站原本是人们分享新洞见、交友和更有效建立联系的平台，但也逐渐发展出了黑暗的一面。一些公司在托管和发展这些数字化生态系统的同时，利用平台上的关系，以违反道德的方式获取收入。例如，某社交平台未能充分监控和管理研究人员，令其得以收集8700万名用户的数据，交给某分析公司；而这家分析公司利用这些信息，设计出颠覆性的广告，影响到了美国总统选举。

我想要重点讨论的"社区"问题在平台型企业中比较突出，但还有更大的问题影响到各行各业、大大小小的传统企业。这本书的大部分篇幅集中探讨了组织要怎样促进合乎道德的工作环境。但互联网企业也必须考虑一下，当顾客和用户不遵守公司的价值观，又该如何。Patagonia公司拒绝为不保护地球的企业定制带有公司标志的加绒背心，就是这个道理。同样，迪克体育用品公司（Dick's Sporting Goods）决定，虽然坚定地致力于为狩猎者提供优质产品和服务，也总体上支持美国宪法第二修正案，但不再向未满21岁的人士出售武器，也不再出售半自动武器，以免这些武器成为美国大规模杀戮事件的工具。

出于"刻意诚信"原则，企业在某个点上必须对某些用户或顾客的行为做出判断，与那些价值观与公司价值观不符的用户或顾客断绝关系。

我是美国在线的早期互联网用户，也在大约20年前直接参与制定eBay的社区规则，见证了互联网平台社区的规则发展演变。这些年来，这个话题的重要性日益上升。我们越来越清楚地看到，有些问题是互联网平台型企业无法逃避的：顾客和社区用户实际上在平台上做了什么？这符合平台自身的价值观吗？如果企业在管理社区方面，没有秉持诚信，那么，即使极少数的顾客犯错，也可能对品牌造成持久的损害。

文字框架

一家公司的网页（包括公司名称、标志和其他品牌设计）会为网站内容建立一个"文字框架"，对用户要发布的内容进行一些规定和限制。显而易见，平台型企业必须禁止用户在网站上发表仇恨言论或者包含冒犯性内容的图像和视频。可是，除了用户发布的内容之外，还有更多东西应该受到这个"框架"规限。

我先来说一个性质严肃、但还没有一发不可收拾的假设情况吧。假设我建立了一个遛狗平台。你以服务供应商的身份注册，通过了我的背景审查，同意遵守平台规则。狗的主人在网上注册，使用这个平台，请符合资格的遛狗人为其提供服务。遛狗人随后到狗主人家，通过藏起来的钥匙或密码锁进门。这个模式需要用户的充分信任。

你接受了一项任务，到客户家里，带狗狗费多上公园。但你叫朋友到客户家里接你。你让他们进门，在厨房里等候，自己把费多放回狗笼里。朋友自己从冰箱里拿了两罐啤酒来喝。你原本没有意识到，后来才发现了——可是，狗主人家安装的安保摄像头拍下了高清画面。

即使我的网站"只是一个平台"，你这个遛狗人不是我的员工，但我的品牌让你和客户建立了联系。你的朋友违反了法律，但你让他们进门是判断力低下的表现，影响到了我的品牌。如果我想要打造一个备受信任的平台，我不能不当回事，不能以"审查嘛，总会有一些漏网之鱼"为借口，而是需要积极主动地教育服务供应商应该怎样做。我需要清晰地反复强调这一讯息，并严厉处分违规者，例如把违反政策的用户逐出平台。

如果费多的狗主人把安保视频放上网，在Yelp留下差评，或许会有一些潜在客户原本根本没想过会有这种问题，看了之后就会把这个平台列入黑名单。我可能要费尽心思地补偿这位客户，包括免费提供遛狗服务、赔礼道歉，并制订计划，更好地教育遛狗人，防止类似事件重演。然而，即使我"只是中间人"，这件事还是可能造成客户流失。

处理"污水池"

在遛狗的例子中，出现的问题是相当直截了当的。我们接下来聊的这个平台，在2019年8月成为了公然煽动暴力行为的焦点。当时，美国接连发生了恐怖的大规模杀戮事件，案发地点包括得克萨斯州埃尔帕索和俄亥俄州代顿。在短短两天内，30人遇害，几十人受伤。警方当场击毙了代顿枪击案的凶手；埃尔帕索枪击案的凶手被逮捕，正在被拘留。

埃尔帕索枪击案的作案者①是EC（化名）互联网社区的用户。这个匿名讨论平台成立于2013年，主张不受限制的言论自由。据媒体报道，它很快成为了各种丑恶和极端行为的讨论平台，包括恋童癖、暴力、种族主义和国内恐怖主义。事实上，其初始创始人在埃尔帕索枪击案发生时已经离开了这个组织，呼吁把这个平台关闭。

枪手从得克萨斯州艾伦出发，前往埃尔帕索，在沃尔玛超市作案。在此之前，他在EC上发表了一份宣言，呼吁其他人分享。在宣言中，他宣称西班牙人"入侵"了美国，描述了大规模杀戮西班牙人的计划。在此之前不久，新西兰和加利福尼亚州发生了两起大规模枪击案，作案者在做出骇人听闻的谋杀行为之前，也曾在EC上发布材料。这些事件发生时，"拥抱恶行"是EC首页上的口号。

没有人指望EC的领导人会反省自己的道德操行。然而，埃尔帕索枪击案发生后，大家的注意力转到为EC提供技术的网络基础设施和安全公司——其中，旧金山的某家公司最值得留意。这家公司（暂且称为CF）是一家大型网络服务和基础设施公司，声称与超过2000万个网站合作，客户包括《财富》美国1000强中10%的公司。EC是它的客户，它向EC出售服务，保护其免受黑客和"拒绝服务"攻击。CF自称是中立的，反对审查制度——只是为网络提供公用设施而已。过去，CF曾经因为与其他具有反社会价值观的团体合作而饱受抨击，其中包括一个新纳粹网站。2017年，弗吉尼亚州夏洛茨维尔的白人至上主义者集会演变成暴力冲突，造成多人死亡之后，CF终于停止了为这个网站提供支持。

埃尔帕索枪击案发生后，CF的法律总顾问接受《华盛顿邮报》（*Washington Post*）采访，表示无意停止为EC提供服务，并坚称"要是我们在这些问题上扮演法官和陪审团的角色，会造成很大问题……大家为了一个网站找上我们是很容易的，可是，我们制定的规则需要适用于超过2000万个不同的网站"。另外，CF的首席执行官告诉《纽约时报》专栏作家，他对

---

① 专家表示，一些大规模杀人犯是为了出名（即使是死后出名）而作案。因此，我遵循日益普及的惯例，不写出杀人犯的姓名。——作者注

EC深恶痛绝，但对究竟要不要与之一刀两断的问题，感到左右为难。禁止EC"会让我们的生活轻松许多"，首席执行官告诉专栏作家，"可是，会让执法机构和控制网上仇恨团体的工作变得更加困难"。《纽约时报》报道说，CF员工对是否要做审查的问题意见不一。

首席执行官的话见报后不久，CF改变了立场，表示不再向EC出售服务。普林斯在博文中表示，他之所以做出这一决定，部分是由于"事实多番证明，EC已经成为了仇恨的污水池"。

随后，其他公司为处理EC引发的问题，做出了一连串反应。据GeekWire报道，亚马逊确认正在调查一家名为"Epik"的西雅图公司。Epik利用亚马逊云计算服务（Amazon Web Services，AWS）托管一些后备网站。在CF停止为EC提供保护之后（黑客频频发动"拒绝服务"攻击），Epik曾经短暂地帮助EC恢复服务，但随后撤回了这一决定。亚马逊表示，想要确保AWS没有间接地通过Epik为EC提供协助。GeekWire分享了亚马逊发言人发送的一封电邮，里面写道："EC的内容是仇恨言论，根据我们的《可接受使用政策》，这是不可接受的。虽然EC不是在AWS上托管，但我们正在与其直接供应商Epik合作，确保EC没有通过我们的客户，间接地使用AWS的资源。"与此同时，Epik在使用Voxility公司的服务器；Voxility发现服务器上有EC的流量之后，马上停止了这些服务器的访问权。

我不认识CF、Epik或Voxility团队的人，可是，这个例子很好地说明了，每家公司都需要在危机发生之前，了解自己的价值观和使命。**无论我们喜欢与否，你跟谁做生意、拿谁的钱，也在说明你的为人。**诚然，CF的法律总顾问起初关心的，是公司面临的巨大政策挑战，我并没有低估这一点。没有任何一家公司喜欢审查内容。我有过亲身体会。但如果都已经发生了三起骇人听闻的大规模杀戮事件了，你还对是否希望公司的品牌与之产生联系摇摆不定，这就远远不只关系到政策的运作机制或细节这么简单了。我很高兴地看到，CF最终做出了在道德上正确的决定。

不能"睁一只眼,闭一只眼"

快速增长的企业一边努力开发市场,一边还要在诚信方面应对各种挑战。例如,从优步面对的一项难题可见,平台不能忽视对用户产生的间接影响。《纽约时报》记者迈克·艾萨克(Mike Isaac)写了一本书,名为《超级兴奋:优步之战》(*Super Pumped: The Battle for Uber*)。在书中,他描述了在2015年,优步怎样在圣保罗和里约热内卢快速扩大驾驶员和骑手队伍。为了推动业务发展,优步改用简易的注册流程——一个人要注册和使用优步,只需要一个电邮地址或一个电话就可以了。"一个人可以用假电邮访问优步,然后玩'优步轮盘游戏':他们会叫一辆车,然后制造混乱。车辆失窃、被焚烧;驾驶员遭到攻击、抢劫,偶尔还会遇害。即使暴力行为增加,公司还是坚持使用简易的注册系统。"

跟遛狗的例子一样,优步并没有犯下这些罪行,也没有故意让驾驶员遭遇危险。但毫无疑问的是,这项决定是导致这些负面后果的一项因素。艾萨克表示:"新兴市场的驾驶员面临危险,优步高管对此并不是完全无动于衷的。但他们一心追求业务增长,相信科技能带来解决方案,并且随意地使用财务奖励,这往往令现有的文化问题变本加厉。"艾萨克表示,结果在巴西,16名优步驾驶员遇害。

◆

我们很容易就会发现,一些公司对自己的平台或公司产生的二阶和三阶后果睁一只眼,闭一只眼(又或者想要这样做)。在平台型初创企业发展早期,科技公司领导人和投资者通常会痴迷于"先发优势",一心只顾赶在山寨公司抄袭之前,抢占市场份额。领导人在做出每项决定时,都应该停下来想一下,这项决定可能产生怎样的社会和道德影响,会不会导致公司还没发展壮大,就倒闭了。

另外还要指出的是,管理一个全球性在线平台是一项十分艰难的挑战,成本也很高昂。企业经常在"幕后"做了许多用户看不到的工作。例如,Facebook就制定了详细的"社区标准"规则,包括网站删帖标准和上诉流程。

在eBay工作时，我们撰写了早期互联网全面的社区标准之一。我们的团队不得不查看了许多具有冒犯性、暴力和血腥的刊登物品，但至少这仅限于可供出售的物品。而在Facebook和YouTube上，社区成员可能发布的照片、视频和评论种类不胜枚举，要为此制定具体政策，我可不羡慕负责这项工作的人。事实上，我有几位早年在eBay信任与安全团队工作过的同事，目前在Facebook和YouTube工作，仍然在艰难地处理这些棘手的问题。

制定规则是一回事，执行规则又是另一回事了。我怀疑，大多数人其实根本不知道Facebook制定了这么全面的标准。我想，他们会假设Facebook设立了安全团队，一旦接获举报，就会调查冒犯性内容。2019年初，《名利场》刊登了一篇有趣的报道，讨论Facebook是怎样研发自动化系统，找到和删除仇恨言论或其他冒犯性语言的，在这过程中又遇到了哪些困难。大家或许会以为，对具体帖子做出决定的是人，其实，大体上并非如此。如今，Facebook和其他热门平台主要在使用软件规则监察内容，以便在发帖之前，就找到被禁止的言论和图像。然而，正如报道所述，被禁止的内容可以千变万化，平台可以设定系统寻找的规则却是有限的。如果富有创意的用户煞费苦心地实施反向工程，避过软件审查，自动化系统就找不到这些发帖了。例如，曾经有一段时间，Facebook系统不允许用户攻击或侮辱"白人男性"，却没有禁止侮辱或威胁"拉丁裔神学家"，因为软件并没有想象到这么具体的威胁，更没有优先处理这些帖子。

在应对冒犯性内容方面，YouTube也遇到了难题。界定合法和非法的内容还算比较简单的；可是，要界定高级和低级趣味，或者开玩笑什么时候算是过了火、成了粗俗的剥削或残酷行为，却困难得多。2019年8月，《华盛顿邮报》采访了YouTube的管理员，他们负责执行标准，建议需要删除哪些视频。由于YouTube基本上是与一些"明星"或领先频道合作的，如果删除了一些能引起轰动、吸引大量观众的内容，就可能失去许多广告收入。

例如，YouTube上有一个热门频道，其品牌形象是一个搞怪的千禧一代男孩。在一个视频中，他在日本富士山附近的森林里发现了一具男性尸体，死者在树上自缢身亡，尸体尚未取下，保罗对此大肆嘲笑。除此之外，他还发布了其他一些品味低俗的视频。为此，YouTube暂停了保罗的"优选广告商"计划资格。这样的惩罚足够吗？平台对最热门的贡献者更加宽容，这在道德上是可以接受的吗？我的答案是否定的，但归根结底，每个平台的领导人都必须根据平台的价值观，正面回答这个问题。这是对他们领导能力的考验。如果YouTube的领导层就是这样管理他们的平台的，就应该承认这一点。然后，用户可以选择支持或反对这一观点。我想，遇到这些艰难的抉择，最优秀的领导人在解释自己的立场时，不要只是抓住讲话要点，而要能够公开承认"做正确的事"是有难度的，要展示人性化和真诚的态度。

有一个组织名为企业首席执行官社会价值联盟（CECP），汇聚了总收入超过6.6万亿美元的企业，其领导人定期会晤，探讨"决定企业长远成功的关键因素"。在2019年会议上，与会者得出了一些重要启示：成功的企业能够培养信任感，建立和维持充满活力的员工队伍；支持多元化并为此承担责任；聆听重要利益相关者的心声（员工、社区、消费者和投资者）；高瞻远瞩；还有关系到本章的主题，为了公司价值观采取行动，为艰难挫折做好充分准备——但同时也要知道，会有许多人予以你支持。这完全符合"商业圆桌会议"的目标：努力拓展首席执行官的视野，充分考虑利益相关者及其关切的问题。

例如，迪克体育用品公司的首席执行官爱德华·W. 斯塔克（Edward W. Stack）在企业首席执行官社会价值联盟会议上发表了讲话，很好地展现出他是怎样高瞻远瞩地思考整体社区问题的。他表示："我坚信，我们国家最珍贵的自然资源是我们的孩子。我们知道，公司决定把突击步枪和大容量弹匣下架，肯定会遭遇许多反对声音，事实上也是这样。但没想到，也有许多人对我们的决定表示支持。"

迪克不是一家互联网平台型企业，但斯塔克有勇气承认，由于公司关心孩子们的健康与安全，而极少数潜在客户的行为与之产生了强烈冲突，他不会坐视不理，而是会采取行动。在迪克做出这一决定之后，有些狩猎者生气了，不再光顾他们的生意，但也有其他一些顾客为了支持新的枪支政策，开始光顾。我有些朋友在需要为孩子买钉鞋、网球或其他运动用品时，会特意光顾迪克门店，也会写电邮告诉门店经理说，自己非常欣赏公司理性的枪支政策。2019年5月，迪克宣布，收入恢复了增长。迪克体育用品公司减少对狩猎类别产品的依赖，发展多元化产品类别，均衡全年发展的决定，似乎取得了良好成效。

显而易见，你在关注平台社区或客户群体相关问题时，必须把道德眼镜调整到"广角"。然而，你还是需要迈出第一步：你的价值观是什么？你的宗旨是什么？你希望与你的品牌产生联系或者购买你的产品的人做出怎样的行为？有什么是他们不能越界，否则就要承担后果的吗？

似曾相识

如今，白人至上主义组织和仇恨言论似乎有卷土重来之势。这些组织为何会再度兴起，为何会赢得新的门徒？我自己工作过的两家公司，也曾经面对是否允许白人至上主义讯息在互联网上发布的问题——两个案例相隔了近20年。在这两个案例中，首席执行官都选择了诚信的做法，做出了部分顾客不喜欢的决定。

在eBay发展早年，星巴克创始人霍华德·舒尔茨在那里担任总监。他到访了第二次世界大战集中营所在地奥斯维辛，深受震动。他也在美国看到，白人至上主义言论兴起，T恤衫、海报和其他纳粹相关宣传品相继出现，他为此感到担忧。其中一些物品在eBay上出售。在董事会会议上，他主张马上禁止所有纳粹相关物品。

首席执行官梅格·惠特曼让我调查这件事。我惊讶地发现，当中其实涉及两种不同的商品。第一种是正宗的纳粹相关纪念品。许多美国军人在离开第二次世界大战欧洲战场之前，收集了各种纪念品：纳粹头盔、勋章、军帽、制服、刺刀、各种宣传海报和书籍以及其他物品。据我们分析，大多数正宗物品的卖家并不是在宣扬纳粹主义。许多藏家并不是同情纳粹的人士。

在一些例子中，原主人或其继承人需要钱，有权出售这些资产，就像出售收藏的邮票或硬币一样。还有些买家像苏珊娜·博尔滕·康诺顿（Susanna Bolten Connaughton）一样，是作家和历史学家。第二次世界大战期间，她的父亲在纳粹管理的一个波兰战俘集中营中度过了两年。她所在的国际团体致力于为这个集中营建立一个博物馆。于是，她经常在eBay上搜索这段期间的照片和纪念品，包括提及纳粹的物品和照片。事实上，一般来说，无论是博物馆策展人，还是需要为电影或电视节目的服装和场景找参考的研究人员，都会频繁使用eBay。

第二种物品是仿制品，支持纳粹宣传的T恤衫、海报、横幅或旗帜，以及为了白人至上主义者、同情纳粹的团体制作和交易的仿制制服。这些物品的性质和市场都很不一样——是积极向白人至上主义者买家兜售的。

决定怎样处理仿制品是很简单的——我们马上制定规则，禁止在eBay上销售。但怎样处理历史遗留的正宗纪念品，却是更加困难。起初，eBay团队不愿意禁止这些物品。如果在关系到各个历史冲突的物品上，我们开始站队，那以后岂不是会有没完没了的麻烦？从爱尔兰、以色列、乌干达到越南，与战斗或派别相关的物品都会在eBay上销售。有些物品会在eBay社区内引发强烈的情绪。虽然我觉得应该移除攻击某个族裔、宗教团体或宣扬其他白人至上主义主张的物品，但我们对禁止正宗物品存有疑虑。我倾向于同意，如果你开始"禁止"历史物品，就会冒有埋藏和忘记历史的风险。

但正如梅格在《价值观的力量》(*The Power of Many*) 一书中提到，霍华德不同意这个观点。他提醒董事会说，即使要划清界限是非常艰难的，领导人还是要这样做——要在某些问题上划清界限。他表示，归根结底，我们正在让具有不良动机甚至想要宣传暴力的人在我们的平台上做买卖，并且从中获利。他不停地追问梅格："你希望你的公司具有怎样的品格？"

最终，我们遵循董事会的指示，禁止所有白人至上主义的宣传，并禁止几乎所有纳粹相关物品，只有具有非常特定的历史意义的物品除外，例如正宗的照片。

久而久之，我们越来越懂得划清界限，禁止美国人可以自由讨论或拥有违反了平台价值观的物品。例如，我们完全禁止了"谋杀犯纪念品"，例如连环杀手储存肢解尸体所用的冰箱。梅格决定，公司旗下网站上的内容会传达出怎样的信息，产生什么影响，都与品牌息息相关，这是领导人必须认真思考的问题。后来的首席执行官也有同感。尽管eBay经常会修订和更新规则，但这条禁令始终没有改变。

不过，大多数人在发布要出售的物品，或者搜索想买的物品时，都不会先查看一长串规则。在eBay发展早年，我们只能制定规则，安排员工定期搜索关键词，或者从社区接获违规举报时予以回应。最终，我们打造出一个软件（内部员工亲切地称之为"eLVIS"，也就是"eBay刊登物品违规监察系统"）。这个软件可以找到召回产品和危险品，例如草坪飞镖、以濒危动物制作的毛皮或其他产品、处方药、武器、酒精或爆炸物；在物品刊登之前或之际，软件会发出警示，然后，eBay团队会进行审查。

所以，虽然CF的法律总顾问表现得很为难，但其实，制定广泛适用的公平政策并不是什么新鲜事。这样做难是难，但我们不应该因此而忘记一个问题：你希望企业价值观是怎样的？要应对公司形象或品牌面临的这些威胁，并非易事，但你也不能以复杂为借口，无限期地拖延下去。不然，你就是缺乏诚信——品牌可能会陷入危机。

"探索新世界的方式"[①]

我第二次在工作上接触到白人至上主义，是近几年的事情。

在爱彼迎，我们制定了社区标准守则，用以应对与用户行为相关的许多问题，包括隐私、安全、公平、安保、真实性和可靠性等。例如，在隐私方面，我们明令禁止房东在房源的卧室或浴室安装安保摄像头；此外，

---

① 爱彼迎官网："爱彼迎从一开始便是一种探索新世界的方式。"——译者注

假如在物业其他地方安装了安保摄像头,也必须充分说明摄像头的存在和位置。与此同时,我们规定,未经房东的明确许可,房客不得给家中的私人空间或房东拍照或拍视频,更不能分享这些照片或视频。

我们制定这些社区标准规则,并不只是用作法律盾牌,而是为了在平台上和平台以外,积极推广某些价值观和行为。

接下来说的这件事,是我在爱彼迎最为之自豪的经历之一。2017年,一个白人至上主义者组织在弗吉尼亚州夏洛茨维尔集会,组织者在官网上叫访客在爱彼迎上找集会时居住的地方。顾名思义,这个集会的宗旨是为了宣传偏执和种族主义的观点。但我们在社区标准中规定,用户(房东和房客)"不论对方的种族、宗教、民族出身、族裔、残障状况、性别、性别认同、性取向或年龄,都同意互相尊重"。

首席执行官布莱恩·切斯基毫不犹豫地做出了决定——爱彼迎不愿意从中牟利,因为这违反了我们的价值观。我们查看了宣布自己有意参加集会的知名白人至上主义者的姓名,在爱彼迎网站上搜索,看他们有没有进行预订。我们取消了这些订单,并告知他们和房东:由于他们宣扬种族歧视的仇恨言论,他们已经违反了爱彼迎的使用条款。示威组织者扬言会报复、抵制,等等。我不知道他们实际上有没有这样做,不过,白人至上主义者大可抵制我们,我们可不会为此睡不着觉。为了坚守价值观,放弃短期的收入,长远而言是符合利益相关者的最佳利益的。

对于平台型企业来说,软件工具和分析方法都在持续演变,有助于防患于未然。但单凭软件并不能解决这些两难困境。企业需要坚守价值观和诚信,才能坚持做正确的事,即使这样做并不容易,也不例外。在你的互联网平台上,社区成员的行为就像你生产的衬衫上面的标识,或者你经营的快餐店供应的薯条质量一样,会成为你的品牌。在互联网发展早期,平台还时兴主张美国宪法第一修正案和言论自由、开放,不予评判地接纳所有参与者、所有项目、视频或照片。现在,这样的日子已经一去不复返了。

第 12 章

诚信的"超能力"：平衡所有利益相关者的需求

我在前文中讲到了六个C流程——在工作场所培养诚信氛围的基本要素，包括谁（负责人）、是什么（对策）、什么时候（时间）、为什么（目标）、如何（措施）和多久一次（频率）。

但在爱彼迎，我们还把诚信视为一种"超能力"，正如首席执行官布莱恩·切斯基所说，诚信是打造一家21世纪企业不可或缺的元素。我在这最后一章会解释说，一家21世纪企业不会只顾下个季度的财务业绩；如果不能平衡所有利益相关者的需求，为每个人创造一个更美好的世界做出贡献，公司是无法取得成功的。因此，为了引起每个人（商界人士、社区、决策者）对这件事情的重视，我们会更加详细地剖析这个概念。在这最后一章中，我们可以看到，当我们学会自动自发地做出诚信的选择，未来会有怎样的可能。

第12章 诚信的"超能力":
平衡所有利益相关者的需求

在过去20年的工作中,我深深体会到,虽然营造诚信的工作环境需要投入时间和资源,但可以带来更加丰厚的回报。不过,在为这本书调研的过程中,我会跟多个不同组织和企业的不同领导人聊一下,看我的想法是否符合他们的现实情况。这些组织和企业包括:传统的全球性企业、创投公司、学术机构、政治机构、媒体、科技公司、零售公司、初创企业和家族企业等。我也跟组织内部不同级别、承担独特职责的人士聊过。前文已经多次提到了他们说的一些话,在他们的帮助和支持下,我才确定了这本书想要传达的信息。

◆

在爱彼迎,拥抱诚信让我们焕发活力,给予我们启发,让我们以价值观为依归管理公司。爱彼迎之所以鼓励我向其他公司、组织和领导人宣扬"刻意诚信"的理念,其中一个原因在于,我们相信通过提升诚信这个价值观的地位,可以形成良性循环,鼓励其他组织在一些问题上做出更积极的贡献,惠及每一个人。这些问题包括气候变化、促进多元化和平等、支持健康海洋、致力于减少社会暴力,以及帮助基本生活艰难的人群应对挑战等。或许还包括我们是怎样看待和对待彼此、是怎么文明对话的。

无论是在线社区还是"实体"社区,当企业以合乎道德的方式参与到社区之中，就会形成一股强大的力量。我跟布莱恩·切斯基聊过，他是怎样学会高瞻远瞩，推动企业取得成功，同时宽泛地看待问题，关注所有利益相关者的。他指出，他的背景与许多科技公司的首席执行官都不一样。

布莱恩的父母是社工；他毕业于罗德岛设计学院，第一份工作是担任工业设计师。"艺术家不想要权力，而想要影响力。权力会驱使人们去做事，影响力会鼓舞人们去做事。我从来不想去取得很大权力，不然，就不会想要建立一个出租充气床垫给人住一晚的网站了。"但具体而言："在罗德岛设计学院，设计师越来越倾向于去做合乎道德的设计，创作环保产品。如果你制作的产品本质上不利于社会，也就是没有能够发光发亮的本质作用，就不算好的设计。我们应该为自己制作的东西承担责任，这是罗德岛设计学院向我灌输的理念。"他与朋友乔·杰比亚（Joe Gebbia，罗德岛设计学院的同学）和柏思齐（Nathan Blecharczyk）联合创办了爱彼迎。布莱恩表示，与技术人员或具有金融背景的领导人相比，他们看待问题的角度自然是不一样的。"我们会从宽泛的角度出发，看待我们所做的事情。"布莱恩说道，"我们想要成为这个世界上一股正义的力量。"

当强大的领导人觉得自己有这股力量，可以在自己的公司内发挥影响力时，就可以产生很好的效果。美国企业研究所（American Enterprise Institute）的约拿·哥德堡（Jonah Goldberg）近期撰文，探讨了美国政治极化的现象。他认为，左派和右派所强调的解决方法都是错误的。国家之所以分裂，大多数问题在于中央集权政府和党派政治运用媒体，把观点"全国化"，指责"另一派"的行为不能代表真正的美国人。"我们需要社区，而全国性社区是一个迷思。对话是面对面、一个人对一个人进行的，社区也是一样。"

只有人们并肩生活和工作，才能建立和维护强大的社区。工作氛围是很重要的，这一点有时候会遭到忽视。与政府不同的是，企业是由一个领导人、一个董事会、一个使命团结在一起的，员工朝着共同的目标努力。一般来说，企业是文明的地方，员工应该举止恰当，在传达信息和政策方面，不太会有意识形态倾向。大公司资金实力雄厚，面向全球市场，员工遍布世界各地。他们不能拘泥于国界之分。当一家公司的员工感觉到自己受到重视和信任，由于公司更高层面的宗旨而备受鼓舞，他们就不会只盯着工资和奖金，而会出于自豪感，为了实现美好的重要使命，竭尽全力地做到最好。

在爱彼迎，我们的使命是创造一个人人都感到"家在四方"的世界。归属感指引着我们所做的每一件事，但我们也知道，不能凭一己之力实现这一点。我们的业务性质决定了，我们需要考虑居住和呼吸的空间；房东居住的地方；房客去游玩、享受有趣好玩的体验的地方。污染、气候变化、歧视和隐私等全球性问题会威胁到整个人类社会，但在不同地方的表现形式各不相同。利益相关者需要拥抱复杂性，齐心协力地合作。因此，我们相信在地球的未来这个议题上，在人类面对的状况这个议题上，所有公司都是利益相关者。只要大家都坚守诚信原则，我们就可以让这个世界变得更美好。

思维方式的根本性改变

《纽约时报》专栏作家戴维·布鲁克斯（David Brooks）指出："在健康的社会里，人们会努力在许多不同的优先事项之间保持平衡：经济、社会、道德、家庭，等等。但在过去40年里，经济成为了大家最关注的问题，抹杀了其余一切。我们在政策上把经济事务放在了第一位，最终甚至忘记了其他优先事项。"布鲁克斯表示，投资者往往"要求每家公司毫不留情地削减员工成本，只要能在短期内提振股价表现，连毁掉自己的家乡也在所不惜"，这种现象变得司空见惯。他补充道："我们摘掉了道德眼镜。"

不是每家公司都会把道德眼镜丢在一边。如今环顾四周，我也能看到一些公司在布鲁克斯所说的优先事项之间重新找回平衡。我任职的上一家公司Chegg设有专门的员工队伍，为社区里的第二丰收食品银行（Second Harvest Food Bank）提供支持，公司也捐款25万美元，以对抗饥饿。Chegg之所以选择支持这项慈善事业，是出于一个非常重要（但或许不那么明显）的原因，与其使命和宗旨直接相关。首席执行官丹·罗森维格向我解释道："我们的目标是让员工尽一切努力为学生提供服务。在美国，36%的学生面临着饥饿问题。"公司甚至了解到,在总部附近的圣何塞州的一所大学里,50%的学生为了省钱,会少吃一顿。想象一下,如果更多公司不仅把顾客当成收入来源,而是更全方位地看待他们,那我们需要应对的问题又会有何不同?顾客有哪些需要?我们可以怎样帮助他们实现自己的目标?

慢慢地,许多人开始提倡企业在各个优先事项之间取得更好的平衡,甚至包括一些投资者。2018年,在《华尔街日报》的社论对页版上,摩根大通(JPMorgan Chase)首席执行官杰米·戴蒙和伯克希尔·哈撒韦公司(Berkshire Hathaway)的沃伦·巴菲特联合撰文表示:"金融市场已经变得过于注重短期因素。季度每股盈利指引是推动这一趋势的主要动力,也让企业的重心从长期投资转向短期。企业为了满足季度盈利预测,经常会延迟科技开支、雇用、研发等,而季度盈利或许会受到公司控制以外的因素影响,例如商品价格波动、股市波动,甚至是天气。"他们继续写道,归根结底,对短期因素的关注"让经济丧失了创新和机会"。换言之,"短期效益主义"不利于这些企业,也不利于我们所有人。

"商业圆桌会议"就是一个典型的亲资本主义和亲商业组织,我们已经提过,它在这个问题上的态度也发生了变化。我相信,若想让这一变化持续,第一步是展开这本书中的讨论。为此,我们必须根据更高的价值观,汲取多元化的观点,有意地制定具体政策。公司里的每一个人都要监督其他人承担起责任。欺骗和谎言只会打击士气,我们需要加以避免。如果有人像承认自己砍倒了樱桃树的华盛顿一样,真诚地承认自己犯了错,并为此承担起责任,那他应该重新成为美国人学习的榜样。

要在诚信问题上扮演领导角色,意味着要经常评估流程和策略产生的影响,在必要时作出变动。例如,我们讨论的其中一个诚信陷阱是,薪酬奖励可能会扭曲一家公司的道德演算。当公司对员工的绩效考核和薪酬计算方式只是基于产出,而不考虑质量,质量就会下滑。只要股东回报高,有些领导人或许就会对走捷径、贪便宜的行为"睁一只眼,闭一只眼",事态更可能升级为欺诈、贿赂和不诚实。当薪酬计划和奖金是基于满足狭隘的财务和股价目标,就连级别远低于C级高管的员工也可能会为了眼前利益，忽视某些行为可能会对某些利益相关者造成的严重伤害。

在eBay，我们意识到，反馈系统本身不足以规管平台上的行为。于是，在梅格·惠特曼的领导下，我们改弦易辙。在计算薪酬指标时，满足买家成为了更大的考量因素。因此，对于未能为买家提供优质体验的卖家，员工改变了对他们的态度。我想要说明的是：第一次尝试，难免会有些差错；但一旦发现所采取的行动达不到你的价值观和标准，你就必须做出评估、调整、改正，然后继续前进。

作家西蒙·斯涅克（Simon Sinek）提出了"永续经营的愿景"（infinite time horizon）的概念，赢得了爱彼迎和其他先进公司的认可。所谓"永续经营的愿景"，是指虽然一家现代企业必须制定增长目标并努力达到，但其真正的目标应该是永远地保持行业领袖的地位。为了实现这个目标，公司必须经常性地承认和平衡所有利益相关者的利益，评估公司产生的长期或广泛影响。"要是一个人悲观、'死脑筋'、只会从单一角度思考问题，那他是不能在新世界取得成功的。人们在寻找有宗旨的领导人。员工期望领导人能够秉持价值观，坐言起行。"布莱恩·切斯基认为，"20世纪的领导人看起来不同于21世纪的领导人。20世纪的领导人是白人直男。如今，领导人可以来自任何地方，看起来也千差万别。再也没有所谓外表是什么样的人才能当领导人，更重要的应该是他们的行为。他们必须远比一般人更加高瞻远瞩"。

2019年，Wachtell, Lipton, Rosen & Katz律师事务所合伙人马蒂·利普顿（Marty Lipton）撰写了一份白皮书，发送给律师事务所的客户。在白皮书中，他具体探讨了当今董事会的责任。利普顿有感于近期一些法庭案件，列出了二十几条现代董事会的职责。我惊讶地看到，其中有许多条（包括第一条）涉及道德问题，并谈及要公开应对利益相关者的关切。他表示，董事会首先应该"认识到投资者比以往更加关注'宗旨'和'文化'，利益相关者的概念也已经变得更加广泛，包括了员工、顾客、社区、经济和整体社会。董事会应该与管理层携手合作，制定指标，让公司能够展现出自己的价值观"。

换作十年前，要说一家处理公司法事务的律师事务所会把这些问题放在首位，那简直是闻所未闻的。

在回应价值观相关的问题时，总是有人会说："好吧，今天是白人至上主义；明天又如何？每逢大型活动，总会涉及一些问题，会有人提出反对的声音。我们的房客要去某个地方的原因和我们有什么关系呢？我们真的要去理会吗？"在爱彼迎，我们的答案是肯定的——如果我们的顾客或合作伙伴所表达的观点与我们的使命和价值观背道而驰，这些观点会与我们的品牌产生联系，我们必须采取行动。如果我们根据这些价值观制定了规则，期望员工遵守，却又从与之对立的交易中牟利，这种做法也太虚伪了。

要知道，一家组织越是在员工面前强调道德和价值观，员工就越有可能去审视这家公司广泛的商业实践，看一下与这些道德和价值观是否相符。所涉及的问题可能是不可预测的。如果一家公司背地里污染空气或海洋，从中牟利，或者在其他公司出于不道德的目的使用自己的平台时，睁一只眼，闭一只眼，那么，从根本上来说，这还是一家合乎道德的公司吗？

你或许会觉得有点吓人。你会想，我们是一家公司，又不是一个倡议组织。每位员工或许都有自己独特的政治或倡议议程，希望公司支持自己的议程。如果公司鼓励员工把道德作为优先考量的事项，这可能会适得其反，反而会让员工大胆地质疑我们的行为和动机，要求我们对无数问题作出回应。我们何必自找麻烦呢？这岂不是像格林童话《玻璃瓶中的妖怪》那样，把妖怪放出来，就很难收回去了吗？

其实，这个瓶子已经打破了。随着互联网让透明度有所提高，社交媒体平台的威力日益加大，加上个别员工和全球化趋势的力量增强，都让这个世界发生了变化。如果企业做出了不道德的行为，或者采取了不道德的商业实践，曝光的风险比以往任何时候都更高。全球咨询公司安永（EY Global）的前首席执行官马克·温伯格（Mark Weinberger）表示："比起以往任何时候，首席执行官在代表更多人发出声音，公众要求我们承担起应有的责任……在分裂的政治环境下，员工、客户和顾客对我们抱有越来越高的期望，希望我们在发生与公司所述的价值观相背离的问题时，我们能公开地发表意见。在过去几年里，我们都看到，一些企业在一些问题上的态度受到批评，面临着很大压力。这都会影响到一个组织的品牌，而品牌已经成为了越来越重要的资产。"

◆

与以往任何时候相比，如今一家公司，无论规模大小，其全体利益相关者都更能发出自己的声音，彼此之间产生联系。想一下，如今很容易就会出现以下类似情况。

- 一家理发店的员工匿名在邻里社交媒体网站上发帖，投诉自己的店里使用有毒的违禁品。顾客看了，一声不吭，就找了一家新的理发店，而州政府的卫生委员会展开了调查。
- 一家轮胎店在广告中大力宣传一个超低价，然后用很小的字体加上附带声明，表示这个超低价只适用于翻新轮胎，而不适用于新轮胎。顾客到店里打算买轮胎，才发现收费是广告价格的三倍，于是涌上Yelp，投诉这家店"挂羊头卖狗肉"。
- 有顾客觉得银行有系统地欺骗了自己，发推文表达不满，并呼吁有同感的顾客联系自己。"我能向你介绍一下储蓄账户的选择吗？"这句话还没说完，一群顾客就组织起来，提起集体诉讼。
- 一家生产工厂忽视了环境法规。周边民众意识到这一点，群发电邮，宣布要集会。几百人聚集起来。民选官员要求公司停产整顿，遵守规定后才能复产。

作为公司领导人，你要么自己拥抱诚信，要么等着有一天自吃苦果，不得不恪守诚信。对别人提出的关切，你或许无法全部回应，但必须设法聆听这些关切的声音，做好准备，为对企业使命来说核心的关切采取行动。你要根据企业宗旨，不断地调整行动，以免总是把对某一个利益相关者的关切置于其他利益相关者的需要和提出的意见之上。毕竟，在公司"永续经营"的发展征程中，你也需要这些利益相关者的支持。归根结底，公司利润是至关重要的。可是，一家高瞻远瞩的企业会明白，只有与员工和其他利益相关者之间建立互信和稳固的关系，才能取得长远成功。

平　衡

在这本书的许多篇幅里，我很具体地探讨了怎样处理某些法律和道德问题。但说实话，我并没有一个模板或流程，可以保证你每做一项决定，都不会激怒至少一类利益相关者，不会让他们陷入不利的境地。你永远也不可能每做一项决定，都让每一个利益相关者满意。毫无疑问的是，你做出的决定不时会伤害到某些利益相关者，就像eBay禁止在平台上出售老师的教科书一样。领导层必须面对这样的挑战。你最多只能考虑别人提出的问题，设法慢慢地承认其重要性。只要态度真诚，处事透明，你就敞开了沟通的大门，有望在日后达成共识。

思考六个C流程时，别光把它当成员工必须遵守的一套规则，也别只当作惩治惯犯的指引。确定一家公司的使命和基本价值观之所以是流程的第一步，其中一个原因在于，这可以让人清晰地看到，这种做法其实在消除障碍，释放公司的潜力，帮助员工各展所长、尽显活力，秉持着企业宗旨和价值观，推动业务取得成功。

最后，我还想分享几点看法。通过把"刻意诚信"及与之相近的"刻意包容"结合起来，你还能释放出更大的能量。

怎样才算包容

无论是某个团队还是整家公司，都很容易掉进"单一化"的陷阱。这种现象或许一开始比较隐蔽。招聘经理或许会强调，新招聘的员工必须"能很好地融入公司文化"。这是人性使然——我们倾向于喜欢跟自己相似的人。我们可能会下意识地像看目录一样浏览领英，找到看起来相似的人。这些人或许跟我们是大学校友，或许跟我们有同一个前雇主。事实上，你可以简单地花15分钟，从"单一化"的角度出发，看一下自己的领英联系人，思考一下：你的联系人看起来跟你有多相似呢？

想一下，若能打造一个凝聚力强、关系紧密的团队，是多么诱人……

可是，随着时间的推移，这种做法也会造成问题。如果选人标准存在歧视，这是违法的。如果形成了"小圈子"或存在偏袒行为，也会带来麻烦。

如果老板跟直接下属是好朋友，两人的配偶或子女发生了争吵，这可能会影响到工作。当两个朋友竞争同一个晋升机会，其中一个人升职了，另一人可能会产生强烈的嫉妒心理，打击士气和整个团队的表现。又或者，直接下属可能会觉得自己的老伙计/晋升的经理欠了自己一个人情，毕竟，自己知道经理不想让其他人知道的几个秘密呢。

又或者，不管是出于什么原因，有不一样的人加入了团队。例如，一个团队的成员习惯了周五下班后，上酒吧聚一聚。这个团队有优秀的新人加入。新人正在戒酒，所以拒绝上酒吧，但其他人又不想放弃这个习惯。于是，新人觉得受到了排斥。又例如，一位才华横溢的程序员来自白俄罗斯，操着浓重的口音；同事全是土生土长的美国人，她听到他们背地里嘲笑自己。"与众不同的人"成了"外人"，成了大家讽刺和欺凌的对象。当"与众不同的人"是女性，而一帮男性抱团成为"自己人"，就可能怂恿彼此发表不适当的评论、做出挑逗行为，或者妨碍女性员工晋升。

在工作场所，多元化和包容性这两个概念并不能互相替换。多元化反映了公司经过深思熟虑，有针对性地做出雇用和工作分配决定。包容性是指公司有意而又坚定地投入精力，让多元化团队运作良好。

莉莲·谭曾任职于美国多家知名高科技公司，目前是爱彼迎的招聘主管。她告诉我，许多公司自称想要打造多元化的团队，却不愿意为此付出所需的努力。在爱彼迎，我们规定，凡是有职位空缺，候选人名单必须是多元化的。正如莉莲所说，"想要申请例外情况，必须经过严格的审批"。许多公司有时候也会忘记，代表多元化团体的候选人想要做好自己的工作，是需要支持的。她表示，即使公司招聘了有实力的多元化人才，但内部未必搭建了合适的桥梁，帮助这些员工融入环境，在工作岗位上取得出色的表现。但她相信，爱彼迎从入职培训开始，就强调诚信，为新员工定下了重要的基调。"我们希望，员工来公司工作，可以做完整的自己。我们也希望，企业文化可以增进互信，让员工可以流露出自己脆弱的一面，并获得接纳,全力以赴做到最好。当一家公司的建立是基于诚信之上的,也就能营造出这种文化。"

在以道德为题的演示中,我不仅会谈论规则,还会探讨在一些棘手的情况下,我们犯下了哪些错误。莉莲相信:"由高管团队的人亲自出马,以这样的方式来讨论包容性问题,会让员工觉得公司里的每个人都可以表现出脆弱、不适的一面。"例如,如果我们的一位经理发表了冒犯性言论,或者有员工说了一些冒犯性的话,引起了其他员工的反感,而经理置之不理,那么,我们就可以清楚地指出,我们对包容性做出了明确的承诺,因此,这种行为是不可接受的。我们鼓励受到冒犯的人,不要默默地把这样的经历看作自己被拒绝,因而生气或郁郁不乐,甚至离职,而是要大胆地说出自己的心声,让其他人听到。

由于爱彼迎的使命是创造一个人人都感到"家在四方"的世界,我们大概比其他公司更强调"归属感"这个概念。在这个世界里,充满了独特而又复杂的文化习俗,我们给人提供了相遇和交流的机会。对于房客来说,"归属感"来源于许多不同方面:多亏了我们的平台,房客能够以负担得起的价格到访心仪的胜地;房东热情地允许房客的服务类动物入住;有些房东还会根据房客的兴趣爱好(例如爵士乐或观星),为其提供量身打造的体验。

又或者有时候,房客想要的,只是人与人之间的平等对待。

黑人房客更难获得一些房东接纳这回事,已经广为流传。就像世上其他地方一样,爱彼迎平台上也有种族主义存在,这是一个可悲的事实。虽然爱彼迎的每位用户都必须承诺,不论对方的种族、性别、性别认同等有何不同,都要互相尊重,但并不是每一个人都恪守承诺。我们相信,违规行为经常是出于"无意识的偏见",也就是说,有些房东比较喜欢"跟自己相似"的房客。无论这种偏见是有意还是无意的,都是错误的,一些房客遭受的对待是不可接受的,也被媒体上曝光了。

在爱彼迎内部,有些员工看到平台上存在歧视行为,感到极其震惊。其中许多人住在旧金山这样的城市,一般来说,这个城市是非常开放和包容的，接受不同的文化和生活方式，对他们来说，歧视只是在历史书上看到的现象。但如果他们跟非裔美国人员工交流一下，就会发现，其实黑人同事在日常生活中还是会经常遭受歧视，包括在旧金山。一位非裔美国员工告诉我，有许多次，警方由于轻微交通违章截停他的车辆，又有些时候，他只是在旧金山兜风，也会无缘无故地被警察截停。我从未在这座城市被警方截停过。我的黑人同事对这个世界的体验显然跟我不一样。身为高管，我觉得，爱彼迎内部必须考虑到这种体验。在讨论种族歧视的话题时，我希望有过这些体验的同事能够参加讨论，确保缺乏这种体验的同事不会想当然地占据讨论的主导。知之为知之，不知为不知。

如果我们忽略了员工的感受和尊严，未能从多元化的团队中收获丰富的体验和看待问题的多样化角度，长远而言，我们就多半不能为房东和房客提供最优质的服务。我们就不能以切合实际的方式，看待多元化的顾客。我们就不能最大限度地提升人力资本的价值。最终，我们就不能吸引或挽留顶尖人才。

为残障人士提供优质服务

在前文中，我介绍了辛·马迪帕利。我非常钦佩他，在他身上看到了"刻意包容"的价值。

马迪帕利生于伦敦。他的第一份工作是做基因研究人员，随后成为了公司律师。后来，他意识到自己真正感兴趣的是商业，于是进了牛津大学（Oxford）读工商管理硕士（MBA）。之后，他自学编码，创办了一家初创企业。

马迪帕利天生患有脊髓性肌萎缩症，从小一直坐电动轮椅。但从他的履历可见，他精力充沛，是一个积极的行动派。在他成长过程中，家人没有钱带他出外旅游。于是，上牛津大学之前，他和另一位坐轮椅的朋友决定花四个月时间，环游世界。他们发现，对于坐轮椅的人来说，说旅游比较困难简直是太轻描淡写了。整体而言，配备无障碍设施的住宿供应很少，也鲜少有资源能帮助人们找到这些住处。

于是，马迪帕利创办了Accomable，一方面收集方便轮椅进出的旅行选项相关数据，另一方面鼓励酒店业者和其他人为住处配备无障碍设施，为残障人士出行提供可靠的选择。他编写了一款软件工具，方便酒店业具体描述实体设施和功能，展示照片，让有特殊需求的旅行者可以做出明智的选择。想象一下，你刚搭乘了长途飞机，半夜三更到达目的地，拿了钥匙，才意识到你和汽车旅馆房间之间有两大级台阶——而且没有斜坡道。你打电话给旅馆老板，说："这个房间不是应该符合《美国残疾人法案》(*ADA*)要求的吗？"却听到对方说："呃，上了那几级台阶之后，就符合了。"马迪帕利就有过这样的亲身经历。

一开始，爱彼迎平台把"方便轮椅进出"设计为"是/否"的选项。房东可能会选择"是"，却没想到这个问题不仅关系到台阶和斜坡道。轮椅往往需要特别宽敞的门道，尤其是在浴室里。如果房客需要旁人协助或特别吊带才能上下床，床边也需要额外的空间。

布莱恩意识到，一些房源的承诺和残疾房客的实际体验之间存在差距，于是要求我们解决这个问题。2017年，我们收购了Accomable，马迪帕利及其团队加入了爱彼迎，一起缩小这一差距。如今，马迪帕利担任产品经理，他们打造的产品可以让房东和房客在预订系统中就配备无障碍设施的问题得到更详细的信息。正是有赖于马迪帕利这样的员工，我们才能更好地了解一些顾客，提供更优质的服务。他可以帮助我们，一起让这个世界变得更方便残障人士出行。

永续经营的愿景

要仔细把问题想清楚，很重要的一环是要意识到，如果工作场所在很大程度上是单一化的，那么，就无法预计到许多人面对的许多问题。这不仅包括属于少数群体的员工，还包括潜在顾客，以及公司要取得成功所需要的多种合作伙伴。珍妮特·希尔（Janet Hill）是Hill家族顾问（Hill Family

Advisors）的负责人，常驻弗吉尼亚州费尔法克斯。她在种族隔离的新奥尔良长大，表示自己进入韦尔斯利学院（Wellesley）之前，从未见过一个白人。她是希拉里·罗德姆·克林顿（Hillary Rodham Clinton）的同学，两人也交上了朋友。希尔的第一份工作是担任研究数学家，后来成为了企业责任和人力资源规划的专家，曾任职于多家大型公司的董事会，包括迪恩食品公司（Dean Foods）、美国前进保险公司（Progressive Insurance）和凯雷投资集团（Carlyle Group），也是杜克大学董事会成员。希尔大力倡议美国大企业的多元化，跟我讨论了各家公司应该采取多元化和包容性的思维方式，以及这一点有多么重要。她表示："美国有大约3.35亿人。黑人、西班牙人、亚洲人和混血人口占了总人口的一半。在任何一个行业，不利用美国一半的人才，怎能打造出一家高效的公司呢？多元化让一家公司的员工更有可能做出良好行为。一旦限制了人才库，就限制了公司取得良好效益的机会，让员工更有可能只跟'自己人'混在一起，并做出不良行为。"

一旦领导人习惯了环顾房间，留意有谁在场，他们可能面对什么问题，企业文化就会开始发生改变。例如，马迪帕利微笑着告诉我，团队成员最近计划在公司以外召开团队会议，宣布可能会骑自行车出游。马迪帕利想：嗯，我好像去不了啊。但策划人员马上朝马迪帕利转身，解释道，他在旧金山湾区找到了一个自行车团体，可提供残疾人专用自行车。坐轮椅的人可以跟骑标准自行车的人一起，充分享受骑自行车的乐趣。这就是"刻意包容"。当每个人都觉得团队真正地包容自己，培养自己的才能，就会皆大欢喜。

我们说过，互联网让透明度有所提高，为公司带来了一些挑战。但也使得好消息可以快速传播到远方。下面聊举几个例子。

汤姆布鞋（Toms）承诺，每售出一双TOMS鞋子，公司就会捐赠一双给发展中国家需要鞋穿的孩子。许多买家被这个"买一捐一"的概念打动，大力向其他人推介这些鞋子。

还有我们上文提到的迪克体育用品公司。公司在禁止突击步枪时，失去了一些顾客，但也赢得了一些新顾客的欢心——他们尊重迪克体育在面对某个核心产品类别时敢于承担业务风险。许多买家在社交媒体上发帖，鼓励其他人从迪克体育购买各种体育用品，包括孩子的足球钉鞋和瑜伽垫等。

2019年，在女子足球世界杯期间，美国国家男子和女子足球队的薪酬待遇不平等，引发热议。事件引发了多宗诉讼，也有一些组织开始故作姿态。但LUNA营养棒品牌没有等待事态发展，就挺身而出，承诺给美国国家女子足球队70万美元，平均每人折合大约3.1万美元，让美国女足姑娘能和美国男足一样享受到同工同酬的待遇。这笔钱并没有像中了彩票那么多，但一位又一位的球员都表示，在争取平等的道路上，一家公司能为她们提供金钱上和道义上的支持，对她们来说意义重大。这为其他公司树立了良好的榜样：有时候，你需要挺身而出，"做正确的事"。

点燃"星星之火"

我记得小时候，有一次跟母亲姬蒂·切斯纳特（Kitty Chesnut）一起走出杂货店。走到停车场中央，她停下脚步，看着手里的找零。"我们得回去，"她说道，"收银员给错钱了。"我们走回店里，我记得自己当时在一旁不耐烦地等着，看见母亲引起收银员的注意，同他解释找零问题。我记得收银员惊讶和感激的表情，不住地道谢。收银员没有少找零，而是多找零了，母亲把多出来的部分退回去了。那天多出来的几美元，母亲本来有"充分"的理由留下来，我也听其他人说过这些理由——店铺赚很多钱，价格贵得离谱；我们在店里花了很多钱；他们以前肯定试过少找零，只是我没留意到而已；我没有时间回去处理这件事，是他们犯了错、他们的问题。但母亲当天的解释，教会了我关于诚信的一个重要道理。她解释道："这不属于我们。"后来，她在许多不同的场合下，多次教导我这个道理，总是给我留下深刻的印象。这就是首席执行官应该有的领导力。我的孩子会告诉你，有好几次，我们大步走回店里，退回多找的零钱，或者为收银员不小心漏算的物品付钱。孩子们会翻个白眼，抱怨几句，但我觉得这不是麻烦，而是学习的机会。看到收银员震惊的表情，我还是会感到满足。

每一天都好像有新的诚信丑闻。招生舞弊案、性侵案、企业财务丑闻、企业掩饰真实情况、虚假新闻……看到坏消息接踵而来,我们究竟要如何回应,相当于要在一个道德岔路口做出选择。非主干道是:"其他人都是这样做的,我也要这样做。"主干道是:"我受够了……我需要用自己的方法采取行动,改变这个局面。"

不诚实是会传染的。但诚信也是。工作场所是一个很好的起点。在工作场所,人与人之间有紧密的互动,便于诚信传播。每家公司都有共同的使命和愿景,在理想情况下,领导人也明白职责所在,知道应该承担怎样的责任,如何为诚信的传播提供支持。我们可以激发出彼此最好的一面。

但这并不是自动自发的过程。"刻意"是火柴,可以点燃"星星之火"。我希望看了这本书以后,你会开始讨论,在自己的工作场所,怎样让诚信成为主导的价值观。我们有一个独特而又重要的机会:通过秉持"刻意诚信"原则,采取行动,我们可以成为强大的正义力量。

附 录

对守则案例的讨论

守则案例1：雷吉娜和泄密短信

在过去11年里，雷吉娜担任迈克的行政助理，而迈克在两年前当上了首席执行官。她到过迈克家参加员工节日派对，也和迈克的妻子萨莉交上了朋友。

有一天，萨莉给雷吉娜打电话，跟她说："迈克把iPad忘在家里了；我刚看到一个伊利诺伊州的号码给他发了一条调情短信。雷吉娜，迈克是不是有外遇呀？"

雷吉娜的心沉了下去。迈克最近态度疏离，也曾经有几次吩咐雷吉娜在安排日程时，方便与住在芝加哥的供应商女性高管见面。

"萨莉，我什么也不知道。"雷吉娜告诉她，"或许有人发错号码了吧？"萨莉什么也不说，就挂了电话。

过了几分钟，迈克打电话给雷吉娜，大嚷大叫："你是怎么回事？你为什么不在萨莉那边替我打掩护？"

"迈克，我不知道该说些什么。"

"**或许**有人发错号码了，"他又喊道，"她就听到这话了。你为什么不告诉她，**肯定**是有人发错短信了？雷吉娜，你应该挺我的。我需要一个信得过的助理。"他挂断了电话。

现在轮到雷吉娜来做决定了。她接下来应该怎么做?

1. 不要告诉任何人。这是迈克的私事。雷吉娜应该问一下迈克,萨莉以后打电话过来,她应该怎样回答,他还有没有什么具体的指示。

2. 把迈克侮辱和责骂她这件事,向人力资源部门举报。迈克自己做出了不检点的行为,她没有责任帮他掩饰,也不想为了他说谎。

3. 静观其变。雷吉娜抓住了迈克的把柄,这是她防止报复的最好方法;迈克很快就会意识到,他在雷吉娜周围得小心点儿。

如果领导人做出欺骗行为,有选择性地忽视行为守则,这种情况经常会让其他人也做出不道德行为,甚至明示或暗示地勒索。一旦有人偷偷摸摸地做出一项或多项违规行为,而其他人为此保密,违规现象往往就会迅速蔓延开来。正因如此,公司领导人(尤其是首席执行官)必须严格秉持诚信原则。

现在我们来讨论以上三个选项。首先,难道迈克的婚外情不是私事吗?绝对不是。迈克与供应商的高管发展恋情,这是典型的利益冲突。他跟供应商的领导人有婚外情,又怎么可能客观地评估供应商的表现是好是坏,公司是否应该给他们新的订单呢?如果有竞争对手推出了更优质的产品,迈克一边要维护自己的恋情,一边要为公司做出正确的决定,两者存在冲突,这要怎么解决呢?

此外,迈克还把这段关系带到了公司,要求助理为这段恋情做安排,占用助理的精力。或许迈克其实不需要到芝加哥出差那么多趟。但他可能在利用公司资源,支付机票和酒店费用,方便和情人见面。由于雷吉娜没有向他的妻子说谎,迈克责骂了她,这关系到个人诚信。

另外一个重要的问题是，迈克的董事会是否应该为他的出轨感到忧虑。从某个角度来说，迈克在私人时间花自己的钱做些什么事，与公司无关。但如果迈克的妻子起诉离婚，声称迈克出轨，媒体会曝光这件事吗？即使出轨的对象不是供应商，如果员工在媒体上看到这些指控，还会信任首席执行官吗？虽然个人恋情、子女、家庭生活和兴趣爱好是私事，但如果有人说谎，利用公司资源制造假象，就可能损害公司的声誉，这违反了诚信守则。

◆

或许你很想说，选项2是正确的，雷吉娜应该举报迈克。可是，她可以向谁举报呢？如果她通过公司的匿名热线举报，迈克会知道她是举报人。向法律总顾问或人力资源部门主管举报？这是最好的答案，不过，她还是可能遭到迈克报复。尽管我也希望雷吉娜去举报，但事实上，在这种情况下，如果雷吉娜举报了，她的处境会十分艰难。不可否认的是，这里存在着权力的失衡，可能会影响到她的生计和未来。如果我们忽略了她可能会感到多么害怕、自己多么容易受到伤害，这也是不公平的。正因如此，迈克的行为和对她发出的威胁是尤其可恶的。

两人十有八九会休战一阵子，但还会彼此心存芥蒂。但接下来，正如选项3所说，轮到雷吉娜面临着恪守守则的两难困境：她会抓住迈克的把柄以做要挟吗？她会游说迈克给自己升职加薪或给予更多假期吗？她会成为同谋——为迈克的差旅掩饰，或者为他说谎吗？如果是这样，她就会违反守则。忠诚不能成为不诚实的借口。

接下来，雷吉娜已经失去了对迈克的尊重。他让她处于十分尴尬的境地。雷吉娜需要做出选择，我们希望她会着眼大局，不要学迈克去干坏事。与此同时，即使没有雷吉娜，迈克由于做出不当行为，未来也蒙上了阴影。如果他想要跟情人分手，而对方威胁要揭发他，那该怎么办？在工作场所，性吸引力是最棘手的问题之一，可能对公司品牌构成重大损害。

"刻意诚信"既强大又脆弱。脆弱之处在于，如果公司领导人不坚守这一原则，那它就只是镜花水月。领导人在工作上的诚信和在私人生活中的诚信，是很难分割开来的。

守则案例2：查利的顾客是谁

查利是美国中西部一家电信运营商ISP-Co的首席执行官，在监管问题上屡屡受挫。公司的政府事务负责人拉里打电话告诉查利，电信委员会的一名成员维纳斯打电话过来说，她在ISP-Co上的电邮账号有问题，密码失效了。但问题是：账号所有人是维纳斯的分居丈夫，而客服告诉她，他们只能跟账号所有人讨论和调查问题。维纳斯担心她的丈夫在偷看自己的电邮。

拉里告诉查利，可以趁此机会帮维纳斯一个忙，以此改善双方关系，对公司也有好处。拉里希望查利放宽规定。

这个问题会考验查利能否恪守公司守则。他要怎么做？

1. 推翻隐私协议，为ISP-Co公司的潜在朋友调查情况？查利不应该欺诈或篡改维纳斯分居丈夫的账号，但他有权查看数据。如果他可以给维纳斯提供更多信息，日后或许能争取到她对公司的支持。

2. 叫拉里重申隐私政策，并表示从维纳斯打来的电话来看，她似乎在不公平地利用自己的职位牟取个人利益？

3. 打电话给维纳斯，表示同情？他应该解释为什么自己帮不上忙，但可以就她的处境提出一些建议，并表示支持。

显而易见，查利不应该放宽账号隐私规则。不然，可能会产生许多不良后果……

- 拉里会知道这件事，日后可能会一而再、再而三地请求破例。

- 当首席执行官下令进行异常的调查、访问账号时，客服会觉得不对劲。
- 维纳斯以不当手段获取信息，可能会根据这些信息对分居丈夫说些什么话，丈夫可能会公开指控公司侵犯其隐私权。
- 这种情况会引发传闻（或许还会有人在Glassdoor和Blind上发帖）。首席执行官能这样做，其他员工凭什么不能这样做？客服会大胆地偷看男朋友和女朋友的电邮。

身为首席执行官，查利有责任维护公司的利益，也希望和委员会成员交上朋友。可是，如果为了"顾全大局"，为违反隐私规定的行为找借口，这就埋下了诚信陷阱。

我的建议是选项3。查利应该打电话给委员会成员，聆听她的忧虑，但清楚地向她解释ISP-Co公司保护数据隐私的政策：账号由其合法所有人控制，ISP-Co公司不能擅自查看，更不能授权其他人访问。

然而，查利可以建议维纳斯打电话给分居丈夫，直接解释说，刚发现自己电邮账号的访问权限在他手上，账号好像冻结了。因此，她希望能做一个安排，把所有内容转发给她，然后注销账号。又或者，她可以让私人律师打这通电话。

你可以对查利的处境表示同情，但必须守住底线。

以"顾全大局"为由，为不当的人情找借口，是十分普遍的现象——也是许多本来合乎道德的人致命的弱点。

守则案例3：保罗、塞雷娜和一只死鸭子

在LightCo（一家照明公司），市场营销经理塞雷娜走到工程师保罗的工位，坐下来讨论新产品上市的问题。保罗正在讲解时间表，塞雷娜看见他的公文包里露出了一张传单，最上面写着"美国全国步枪协会会员：我们诚挚邀请您参加维护持枪权的游行"。她还注意

到，保罗的办公桌上放着一个咖啡杯，上面印着他身穿迷彩服、举起一只死鸭子的照片。

塞雷娜的侄女在一次校园枪击案中丧生。她顿时热泪盈眶，站了起来，说道："我没有什么能为你做的。"她回到自己的座位上，给人力资源部门写了一封电邮："步枪协会是全美国最无良、最不道德的组织，这个组织有成员在我们的公司工作。像他这样的人正是杀害我侄女的凶手的帮凶，我不可能在被迫和这样的人合作的情况下，做好我的工作。我们的道德守则禁止在工作场所持有武器，那么，为什么会允许一个人在工作场所宣传持有枪支？"

人力资源专员找到保罗，询问他跟塞雷娜的互动。保罗解释道，他无意为美国全国步枪协会做宣传，只是出门上班时顺手取了信件，所以公文包里才会有这张传单。他表示，自己从未——也不打算——跟塞雷娜或其他员工提起枪支的事情。然后他生气了。"美国宪法第一修正案规定了，我有言论自由的权利。"他说道，"她还戴着十字架呢，怎么就只许她宣扬基督教？"

在恪守守则的问题上，他们俩孰是孰非？

1. 美国全国步枪协会是一个具有争议性的组织，其名称会让人产生强烈的情绪。公司需要警告保罗，不得再做出似乎在促进这个组织利益的事情。

2. 塞雷娜觉得难过是有道理的，但这不是保罗的错。人力资源部门不能强迫保罗去做任何事，也没有义务听从塞雷娜的要求。

3. 人力资源部门需要插手干预，把塞雷娜调到另一个项目上。她有权利在不受冒犯的环境中工作，这一点比其他因素更加重要。

这个例子涉及几个重要问题。由此可见，某些类型的道德冲突是非常复杂和棘手的。

如果这是一家出售狩猎设备和枪支的体育用品公司，美国全国步枪协会成员可能在员工队伍中占了多数，而不是只有寥寥几个。公司甚至可能在价值观中明确表示支持美国宪法第一修正案。塞雷娜多半不会向这样的公司求职。可是，这是一家照明公司。出于这里讨论的目的，我们假设LightCo没有就枪支问题制定明确的政策或价值观。假设这家公司的价值观明确规定了，要为全体员工营造出互相尊重和包容的工作环境，消除对受保护类别的歧视。那么，在这个职场冲突中，谁的权益是最重要的呢？

首先，我们先来讨论一些大的相关概念。其中一个概念是，虽然人人享有信仰自由的权利，但在工作场所，并没有总体上"言论自由的权利"。根据美国宪法第一修正案，政府不得限制言论和异见。这并不适用于私营雇主。雇主想禁止员工讨论或倡议什么都可以——政治、枪支、吃肉、红鞋子，什么都行。总体上，雇主可以禁止员工在工作场所讨论"具有争议性的话题"（含糊不清是不好的，但有些公司就是这么规定的）。雇主甚至可以禁止员工在公司讨论与工作无关的事，就这么简单（这显然不利于招聘人才，但只要公平地执行，就是合法的）。听说在2016年美国总统选举期间，在美国某些地区，有员工在公司里讨论大选相关话题，发生剧烈冲突，令人分心。因此，有些公司禁止在工作场所讨论大选。

其次，工位不是你的城堡。在工作场所，并没有什么"私人空间"是规则不适用的。有一点很重要的是，保罗把传单放在了公文包里，而不是贴在墙上，而且他表示，无意为美国全国步枪协会的游行做宣传。不过，即使他没有向其他员工提起这个话题，可一旦他公开展示传单，也可以被视为在提出倡议。

最后，虽然明确禁止讨论任何话题（劳工组织除外）都是合法的，但要是歧视特定的受保护类别（包括种族、性别、民族出身和宗教），则违反了联邦法律。你可能禁止在工作场所讨论或倡议具有争议性的话题，但要注意的是，一些符号或服装可能包含具有争议性的元素，而与受保护类别相关。例如，"Black Lives Matter"（黑人的命也是命）T恤衫，侮辱女性的文身，都是如此。

宗教是最复杂的类别之一。雇主一般不能禁止工作场所出现宗教符号。部分原因在于，宗教符号可能是属于某个宗教的一个元素[例如，一些穆斯林女性总是在公共场所蒙面，许多天主教徒在"圣灰星期三"（Ash Wednesday）会把圣灰涂在额头上]。联邦法律规定，雇主必须为一个人的宗教信仰和仪式做出合理迁就——但你还是可以想象这样的情境：一个人可能被神职人员骚扰过，却又被迫与额头上涂了圣灰的天主教徒合作，这个例子与保罗冒犯了塞雷娜有类似之处。

回到保罗和塞雷娜的例子。公司不应该下意识地做出决定，而是应该仔细地调查确切来说发生了什么事。显而易见，个人信仰是保罗的权利，放在公文包里的一张纸似乎也不算倡议。然而，公司也不应该罔顾塞雷娜的反应。有诚信的公司会希望打造良好的工作场所，让员工感觉到安全和受欢迎。塞雷娜的侄女在枪击案中丧生，因此，她对枪支的话题会产生情绪化的反应是可以理解的。这也能解释为什么在她看来，保罗成为了枪支支持者的代表。

我列出的三个选项中，没有哪个明摆着是最合适的。迄今为止，还没有人违反守则。但人力资源部门应该跟每位员工单独谈话，目标是建立良好的工作场所，让员工感觉到自己受欢迎、受尊重，并解决问题。他们可以先向保罗解释，在塞雷娜心目中，这个问题有多么严重；然后建议保罗日后把美国全国步枪协会的材料放在家里，为了表达对同事的善意，换一个杯子。这不是因为他没有权利有自己的观点，而是为了让同事之间接下来更好地相处。管理层和人力资源部门应该真诚地聆听塞雷娜的话，或许可以问一下，她是否愿意再度尝试与保罗合作。如果她不愿意，她希望做出怎样的工作调动，可以适当地运用她的技能和经验？这些对话的基调应该是这样的：我们关心你，怎样才能解决这个问题？但说实话：还有其他相关因素，例如这究竟是一家规模不大的家族企业，没有办法把塞雷娜调走，还是一家有600名员工、四个部门的大公司，很容易就能满足她的要求。

视乎事态发展而定，公司也可能做出其他选择。接下来，公司或许会明文规定，在工作场所，员工不得以任何形式做出与公司核心使命无关的倡议。是的，你可以穿着宣传LED节能灯的T恤衫，但请把包含其他讯息或象征意义的产品留到周末去穿戴吧。从现在开始，办公室里只许使用空白、不包含讯息或者带有公司标志的杯子。

我在诉讼和新闻报道中越来越多地看到，一些员工身上的珠宝、文身、头巾和T恤衫上带有倡议语言（或冒犯到一些员工的讯息），与工作场所的价值观发生了冲突。表达形式可能千变万化，我们很难一一为其制定非常具体的规则。如果一些员工在面向顾客的岗位上工作，而一些员工往往独立工作，要制定标准就更加复杂了。例如，银行可能会禁止柜员有可见的文身，但或许觉得对后台数据处理员或设计传单和海报的平面设计师不必有同样的规定。

有时候，企业在表达上面临两难困境，与深层次的宗教信仰、政治或个人表达无关，只是商业决定。例如，在一个镇里，两个中学足球队竞争激烈，球迷情绪高涨。在重要比赛的一周里，一家汽车经销商的管理人员可能会说："我们会保持中立。请不要在工作场所穿戴球迷装备，我们可不希望潜在顾客觉得我们偏爱其中一支球队，得罪了另一支球队的球迷。"又或者，他们可能会鼓励员工自豪地穿戴象征自己母校的颜色，希望这种服装可以营造出好玩温馨的氛围，也有助于社区建设。这两种选择都是可以的；经销商可以自行做出选择。

有时候，"刻意诚信"意味着想象一下，如果遇到不符合核心价值观和信仰的问题，你会怎样处理。

> **守则案例4：违反"呵护"口号的道德两难困境**

NaturalCo公司以有机采收的棉花为原料，生产和出售服装。其广告宣称，公司摒弃破坏环境的面料工艺，精心选用经过认证的环保面料。NaturalCo公司向来懒得制定道德守则，理由是，它们公司最讲求诚信了。NaturalCo公司的口号是"呵护肌肤，呵护地球"。

萨曼莎负责为NaturalCo公司采购原材料，走遍了全球各地的偏远地区。在东南亚，她谈下了一笔采购有机棉的合同，采购价比公司之前支付的价格低15%。首席执行官给她发了一封祝贺的电邮。后来，由于这笔合同，她获得了高额奖金。

一年后，一本全国性杂志刊发了专题报道，调查东南亚的童工问题，这正是萨曼莎达成采购协议的地区。报道披露，当地孤儿院年仅七岁的小孩被安排去采收棉花，在买家名单中，NaturalCo公司赫然在列。棉花农场的所有人被捕了。

首席执行官把萨曼莎叫到自己的办公室。"这个丑闻可能会毁了我们！这显然是价格这么低的原因。你为什么不去追问更多问题？"

萨曼莎回答道："我记得，你当初可不在乎价格为什么会这么低。你派我去采购经过认证的有机棉，拿下优惠的价格。我就是这么做的。"

"哎，你的判断力糟透了，你被开除了。我们会发一篇新闻稿，声明公司根本不知道棉花是童工采收的。"

"你在说谎——我当初明明知道棉花是童工采收的，也告诉你了，但你不在乎。"萨曼莎说道，"你说我有责任以优惠的价格买到有机棉，你不在乎是为什么。你敢开除我，咱们法庭见！"

休斯顿，我们有麻烦了！首席执行官接下来该怎么办？

1. 出于对股东的责任，首席执行官需要保护品牌。为此，他要解雇萨曼莎，协商并支付一笔遣散费，并签署保密协议。然后，他可以公开表示自己不知情，推出推广活动，呼吁棉花种植者就劳工问题承担更大责任。

2. 萨曼莎知道这宗交易有问题，种植者违反了劳动法律。首席执行官应该解雇萨曼莎，拒绝支付遣散费（这本质上是勒索）。无论是对内和对外，他都应该要求她为判断失误承担个人责任。

3. 首席执行官应该公开承认，他自己应该更深入研究棉花农场的劳工状况，并承诺接下来做得更好。他应该领导公司内部全面检讨价值观，制定道德守则。这不是萨曼莎一个人的责任，因此，他应该撤回解雇萨曼莎的下意识反应。

NaturalCo公司埋下了典型的诚信陷阱：我们相信自己是好人，所以做的所有事都是好的，都反映了令人称道的价值观和诚信，不需要在守则中全写出来。

可是，有时候，价值观之间会发生冲突，需要为了一些价值观牺牲其他一些价值观。许多公司都遇到过NaturalCo公司这样的情况。多年前，美体小铺（The Body Shop）成立，树立起环保的品牌形象。美体小铺让顾客带着空瓶回商店重新注满，是最早这样做的公司之一，也会从土著农民采购原料，并以此为卖点。另外，许多活动人士出于不同目的，拿这家公司当靶子。例如，有报道指，哥伦比亚一家供应商涉嫌为了建立新的种植园，强行驱逐农民家庭，令美体小铺面临窘境。

我怀疑，许多首席执行官会倾向于选项1。要是解雇萨曼莎，或许可以重新开始，让人觉得公司果断采取了行动；保密协议放了一枚烟雾弹，让人难以分辨实际上犯错的是谁。是萨曼莎知情，但没有告诉领导层呢？还是领导层知情，但不在乎呢？萨曼莎签了保密协议之后，我们永远也不会知道这个问题的答案。要是选择选项1，公司就是在支付丰厚的"封口费"。

选项2或许看起来挺诱人的，好像是诚信的表现，但其实并非如此。想要重建品牌声誉，拿一名员工当替罪羊是糟糕的选择。

最好的做法是选项3。这个案例与星巴克费城门店面临的两难困境有类似之处：店长做出了不明智的决定，但公司意识到自己的政策含糊不清，于是着手处理。考验NaturalCo的重大时刻到了，没有哪一种做法肯定能取得成功。领导层犯下了几个错误：公司本来应该想到，公司以"环保"自居，涉及广泛的道德层面，本应制定流程，确保说到做到。公司未能一开始就订立清晰的原则，从合乎道德的供应商采购；未能鼓励萨曼莎解释清楚，为什么原材料会更加便宜。公司把成本目标贴在墙上，把成功界定得太狭窄了。这份合约今天让你节省了15%的成本，却会在明天毁了品牌的声誉，这绝对是得不偿失的。

企业与其虚伪地拿保密协议作掩护，还不如承认自己犯错。后一种做法更容易得到消费者的原谅。

> **守则案例5：是简单地玩游戏，还是玩得太过火了**

你所在公司的首席执行官鼓励员工团队一起参加背包旅行和郊游，以加强沟通和团队合作。这些活动赢得了大多数员工的喜爱，似乎也有助于提振士气。旅途的精彩瞬间衍生出许多圈内笑话、古怪的外号和友谊。

你是运营高管，收到了比你低两级的员工发来的邮件："上个周末，我终于报名参加了团队前往优胜美地国家公园的背包旅行。前几次组织的旅行我都没有参加，但每次回来后两个星期，大家都在讨论这个。我们一行10人，一起远足，玩得还比较开心。可是篝火升起后，大家围在一起，几杯红酒下肚，有同事提议：'我们玩那个游戏吧。'他说，每个人要轮流讲述自己的第一次性经历，以及这次经历教会了我们什么。我吓坏了。这是很私人的事情，我不想跟同事分享。我说自己觉得不自在。我们的经理说：'其他人先开始吧，然后你可以决定自己想不想玩。其实还挺好玩的。'我回到自己的帐篷，听见他们窃笑。第二天早上，我觉得受到了孤立，也感到难堪。我们的职位描述什么时候开始包括了这样的事情？我想调到另一个团队。"

是这位员工过于敏感了，还是其他人违反了道德守则？

1. 应该从两个层面上严肃看待这个问题：第一，经理和其他团队成员不尊重这位员工，应该向她道歉；第二，你要重新考虑一下要组织什么团建活动比较合适了。

2. 马上解雇这位经理。情况一触即发，员工可能会提起"有敌意的工作环境"诉讼。大家显然不是第一次玩这个"游戏"，这也太离谱了。

3. 这是"政治正确"走火入魔的表现。她是成年人，是自愿参加旅行的。她似乎不适合这家公司。打电话给经理，问一下她的表现如何。如果她表现很好，公司或许可以指导她，鼓励她培养团队合作精神；如果她表现不怎么样，或许应该炒掉她。

根据这些事实，我认为选项1是正确的选择。你至少要做调查，然后跟提议玩这个游戏的人和经理一起坐下来，讨论出了什么差错，那人在里面扮演了什么角色。你可能会决定需要给予经理更大的处分，但需要进一步了解情况。最初是他提议玩这个游戏的，还是另有其人？他看到这位员工感到不舒服了吗？他有没有设法安慰她？他在窃笑吗？

这里的要点在于，团建活动是很好的，但组织者事前必须考虑周详，保证尊重员工。工作团队喜欢在公司以外搞活动。法务部门就不那么喜欢了。周末在公司以外搞活动，搞出麻烦，引起法律问题、私怨和其他问题，并不是什么罕见的现象。像周末背包旅行这样的活动，优点和缺点是一样的：你从中会更充分了解同事的为人。或许他们比你想象中更勇敢、更风趣，又或者热爱大自然、讨人喜欢。你回到工作中，对他们更加信任，合作更愉快。但当你模糊了"工作生活"和"私人生活"之间的界限，人们会放下职场上的戒心，专业判断力也可能随之而去。换作是私人露营旅行，在朋友或伴侣之间玩这个"游戏"，或许是合适的——可是在同事一起郊游时，绝对不合适。在这种郊游中，你还可能发现有人酗酒，有人的政治观点冒犯到你。就像这位员工的例子一样，过了这样的周末，你对同事的尊重和喜爱程度可能有所下降。

众所周知，公司以外的聚会也是性骚扰的雷区。员工与家人分离，心里有压力，几杯酒下肚，睡在彼此周围。如果再提出像这个"游戏"这样性意味过浓的话题，就是在自找麻烦。经理需要记住，他是团队成员的经理，而不是他们的心理咨询师。

身为高管，你应该感谢这位员工提出这些问题，并强调说，你理解她的不适。视乎这位女士在这个小组中的其他经历，她对工作环境的投诉可能是合理的，你应该认真对待她调动岗位的要求。在此情况下，你要坦率地跟经理谈话，但也要提出对公司以外的活动进行更广泛的讨论。鼓励其他领导人先不要纠结于细节，而是从更宽泛的角度，思考一下，你希望公司以外的活动达成什么目标。这些活动的组织符合你的价值观和目标吗？固执己见的领导人或寻求刺激的员工是否在这些活动中占据了过分的主导？

在公司以外举办联谊活动，需要经过深思熟虑。这些活动是让团队成员团结在一起，还是会引起团队分裂？

守则案例6：这个酒吧归你负责吗

大家工作很辛苦，于是你代表团队，询问能否在工作区角落设立一个主题好玩的酒吧。团队经理梅雷迪思觉得这个想法非常好，捐出了自己的霓虹灯，还批准花500美元购买鸡尾酒的原料和印有公司标志的塑料杯。但梅雷迪思说得很清楚，这是你的项目，你需要去管理。团队里每个人都同意，除非是特别场合，不然大家在下午4点之前都不会使用这个酒吧。

有人违反了守则吗？

1. 没有，公司的道德守则允许成年人理性饮酒。大家怎样理解这一规定，是他们的责任。

2. 有的，因为你是负责人，应该写一封电邮，提醒大家这是庆祝活动，不是给大家喝醉的机会。如果你要供应酒精饮品，也需要留意每个人喝了多少，不让人醉酒驾车。

3. 有的，你的经理违反了守则。一个工作团队没理由需要在公司内常设酒吧，这很可能会带来问题。

这个案例中提到的情况其实是闪烁的黄灯警告：可能没事，也可能触发"守则红灯"。这不是一次性的派对，而是为这个团队持续提供酒精饮品。我会敦促经理认真考虑，如果真的决定要这样做，需要自己充当负责人。

事实上，我曾经让爱彼迎的同事在节假日之前，制作一个关于派对和喝酒的视频，让工作团队在进行团队外出活动和派对的时候，可以谨记一些要点。然而，一个工作团队为什么需要一个可能每天"开放"的酒吧呢？其他团队会不会应邀加入，一起享受乐趣，还是这成了在这个团队工作的专属津贴？或许最不妙的是，除非团队每位成员都喜欢玛格丽特鸡尾酒，不然，这可能会制造分裂。有些人可能想要每天下班后，喝一杯玛格丽特鸡尾酒；也有些人不想喝酒，而想要利用回家前多出来的半小时，多工作一会儿；又有些人更想参加伸展运动班或团队步行，来做团建。这时，你就会听到一些"拜托，放松一下嘛"的言论，可能会让人心生厌烦，产生怨气。

这就是在工作场所处理酒精问题的棘手之处：情况可能会急转直下。或许你举办了100个好玩的聚会，大家神志清醒，没有出事；然而就有那么一次，一个人喝多了，或者有人在服药期间喝酒，或者有人喝了两杯玛格丽特鸡尾酒之后，以为经理听不到自己说话，趁机痛骂经理。再或者，有员工一周有几次回家晚了，并且满嘴龙舌兰酒的气味，惹得其伴侣不开心，导致其家庭关系紧张，进一步让员工无法安心工作。

再强调一下，这是闪烁的黄灯警告。

酗酒的人可能会严重违反道德守则。切勿为了喝酒而组织喝酒相关的活动。

守则案例7：马蒂要如何应对媒体询问

马蒂在BigCo工作了五年，这是一家知名的大型上市公司，生产滑板、自行车和其他娱乐设备。另一家公司NewCo招揽他加入。马蒂离开BigCo时，双方关系良好，他与BigCo签署了一份离职协议，承诺在两年内不会与之竞争或分享秘密。

NewCo的道德守则规定，凡有媒体垂询，都必须交给企业沟通团队处理。马蒂入职后第二天，一名相识的商业杂志记者通过领英，给他发了一条私信："你好，恭喜你加入新公司。一起喝杯咖啡吧？很想跟你聊一聊。"马蒂尊重这位记者的工作，看到他发的私信，感到受宠若惊。两人见面了，马蒂才发现，原来记者想聊一下顾客对BigCo的电动滑板不满、纷纷退货的传闻。记者表示，有些滑板出现故障，造成严重伤害。"我知道你跟那个部门没有关系，但据你所知，怎么会发生这样的事情？我听说有个十几岁的孩子玩新款Xmodel时出了意外，昏迷不醒，家长可能会提起诉讼。"

听到记者提起这宗事故，马蒂长叹一声。他在BigCo内部听过一些不满的声音，说是工程师团队曾经提出滑板零部件有问题，但管理层为了实现发货目标，驳回了反对意见。他显然知道一些内情。

马蒂可以把知道的情况告诉记者，同时维持诚信吗？

1. 不行。他不应该跟记者谈话。他违反了新雇主的政策：未经企业沟通团队事先许可，不得接受采访。他应该解释说，自己不想揣测，结束这次会面吧。

2. 他应该坚持要记者同意，不在报道中使用他的名字，然后就可以畅所欲言了。

3. 如果马蒂良心不安，应该跟记者说，他会打电话给旧同事，鼓励他们私下跟他谈话。

马蒂面临着一个道德两难困境，视乎你看待问题的角度而定，以上三个选项都可能是"不道德"的。

新闻自由是民主社会的重要元素。在我的一生中，记者通过调查报道，曝光错误行径，为改变这个世界做出了关键的贡献。我非常尊重媒体，在这个案例中，记者的工作可以促进公共安全。但这并不等于说，作为一家公司，你希望员工凡是接到记者电话，都公开地跟对方讨论。企业（尤其是上市公司）应该保持统一的对外口径，如果企业未能控制这一点，员工随意接受采访，就可能引起严重的法律后果，对品牌产生重大影响。

企业往往会要求员工，未经企业沟通团队事先许可，不要直接跟记者聊公司的事情，也不得接受采访。其中一个原因在于，如果一个人不习惯接受记者采访，可能会倾向于说得比自己实际知道的更多，或者会分享机密信息和不准确的信息。记者很善于奉承受访者，诱导他们说出更多的话。但如果员工跟记者说出揣测的话，就可能让这个人和这家公司陷入尴尬的境地，随之而来的报道可能毁了品牌的声誉。对于潜在的滑板设计问题，马蒂并不知道所有事实，而他所知道的，是在办公室听来的二手小道消息。

回过头来看，或许马蒂根本不应该同意跟记者见面。现在，他已经左右不是人了。如果他拒绝跟记者谈话，他是履行了对BigCo的责任，根据离职协议，保护公司的机密信息；也是遵守了新雇主的政策，履行了对新雇主的承诺。可是，他会受到良心的谴责：自己的沉默可能会让消费者一直受到伤害——他保守的秘密会伤害到年轻人。他应该揭发这一情况吗？这是他的法律或道德责任吗？如果是的话，这种道德责任是否比其他责任更加重要呢？

马蒂或许会觉得，与媒体合作是合乎道德的选择，在这里也可能是正确的做法。不过，就连这一点也不是黑白分明的。显而易见的问题包括：如果马蒂受到了良心谴责，为什么在BigCo工作的时候，不去解决问题呢？这是不是只是酸葡萄心理呢？马蒂离开BigCo时，是不是卖掉了所有股票？如果媒体报道了BigCo的负面新闻，NewCo会享受到好处吗？会不会有人觉得，NewCo刻意地通过非正式渠道散布消息，给竞争对手抹黑呢？在这个典型的例子中，表象或许与实际不符，但还是会造成伤害。

这个例子也提醒了我们，一个人在加入或离开一家公司时，应该仔细阅读和考虑自己签订的合约。离职员工的离职协议可能涉及为未休假期支付工资报酬，处置员工的股票或期权，或持续保险福利。作为部分交换条件，员工或许会同意不讨论在职期间获取的重大信息，包括商业秘密、设计、产品发布时间表或其他竞争情报。一旦违反这些协议，离职员工可能被前雇主起诉。

马蒂可以选择选项1，然后自行鼓励旧同事解决导致产品不安全的问题。根据一些吹哨人法律，即使他是前任员工，也或许能享受到一些权利。但如果为了得到积极的结果，选择规避新雇主的政策，与媒体打交道，就可能违反了守则。这是危险的做法。

出于多个原因，员工最好把媒体垂询交给企业沟通团队处理。这个政策看似直截了当,但要是可能关系到吹哨人活动和公共安全,就涉及不同的道德框架。

守则案例8:如何界定"学术"咨询

你是一家全球连锁餐厅的市场营销高管,这家公司正在大力拓展亚洲市场。你在食品行业听到小道消息,当地一所高校酒店学院的几位教授做了深入的研究,探讨了向亚洲不同文化推广食品的不同之处。你主动跟这几位教授联系,请求与对方会面,讨论在泰国做市场营销的问题,也想了解一下他们对整个地区的研究。你还表示,公司会考虑跟他们建立咨询关系。

他们回复说,对这个想法持开放态度,也很乐意会面。正好他们一直在筹集资金,想要前往日本做调研,并计划与监管机构会面,讨论外国公司在日本开设餐厅时有时会遇到的障碍。

你的预算里有充裕的资金,足以支付他们去东京几天的费用。

咨询关系通常都是直截了当的,对吧?

这个案例似乎简单而又直截了当,不存在什么道德两难困境,我就不提供三个选项了。

但我想强调的是,任何一家公司要在海外经营或建立正式关系,都必须了解这个国家的规则和法律。在这个例子中,每个人都没有恶意。可是,问题在于,在一些国家,大学教授属于政府官员。如果要赞助任何政府官员出差/旅行,就可能触犯了美国《反海外贿赂法》[如果在英国,则触犯了英国《贿赂法》(UK Bribery Act)]的条文,也违反了当地反贿赂法律。

一方面,双方可以订立法律安排,把这趟差旅解释为雇用这些人士提供某些服务。问题在于,未经申请和审批,泰国法律允许外国公司雇用政府官员担任顾问/其他任何职位吗？此外，如果有人觉得这趟差旅有奢侈铺张的成分，就可能指控你出于其他目的贿赂政府官员。谁会指控你？或许是有竞争关系的学者，嫉妒你支持这些教授。或许是泰国政府的审计师，凭借揭发和举报一段非法关系，助力自己的职业生涯。或许是在亚洲的竞争对手，等着你的公司犯错，以此阻挠你赢得酒店餐厅合约。

企业在新的国家拓展业务时，必须收集现有法律和常规的相关数据，避免做出在自己国家没有问题、但在其他国家可能引发丑闻的事情。企业需要明确地教导员工，在向政府官员做出任何类型的财务证明或付款（包括只是支付开支）之前，都必须事先获得许可，也必须不厌其烦地确定什么算是政府官员。

守则案例9：托里和10张复印纸

托里在电子商务公司SportsCo负责数据分析，这家公司会把球队的标志印在背包和咖啡杯等物品上。她很喜欢自己的工作，经理也给予她很高的评价。托里刚为SportsCo的客户数据库做完冬装购买规律的分析，包括在一份电子表格中，列出在天气寒冷的州购买金额最多的1000名买家，以及他们的地址和电邮。市场营销部门计划举办电邮营销活动，出售印有球队标志的派克服、手套和帽子。

托里的妹妹凯蒂成立了一个家庭小作坊，编织漂亮、宽大的毛衣，上面织有未经官方授权的足球队标志。生意难做，凯蒂入不敷出。

托里把报告发给市场营销部门以后，打印了一份出来。三天后，一个信封寄到了凯蒂在明尼苏达州的家中。托里在封面写道："我想这应该能帮到你，你甚至可以向这些人发电邮，争取毛衣订单。"凯蒂给托里打了个电话："这真的太棒了——这不会给你惹上麻烦吧？"

"当然不会。我反正都是要做这份报告的，没有人在乎10张复印纸。我上个星期还在复印机上看到老板的扑克派对邀请函呢。"

如果是在球场上，托里会被判罚吗？

1. 托里的妹妹不是SportsCo的竞争对手。这么做皆大欢喜，不存在道德问题。
2. 像她的老板一样，托里完全有权利把公司设备用作私人用途。她复制这份报告，不会给公司带来额外成本，所以没关系的。
3. 这里涉及利益冲突——不当分享机密信息，以及侵犯了顾客隐私。

托里的做法是极为不妥的，答案是选项3。问题在于，她只关注旁枝末节（复印纸张的成本），而忽略了自己本质上是在偷窃和分发公司的知识产权——购买规律和顾客身份。她的动机并不是邪恶的，但这种行为等同于外国黑客入侵SportsCo的数据库，窃取数据，卖给竞争对手。SportsCo的顾客跟托里的妹妹沟通后，发现她是怎样取得顾客信息的，可能会对SportsCo感到非常生气。

我之所以把这个例子纳入沟通类别，是觉得SportsCo未能向员工沟通数据隐私和知识产权的实际影响。托里的妹妹是多大的竞争对手并不重要。托里找的借口似乎是出于误解和判断失误，而不是恶意。可是，在目前的环境下，客户数据隐私对于客户信任来说是至关重要的。在一些公司，她犯下的错误可能会造成严重后果，她甚至可能遭到辞退。还有一个更大的问题——这家公司没有投入时间和资源，澄清客户数据隐私的重要性。它们必须马上补救这个问题。这对每个人来说都是一个教训。

在这个例子中，第二个问题在于，公司需要制定清晰的政策，规定员工何时可以把公司资产用作私人用途，以及怎样使用。如果公司未能制定清晰的政策，员工就可能像这样找借口和产生误解。为什么不索性一律禁止员工把公司财产用作私人用途？我们之前说过，我们的工作与私人生活的界限日渐模糊，这种事说起来容易，做起来很难。如果员工使用公司的笔记本电脑发送私人电邮，在某种程度上损耗了键盘，使用了公司的Wi-Fi带宽……这算是违反诚信吗？如果我从公司拿了一支钢笔，忘在家里了，我算是盗窃公司财产了吗？规定要非常具体，但不要过于离谱。你制订的计划需要有一点灵活性——你大可禁止把公司机密信息用作私人用途，但在对公司财务状况影响"微乎其微"（几美元或以下）的前提下，可以允许员工把设备或资源用作私人用途。你也可以更加严格……但关键在于，应该有意地制定清晰的政策，让员工明白什么是允许的、什么是不允许的。

滥用客户信息和侵犯数据隐私是"守则红灯"的常见前奏。企业必须制定数据隐私策略，也必须投入大量时间和资源，确保员工明白，一旦侵犯了数据隐私，就可能对品牌造成负面影响。

守则案例10：是皆大欢喜，还是好心没好报

你是一家中型银行的行长，是社区中活跃的一分子。邻居也是你的朋友，想要在家里安装全新的视听设备和互联网，问你是否认识可靠的人。"我正好认识你需要的人。"你告诉他，"我的团队里有一个很棒的IT支持人员，我会问一下她啥时候有空。"

"太好了！"邻居说道，"我很乐意给她钱，只是希望请来的人靠得住。"

"不用给钱，很高兴能帮到你。"你说道，打算自掏腰包，给IT技术人员一点钱。

这个安排合适吗？

1. 如果这位员工是在私人时间兼差，使用顾客的设备，那就没关系。

2. 你身居管理层，不能自掏腰包，请这位员工做公司以外的工作。这是不合乎道德的。

3. 你会让这位员工陷入为难的境地。你真的想做视听设备安装服务的中介人吗？

在这三个选项中，每一个问题都值得思考，但最终结果也可能还好。从这个例子可以很好地看到，我们应该推广道德顾问等内部资源，帮助员工先想清楚潜在问题和解决方案，再采取行动。

尤其是在较小的社区里，各个级别的员工在彼此的人脉关系网里打交道（包括家人和朋友），包括请人做兼差、买车或看家等，并不是什么异常的事。虽然当事人可能没有恶意，但要是戴上道德眼镜，你会发现，这确实会产生影响和利益冲突。

假设这个情况的事实完全是光明磊落的——你叫这位IT支持人员去做这份工作，并不是别有用心。她很能干；你完全能够、也准备去支付现行费率；你只是帮邻居一个忙，也希望这位员工有机会赚点外快，并为此感到高兴。你觉得，这是皆大欢喜的一件事。但如果你这样做了，这个项目会带来怎样的期望或关系，日后可能会有哪些问题呢？

1. 如果你直接询问这位IT专业人士，是否愿意接这份兼差，她可能会迫于压力答应，甚至迫于压力少收费甚至不收费。日后，如果你不给她升职，或者不派她去做她想要的工作，而她说自己迫于压力帮了你一个忙，旁人会怎样看待？

2. 你管理她的团队吗？团队里有多少个IT人员？如果其他人听到你选了她，而不选其他人，会作何反应？

3. 如果这份兼差出了差错，那该怎么办？假设她三度约好时间、又三度取消，邻居都要举办"职业橄榄球大联盟（NFL）"大型派对了，她还没安装好系统。邻居生气了，你也生气了。你确定自己接下来不会在工作上迁怒她，并且在绩效考核中给她差评吗？如果你不给她充分的加薪，或者指派的工作她不满意，她会不会提起这件事，声称你是因为兼差出了岔子而报复她呢？

要避开这些雷区，一个方法是在布告栏或其他内部沟通渠道发布广告，表示你有熟人需要请专业人士花几小时安装系统，愿意支付现行费率，问有没有人想在周末或晚上兼差。公开发布这个招聘信息还有另一个好处，那就是不会产生任何秘密工作，避免了别人对你私心偏袒或动机可疑的指控。

一旦高管和基层员工在公司以外建立财务关系，就可能引起许多道德问题。请小心行事。

守则案例11：高管和助理间的猫腻

你负责管理公司的道德顾问。星期一早上一上班，就有顾问进来，关上了门。她说自己在卫生间隔间，不小心听到了两个女人的对话（她认不出两人的身份）。其中一个人说："我今天去复印，在复印机的玻璃稿台上看见特雷弗·琼斯（高管）和路易丝·克劳福德（他的行政助理）签的协议。特雷弗借给路易丝10万美元，'在未来五年内按照双方协定'来进行还款。"另一个人接着说："天啊！路易丝每天早上迟到，特雷弗也不闻不问；但如果团队里其他人迟到了，他总会说人家。特雷弗就是个混蛋。我敢赌20美元，他们俩肯定有一腿。"

唉，这真是一团乱局。你应该怎么办？

1. 没有人通过正式的举报渠道向公司举报。这只是道听途说，收集证据的方式违反了特雷弗和路易丝在美国宪法第四修正案项下的权利——你需要置之不理。

2. 上司和员工之间的借贷关系并不是明文禁止的，但公司应该调查这段关系。

3. 在这个案例中，你能做的不多，但你可以建议制定新版道德守则的团队，要在守则中加入员工之间进行交易的规定。如涉及高额借贷或贵重礼物，可能存在利益冲突，应该向道德团队汇报。

首先要说的是，选项1是错误的。有些人看多了《律政风云》（*Law & Order*）和其他刑侦剧，学了一些司法刑侦行话，以为"米兰达权利"（"你有权保持沉默"）和其他有关收集传闻证据（二手复述）的法律是普遍适用的。多年来，我听过一些员工争辩说，他们下班后说的话或做的事是"不可接纳为证据"的。

澄清一下：检察官或政府行为适用的规则，并不能限制私人雇主。我不必担心证据的刑事规则。这段对话是"无意中听到"的，却足以向公司发出警报，公司需要采取行动。如果我听到有人把一份文件忘在了复印机上，文件内容是上司向直接下属提供个人借款，找他们问话，他们却回一句"我有权保持沉默"，那么好吧，麻烦收拾一下，你不用回来上班了。如果你说有人诬陷你，你并没有借款，那是另一回事。所以我们才要进行调查。

回到特雷弗的借款。正确的做法是结合选项2和选项3。我希望全体员工都认真思考一下这样的情境。

同事或直接下属问你借几美元买个三明治，或者在节假日向食品银行的募捐者捐款20美元，这当然没问题。但10万美元呢？经理和直接下属之间做出这样重大的财务安排，是异乎寻常的，非常值得警惕。我见过这样的借款其实是以不当方式给员工的"封口费"，用以掩饰发展性关系或不当报销。此外，这段关系显然已经引起了工作团队不和，这个问题也需要解决。

公司经过初步调查（可能要查看公司设备上的电邮），需要告诉特雷弗，有员工在复印机上看到了这份借款协议。如果他承认是自己放在那里了，解释了这份协议的来由，那他的回答决定了公司的下一步行动。如果他否认有这笔借款,说有人在诬陷他,公司可能会采取其他行动。特雷弗需要认真思考一下自己与助理之间的关系,考虑一下其他人是怎样看待这段关系的。

公司应该抱着开放的态度展开调查,询问两人的同事,特雷弗和路易丝的关系是否在工作场所造成了问题。直觉和经验告诉我,上司把这么大一笔钱借给下属,一般是两者间存在不正当的关系,足以引起工作团队成员的关系紧张和不和,其他情况少之又少。路易丝应该忠于公司,而不是忠于上司。借了上司这么大一笔钱之后,她很难做到这一点。如果他借给她这么大一笔钱,即使是出于善意和崇高的目的,例如为孩子支付医疗费用,这至少也是特雷弗判断失准的表现。

经理必须与直接下属保持一定的专业距离。亲切友善,关怀下属。但上司不应该把一大笔钱借给直接下属,也不应该像家人一样参与他们的生活。

守则案例12:"照顾"两个家庭的职员

埃利奥特任职于一家制药公司,负责管理国际业务。这家公司的总部位于迈阿密,他也经常出差。原来,埃利奥特有两个家庭:他的妻子和双胞胎女儿住在迈阿密,情妇和儿子住在巴西。巴西情妇知道迈阿密妻子的存在,但迈阿密妻子不知道巴西情妇的存在。

埃利奥特是有正当的商业理由到巴西出差的,但最近,他主张公司进一步拓展巴西业务。他表示希望有一半时间留在巴西。他做出的商业论证是很有道理的,巴西工厂的生产力和工作效率一直都不错。

斯图尔特是埃利奥特长期以来的竞争对手,收到风声,得知埃利奥特在巴西有第二个家,而埃利奥特的美国家庭一直蒙在鼓里。斯图尔特也了解到,埃利奥特有几个直接下属知道他有两个家庭,在为他打掩护。斯图尔特约见了法律总顾问,表示埃利奥特最关心的是以公事为借口飞到巴西，拿公费来支持第二个家庭，其实在其他地区有更好的拓展机会。

巴西狂欢节比解决这个问题好玩多了吧。现在该怎么办？

1. 埃利奥特的私人关系是他自己的事。法律总顾问应该和首席执行官讨论这件事。如果埃利奥特表现很好，看起来也是为了公司的最佳利益着想，那么，就不应该采取进一步行动。

2. 法律总顾问必须找埃利奥特谈话。这里存在潜在的利益冲突，至少会让人觉得，由于他在巴西的私人关系，他不能对公司在巴西的业务做出最好的判断。更何况，他以公事做掩护，做出了欺骗行为，让公司买单。此外，埃利奥特有两个家庭的秘密给他和公司造成了负担，日后丑闻可能会爆发，也可能有人以此威胁埃利奥特。

3. 埃利奥特在私人生活中做出了这么严重的欺骗行为，由此可见，他缺乏诚信和品格，单凭这一点，就应该炒掉他。

这种情况并不像许多人想象的那么罕见。在我的职业生涯中，我知道至少有六七个经常出差的男人选择了这种复杂的生活，在其他城市/国家成立和支持第二个家庭——通常瞒着第一个妻子和孩子，跟其他女人生了一个或几个小孩。在每一个例子中，情况持续了多年才被曝光。

员工的婚姻状况复杂，公司的道德守则也管不了这么多。公司通常不会理会重婚、多重伴侣关系、外遇和其他生活方式的选择。但我们都知道，事情没有这么简单。"私人生活"和"工作生活"之间的界限日渐模糊，如果员工在公司以外做出某种秘密或虐待行为，而行为被曝光，可能会令公司感到尴尬，损害公司形象。例如，职业橄榄球大联盟多次传出有球员虐待配偶，令联盟蒙羞。这种球场以外的行为与球场上的表现无关——可是，一旦员工做出的不当行为受到广泛关注，就会损害雇主的形象；如果公司未能勒令员工停职或对员工做出其他处分，公众会认为公司默许这种不良行为。正确的做法是选项2。视乎调查结果而定，公司也可能决定辞退埃利奥特。

世界在发生变化。消费者对企业提出了更高的要求，希望能够信任与自己有业务往来的公司的领导人。如果一个品牌以家庭为本，而首席执行官的"秘密生活"被曝光，就会导致消费者对这个品牌的信任消失。董事会不得不对此采取行动。

除此以外，这个案例还涉及另一个问题。埃利奥特的巴西情人不是公司的员工、供应商、顾客或其他类型的业务合作伙伴，这消除了公司合作层面的利益冲突。可是，埃利奥特经常性公费搭乘飞机到巴西，而现在又想在巴西待更长时间。这很难避免利益冲突的嫌疑。或许对于公司来说，巴西市场充满前景，但这不是重点——由于在巴西待更长时间符合埃利奥特的个人利益，他多半无法就拓展巴西业务的问题做出清晰的判断。即使他的评估不偏不倚，但同事知道了他的婚外情，也绝不会完全相信他的看法是公正的了。心怀嫉妒的同事总会质疑他的动机，他失去了同事的信任，也就无法高效地领导团队。

法律总顾问必须找埃利奥特谈话，非常认真地审查他的报销单。如果有证据显示埃利奥特前往巴西的次数过多，或者挪用公司款项支持第二个家庭，他就完了。但即使埃利奥特没有留下虚假报销的证据链，他提出在巴西拓展业务，也是得不到同事信任的。他的行动很可能会损害公司对他的判断力的信任，也会损害他的职业生涯。他在这家公司的职业生涯也可能到此为止。

这个主题还有其他变化。在不同公司做过的调查中，我都曾经发现有两名已婚员工搞外遇，利用到外地出差的机会幽会。其他同事也可能会发现这些事。有时候出于对原配偶的同情，有的同事会匿名将此事告知他们，导致其到公司来，大吵大闹。有时候，有人向经理或法律总顾问举报，建议公司审查两人的出差记录，并表示两人假公济私，其实完成相关工作根本用不着出差。在很多情况下，公司会发现，即使两人不是一起出差的，甚至不在同一个部门，但一次又一次地同时到了波士顿、亚特兰大或西雅图，在同一家酒店里同时住上两三天，这种情况有时会持续多年。公司需要展开调查，看一下一方是否对另一方有控制关系。当然，这其中还会涉及更多问题：双方的不必要出差，是经过经理审批的吗？他们是否在滥用公司资源？知道这些所谓"秘密"关系的人是否成了"自己人"，并因此得到了利益或其他回报呢？

向雇主隐瞒潜在的利益冲突，最终会自讨苦吃。

守则案例13：特里的"机密"任务

特里新入职ProCo公司，在安全团队工作。有一天下午，公司的首席技术官蒂娜把特里叫到会议室里，递给他一张卡片，上面列有ProCo公司竞争对手的客户数据库服务器地址，并写着用户名和密码。

蒂娜冷笑了一下："我们在Blind上看到一些帖子，发现这些家伙在向我们发动黑客攻击。我们有销售人员捡到了这张卡片。这不是偷来、买来或问人要来的。我们不欠他们什么。"她把一台笔记本电脑推给特里。"我要你到城里另一头，找个有Wi-Fi的餐厅或咖啡厅。用这台笔记本电脑，看能不能进入数据库，找到些什么，回头向我汇报。把与我们相关的内容下载了，如果有通讯录，也复制下来。不要用这台电脑做其他事情，完事以后，把电脑拿回来给我。"

特里结结巴巴地问："我们向美国联邦调查局报案了吗？"

"我们会报案的，但需要证据。我们也需要趁美国联邦调查局还没有查封所有资料，先拿到手。"蒂娜站起来，"特里，别让我失望了，你的前途光明着呢！别跟任何人讨论这件事，这是高度机密的任务。连你的经理也不要说——明白吗？"

保护公司数据殊非易事，可是，特里接到这样的任务，该怎么办呢？

1. 特里应该直接上法律总顾问办公室，请求会面。他应该准备好简历，如果法律总顾问叫他遵从蒂娜的指示，他就要辞职。
2. 特里应该找经理，讨论这段对话。他想要经理的佐证：他只是遵从蒂娜的指示。如果经理也叫他这样做，那么，这就是第二个指示，出了事也怪不到他头上。但他应该实时记录发生的所有事情，以便日后为自己辩护。
3. 如果公司在Blind上看到了证据，发现公司确实受到黑客攻击，这是对手公司挑起的战争，有什么后果也应该由他们承担。

蒂娜要特里做商业间谍，这是犯罪行为。明知用户名不是自己的，却用来登录私密数据库，就像看到一辆保时捷（Porsche），旁边地上有一把车钥匙，就捡起来把车开走。因为你觉得保时捷车主两周前偷走了你的本田思域（Honda Civic）。但这件事重要吗？不重要。你明知自己没有一个数据库的访问权，却有意地使用虚假凭证登录查看，这是犯罪行为——罪名通常是"电汇欺诈"；在这个案例中，还涉嫌盗窃商业秘密。

在Blind上发布的信息可能是内部人士泄露的消息，也可能纯属虚构。由于Blind发帖人是匿名的，这不能证明些什么，更不能成为做出这种行为的借口。

对特里来说，这是非常棘手的两难困境，也为他带来了很大的压力。为了秉持诚信，特里必须把目光放长远，这个决定会左右他的职业生涯。特里入职时签了一份协议，承诺遵守法律。这份承诺是任何道德守则的起点。无论何时何地，如果有人提出显然违法的要求，即使是首席技术官发出的指示，接到这个指示的员工都要向华盛顿学习："不行，我知道这是非法的，如果你想让我去做非法的事，我就不想在这里工作了。"

忠诚度不能成为这种行为的借口。窃取竞争对手的秘密，以牙还牙不是借口。只是遵从指示也不是借口。我们是否觉得，具有这种风骨、能够拒绝这种行为的人，能够找到更符合自己价值观的另一份工作？我是这样觉得的……答案是选项1。

承诺遵守法律是至关重要的，唯有如此，道德守则才站得住脚。

守则案例14：带着面具的匿名者

里克讨厌冲突，但对许多话题都很有意见。于是，他上了匿名网站Blind，肆无忌惮地发帖。例如：

"公司痴迷于垃圾回收，完全是浪费时间——我们好不容易把纸张和罐子分开丢弃，却看到维护团队的人把所有东西丢进同一个垃圾桶里。这只不过是私营企业高管在惺惺作态罢了，毫无意义。"

"在这个月的下班时间里，有很多人在开'高'层会议。听说Orion项目的新总经理会自己种植优质大麻，跟大家分享。所谓分享，也就是贩卖。"

你在里克所在公司担任法律总顾问，有人通过道德热线匿名举报说，里克用三个不同的用户名，发表这些尖刻、有时不适当的言论。举报人自称任职于信息技术部门，部门同事帮里克伪造电邮地址，让里克可以在Blind上注册不同的用户名。

你应该撕下发帖人的面具吗？

1. 别理会举报和这些帖子。一旦开始跟进匿名网站上发布的信息，法律责任就没完没了。

2. 深吸一口气，监控这些帖子。从这些帖子可以看到，公司里可能存在一些道德问题。专注于调查这些问题，而不是怪罪报信人。委派调查人员，调查网上有关物品回收和贩卖毒品的指控。

3. 委派调查人员，调查信息技术部门员工和里克使用电邮和网络的情况。如果匿名举报人说的话属实，他们俩就是串谋滥用公司电邮地址，用于非工作用途，那就违反了公司规定，应该被辞退。

或许把头埋在沙子里，做只置之不问的"鸵鸟"，心想混乱的局面早晚会结束，是很诱人的想法，但你不能这样做。无论你喜欢与否，你都得知了一个潜在问题，并且需要跟进。（顺带一提，我不喜欢"眼不见，心不烦"这种想法——发现问题、解决问题是更明智的选择。）

首先，你必须调查有人分销大麻的指控。无论大麻在你所在的州是否合法，这个分销渠道多半是未经授权的（也并未缴纳适当的税项）。这可能是刑事罪行。更糟糕的是，截至本书撰写时，大麻分销仍然是违反联邦法律的。如果有人使用公司财产作为分销点，那么，一旦这人被捕，联邦政府可能会没收公司财产。这件事是很难向董事会交代的，尤其是如果你知道了这件事，却不采取行动。在这里，你有多个选择——你可以在里克吐嘈的新总经理开会的地方安装一个安保摄像头，调查里克的工牌记录，或者深夜突袭，证实这个传闻。

其次，我会跟进回收问题。这里多半不涉及刑事犯罪（除非你所在地的法律规定必须回收）。然而，如果这种情况持续，公司"绿色"举措的可信度会下降，更有甚者，员工会丧失对领导层的信任。快速查看一下垃圾桶可以帮你印证这个传闻。

最后，如果信息技术部门员工真的任人设立伪造的电邮账号，这个部门就有问题了。你或许能联系举报人，询问究竟是谁这样做，或者至少要请独立审计员去查看电邮记录，确定是否有伪造的账号。通过这些记录，你或许还能查明是谁在使用这些账号，是谁发了这些匿名帖子。

如果贩卖毒品的传闻是假的，你需要快速处理散布这些恶毒谣言的人。如果传闻属实，发帖人可能享有一定程度的吹哨人保护……但你至少要跟员工聊一下，鼓励他们使用正式的举报渠道。

在这信息透明的年代，有些问题相当棘手——但你不能置之不理。

守则案例15：萨姆，她就是对你不感兴趣

技术文档工程师萨姆不善于交朋友，在女性周围笨手笨脚的。他和平面设计师埃伦一起合作，为MediumCo公司做一个产品手册项目。两人都是单身，也没有汇报关系。有一天，他们俩开完会，萨姆鼓起勇气，问埃伦想不想在星期五晚上出去喝一杯。她微笑着说，星期五有朋友从外地过来，"或许下一次吧"。10天后，萨姆花了一个小时，把一封电邮改了又改，把第六版发给埃伦："贝赛德小酒馆在星期六举办趣味答题比赛，想跟我组队参加吗？"一分钟后，她回复道："哎呀，我要开车到父母家过这个周末，星期五晚上就要出发了。玩得开心点儿——祝你好运！"

萨姆可以继续约埃伦出去吗？还是应该到此为止？

1. 埃伦还没有直接拒绝他，在此之前，他可以选择时机再约。
2. 萨姆，换个方法。请她的同事打探一下，看她是否喜欢你，你是否应该放弃。
3. 萨姆，暂缓一下吧。如果埃伦接下来没有约你，别再约她了。如果你再约，就会给她带去不适当的压力。

如果萨姆在爱彼迎工作，他已经违反了我们的政策：最多只约一次。他面临的两难困境是很典型的：喜欢上一个人，不知道对方是否也对自己感兴趣。这真的很可惜。换作是公司以外的人，你或许可以再坚持一下。可是面对工作伙伴，你必须放弃了。

这个两难困境的核心在于：公司的价值观规定，员工有权在工作场所感觉到安全、免受骚扰。这意味着萨姆不能不停地提出邀约，死缠烂打，直到埃伦接受为止。浪漫喜剧电影中的追求伎俩是想象出来的，你不能套用到同事身上。是的，埃伦最初说了"或许下一次吧"。但萨姆再约时，她没有强调自己对接受邀约感兴趣。萨姆已经约过两次，绝对必须停下来。让同事去打探可能会制造出更多问题，最终为埃伦带来不愉快的环境。

可能有些人会想：她没有拒绝。她说"或许下一次吧"，听在你耳中，好像在说"下次再约我吧！"还有些人会想："萨姆，醒醒吧！她都用父母做借口了，就是对你不感兴趣。"这就是单恋的苦楚，这种现象与人类一样古老。并没有特定的密语可以描述人与人之间的爱慕，萨姆喜欢一个人也是情有可原的……可是，在某个点上，邀约会开始变成纠缠不休；请其他人帮你打探，就像初中生玩的游戏，是不专业、不可接受的。

向同事提出邀约，"最多只约一次"，才是公平合理的公司政策。

守则案例16：马尔科，他在诬陷你吗

陆克负责为市场营销部门的马尔科提供技术支持。他们每周在马尔科的工位上开两三次会。马尔科和格雷格结婚了，最近收养了一对双胞胎儿子。陆克总喜欢碰触马尔科的手臂或肩膀，在几个周末里，陆克还连续地给马尔科发许多短信，想要聊项目。马尔科生气了，终于把面对面的会议改为电话会议。第四周的星期五下午，陆克来到马尔科的工位上，约他一起出去喝杯啤酒。马尔科回应道："陆克，我尊重你的技能，但对社交不感兴趣。项目有问题，留到开会时处理吧。回家以后，我需要专心跟家人在一起。"

"我懂，我懂的。"陆克微笑着说，然后走开了。马尔科听见他大声说："混账东西。"马尔科走到走廊里，三位同事带着担忧的眼神

看着他。

星期一早上，人力资源部门打电话给马尔科。原来，陆克投诉马尔科，说马尔科要求发展性关系，以换取推荐陆克获得项目分红。有同事告诉马尔科，陆克在社交软件上发表声明，表示："折磨我的人装成居家好男人，而我却要闭嘴干活，这是不对的。"

人力资源部门展开调查。马尔科的同事听见陆克咒骂马尔科，但没有证据可以证明陆克的指控，也没有证据证明马尔科是无辜的。然后，有人匿名在道德热线上给人力资源部门留下语音留言："我在另一家公司和陆克共事过。刚听说他指控别人要求发展性关系。这种事他已经做过两次了。"

诚信度高的人力资源团队应该怎么做呢？

1. 人力资源部门查看了双方的短信和电邮记录，取决不下。双方各执一词，在另一家公司发生了什么事是无关紧要的。公司不能处分任何一个人，只能把陆克调走，让他不再和马尔科共事。

2. 从统计学的角度来说，相信举报犯罪的受害者风险较小。有同事听见陆克离开马尔科的工位时咒骂他，所以，陆克的说法比较可信。

3. 根据匿名情报，公司应该调查陆克的过往历史。但这本身也会带来挑战。要是打电话给陆克的推荐人和旧同事，不太可能找到答案；而如果匿名情报不属实，会无端损害陆克的声誉，有失公允。或许难以证实，但也不应该忽略行为模式——如果公司可以通过热线联系匿名举报人，询问更多问题，在这种情况下绝对会有帮助。

这真是一团糟。我最近看到报道说，有多名受害者指控同一个人性行为不端，而这名性骚扰嫌疑人回答说："不用调查了。全是真的。"这种诚实的回答令人耳目一新，却也是很少见的。这些案例通常是一个复杂的灰色网络，双方各执一词，公司需要查明真相。

选项2显然是错误的选择。你不能依赖（未经证实的）统计学观点，去判断第一举报人说的是否是实话。陆克的咒骂其实什么也证明不了。你需要事实。为此，你需要展开调查。假设你已经向员工发出适当通知，你有权查看他们的工作电脑和电邮（假设在你所在地区，这是合法的），你需要全面展开公平的调查，包括查看可以获取的电邮和短信记录。你可以询问马尔科工位附近的员工，看有没有人注意到或听到些什么。短信记录可能会显示，在周末里，陆克多次主动向马尔科发短信，印证了马尔科的说法。你也可以尝试跟进匿名情报——如果这条热线是允许与匿名举报人进行双向沟通的，你可以询问更多详情（前雇主的名称，其他可能的受害者），以协助调查。你甚至可以尝试联系陆克的前雇主，证实匿名情报。不过，实际上，前雇主不太可能发表评论。

这些情况令人沮丧：这里有真正的受害者，但谁才是呢？两人之中，肯定有人说了谎。在这个例子中，我们知道马尔科是无辜的；但如果我是调查人员，我是不知道这一点的。我称之为"50-50案例"。

但对于"50-50案例"来说，情况发生了变化。#MeToo运动通常关系到女性赋权和反对骚扰，但对于其他挺身而出的骚扰受害者来说，庭审也发生了变化。性侵害者通常有一定的行为模式。检察官和法官开始把各种行为模式接纳为合法和相关的证据。当一个人已经多次作出了类似的指控，现在又指控一个从未涉嫌做出不当行为的人，法律界人士正在以全新的角度看待这种案例。

在这样的案例中亲自去做调查，并不是什么愉快的事。我要重申，正因如此，才更要尽力**防范**工作场所出现这样棘手的事件和不当行为。如果有任何员工由于同事施加的压力而感到不舒服，请向道德顾问、经理或人力资源部门求助。

当员工受到指控，职业生涯可能就此终结时，你应该竭尽全力，查明真相。

后记

危机之际见诚信

2020年，新型冠状病毒肺炎疫情肆虐全球。

面对翻天覆地的变化，有朋友知道我这本书将要出版，问道："企业正面临着生死存亡的关头，你觉得还会有人去关心诚信问题吗？"我毫不犹豫地回答道："我觉得正是这种时候，会迫使每个人比以往更多地去思考诚信问题。"我意识到，我需要撰写这最后一章。

◆

艰难之时显品格。对于一家公司来说，危机是对诚信的压力测试。以诚信为先，你就会赢得利益相关者的钦佩和赞赏，享受到随之而来的好处。要是经受不住考验，则会为企业蒙上阴影，等到危机结束了还久久不能散去——更有甚者，公司能否坚持到危机结束，也很成疑问。

我有幸曾在危机期间，与为人诚信、品格高尚的高管共事。1999年，eBay的系统结构达到上限，平台经常宕机，最终引发了长达21小时的灾难性故障。首席执行官梅格·惠特曼成立了"作战指挥中心"，高管和工程师在里面连续住了几天，熬不住了才在小床上睡一会儿，直至工程团队让系统恢复正常运作、保持稳定为止。

然后，我们向顾客发送了一封电邮：梅格承认，我们辜负了顾客的期望，承诺做出比合同义务更多的补偿，退回系统故障期间的所有费用——

即使拍卖的预定结束日期是在系统恢复正常后很久，也不例外。她承诺，我们会投资更稳健的系统结构，防止日后再次出现故障。换言之，她不惜企业盈利遭受重创，也要首先专注于重新赢得顾客的信任。有些人担心，这种做法会受到华尔街的惩罚。但结果恰恰相反：买家和卖家仍然活跃，投资者仍然支持平台，eBay死里逃生。

才两年后，2001年9月11日，另一场危机再度对公司的品格提出了考验。"9·11"事件带来的第一个诚信两难困境还算容易解决：我们发现，在飞机撞击纽约市世界贸易中心之后才几小时，就有人在eBay上出售现场瓦砾。我们的信任与安全团队已经制定了政策，禁止卖家从灾难中牟利，于是，我们快速移除了这些物品。

同一天，纽约州州长乔治·帕塔基（George Pataki）打电话给我们，表示有名人和其他人想要拍卖个人物品，为"9·11"受害者的家庭筹款。这个想法很快就获得了全公司的支持，在72小时内，我们启动了"为美国拍卖"（Auction for America）慈善拍卖活动。最终，23万件物品易手，为生还者募得1000万美元。在这些交易中，我们没有收取任何费用。在其他危机期间，我们也采取了类似的行动。在卡特里娜飓风（Hurricane Katrina）期间，系统经理发现，新奥尔良的卖家和买家不得不撤离家园，从eBay平台上消失了。对此，我们往他们的个人PayPal账户里存了1000美元。

从这些经历中可以看到，领导人若能秉持诚信，对广泛的利益相关者承担起责任，就能够在危机中生存下来，变得更加强大。

此外，领导人若能建立诚信的文化，营造出充满信任的环境，下意识地想要去做正确的事，那么，一旦危机爆发，这样的文化有望为你带来很大帮助。员工会倾向于信任领导人；供应商会愿意携手合作，应对短期挑战；顾客即使遇到不便之处，也会倾向于把公司往好处想。另一方面，当公司习惯性短视、掩饰错误、怪罪报信人，错误就会积少成多，最终引起混乱和失败。

◆

新型冠状病毒肺炎疫情暴发后不久，我跟多个团体探讨了诚信的问题。

疫情对所有人产生了直接或间接的影响，许多人很快开始讨论各家公司和高管处理得好不好，甚至是否适当。毋庸置疑，现在是艰难时期。即使企业完全没有犯错，以价值观和尊重为依归，投入了时间和精力营造出强大、积极和健康的文化，也必须做出艰难的权衡，包括裁员、强制性带薪休假、减薪、业务部门暂停运作，以及采取其他行动，影响到一直以来工作勤奋、没有犯错的员工。于是，我开始制定框架，帮助指导企业做出艰难的决定。

在讨论这个框架之前，我想要大致说明一下自己观察到的行为，其中有一些彰显出诚信的品质，又有一些显得讽刺或苍白无力。你多半跟我一样，听过一些公司向你保证，会与你"共度时艰"。还有些公司会说："我们会同舟共济。"然后，推销的话来了：买一辆新车吧，首付可以延迟两三个月！我有朋友居然收到了一家游艇经纪公司发来的"共度时艰"邮件。疫情当前，这正是你需要的嘛！

也有一些公司采取了有意义的具体行动，给人留下了持久的好印象。例如，由于"居家避疫"导致车祸比例减少，一些汽车保险商退还了这段期间一定百分比的保费。对于失业或收入减少的顾客来说，退还的保费带来了意外惊喜。互联网公司放宽了数据限制，暂停了某些费用，支持居家民众观看电影，与孩子们共度欢乐时光。

面对医疗危机，还有一些公司直接伸出援手。Bloom Energy的一支团队提供志愿服务，翻修坏掉的呼吸机，帮助拯救生命。多家服装公司改变生产线，为医务人员生产口罩和医用防护服。图书出版商Scholastic宣布，会支持为学校停课的儿童提供免费午餐的计划。这家出版商还与演员合作，在Instagram和Facebook上，为困居家中的孩子们念书，鼓励人们支持当地的食品捐助活动。

在整个社区遇到困难时，你身为社区建设性的一分子，需要评估一下，自己可以/应该做出怎样的贡献。这关系到我所建立框架的第一个元素。

下面就是我制定这个框架的流程。

第一步：严谨地评估利益相关者

在危机伊始之际，你需要全方位评估利益相关者会受到什么影响。显而易见，你需要优先处理哪些问题，往往是由危机的性质决定的。遇到新型冠状病毒肺炎疫情这样的情况，如果公司里的员工在人员密集的环境下工作，马上就会面临严重的安全问题。比起为旅游业服务、大量聘用独立撰稿人和设计师的广告公司，生产线的员工队伍会担心的问题是不一样的。

《洛杉矶时报》刊登了一篇感人的报道，讲述了一位首席执行官在应对疫情时，秉持原则，把员工放在第一位。Emerald Packaging是一家从事塑料袋业务的家族企业，总部位于加利福尼亚州尤宁城，凯文·凯利（Kevin Kelly）担任首席执行官。他开车上班途中，听到美国食品药品管理局（FDA）官员介绍，保持社交距离和在工作场所实施卫生程序是十分重要的。这时，大多数公司还没有采取行动。

凯利到了公司，召开全公司会议（电话会议），公布了旨在保障每个人安全的新程序。接下来几天，他为全体员工额外提供了两周病假，并提醒员工，如有身体不适，请务必留在家中。会上有人问道，如果全公司只有他/她能做某一项工作，或操作某一台机器，那该怎么办。凯利重申，无论会对业务产生什么影响，身体不适的员工都应该留在家中，并叫提问的员工重复这一重要信息。每个人都大笑起来，但都明白了凯利的意图。我喜欢凯利的处理方式：比起其他长期因素，他最注重员工的安全，并没有把这些谈话的任务交给人力资源部门，也没有发一封电邮了事。他意识到，只有企业最高层情真意切地跟员工实时对话，这一讯息才会有公信力。

他的领导层团队也禁止多于五人的会议，并规定错开休息和午餐时间，要求员工避免群聚和社交。全工厂配备酒精喷雾，鼓励大家经常性消毒工作站、门把手、楼梯栏杆，以及员工可能碰触的其他表面。Emerald生产装生菜和新鲜蔬菜等的塑料袋，属于"必要业务"。公司甚至主动向社区伸出援手，支持有需要的邻居。为了帮助当地一家午餐店维持经营，凯利决定每周从这家店订购270个墨西哥卷饼，为社区人士提供免费午餐。

身为首席执行官，凯文·凯利本来可以专注于业务和市场份额，把工厂决策交给部门经理。但在开车上班途中，他意识到，保护员工的健康和安全是"道德义务"，是**当务之急**。在接下来的几周里，他虽然担心家人的健康状况，但还是特意每天都回办公室上班。凡是领导人自己不愿意做的事，都不能让团队成员去做。

另一方面，看到许多杂货店和药店员工的经历，我感到担忧。2020年4月中旬，联合食品和商业工人国际联盟（United Food and Commercial Workers International Union）发布新闻稿，表示有30名超市员工死于新型冠状病毒肺炎，还有数千人有呼吸道感染症状。联盟抱怨，有些店铺未能及时采取适当措施，限制店内人数，保护员工。许多零售店铺宣传"顾客至上"，顾客也确实需要买到杂货和处方药，为他们服务是至关重要的。可是，某些大型零售商没有意识到，一方面大谈顾客的健康，另一方面却未能表现出同样努力地保护员工健康，这种做法是自相矛盾的，会招来强烈的反对声音。

我们也相信，当你叫员工在可能危险的环境中工作时，公司领导人不应该把自己关在行政套房里隔离，呼吸经过过滤的空气。领导人应该花点时间在收银台，或为货架上货，有了切身体会以后，才能够更好地采取进一步预防措施。员工看到你愿意亲临前线，也会产生感激和尊重之情。这也向全公司发出了一个信号：凡是你自己不愿意做的事，都不会叫他们去做。

当然，公司领导人必须为许多利益相关者着想，员工只是其中一类。其他利益相关者还包括：

股东。投资者想知道：你保护现金流了吗？你应该延迟某些投资，等到情况稳定再做考虑吗？如果情况持续，你决定好需要先砍掉哪些项目了吗？你需要裁员吗？处理这些问题，没有什么不合乎道德的地方，但也不应该顾此失彼，忽略了安全或业务策略。

合作伙伴、**供应商和业主**。你的成功有赖于某一家合作伙伴供应关键的配料或材料吗？你知道他们有哪些紧迫的问题吗？为了支持你自己的业务，你需要为他们的业务提供支持吗？他们可以为你提供帮助吗？如果你的现金紧绌，把自己遇到的难关坦诚地告诉他们吧，看他们在付款条款上能给你多少弹性空间。当双方建立了良好的合作关系，就会希望对方取得成功。

顾客。你有没有主动联系顾客，了解他们有什么需要？他们现金紧绌吗？你是否应该考虑延长付款计划，以免顾客违约？他们需要什么难以取得的产品，是你可以帮忙采购的吗？有哪个顾客群体有特殊需求吗？在新型冠状病毒肺炎疫情之下，许多店铺为易感染的老人设定了专门的购物时间，努力进一步限制他们接触到病毒的可能性，这一做法传达着积极的信息。

社区。你的邻居有怎样的遭遇？他们遇到了哪些具体的困难，是你可以帮上忙的吗？你有哪些设施可以借给志愿团体，让他们会面或分发救援物资吗？你可以向遇到困难的社区成员捐赠食品或物资吗？即使提供小小的帮助，也可以产生巨大的影响。例如，Life Moves是旧金山湾区的家庭庇护所，在疫情期间，难以为家庭找到食物。与此同时，当地企业的员工居家避疫，在家办公。于是，旧金山湾区逾20家公司志愿捐出了员工留在公司的零食。

◆

我们在本书前文中讨论过，所有明智的企业都不再只顾维护股东利益，而是转而更加关注利益相关者。无论是现代企业面临的现实状况，还是社交媒体使得透明度加大，都迫使企业更认真看待员工和顾客关注的问题。如果公众认为你乘人之危，趁火打劫，批评的声音很快会演变为顾客抵制，或者跟合作伙伴产生矛盾。如果你伸出援手，这就十分有利于公司日后的声誉。例如，在本书撰写时，亚马逊利用其广泛的分销网络，配送食品和生活必需品，让数以百万计的人可以更安全地居家避疫。

第二步：充满同理心，真诚地沟通

在危机中，最佳的领导人无论沟通什么信息，都不会拐弯抹角，而是抱着真诚、充满同理心的态度。他们会承认恐惧和不明朗因素确实存在，让员工安心地知道有其他人在分担自己的忧虑。他们会坦诚地说出公司面临的困境。要是你明知公司即将裁掉三分之一的员工，却还是空口说白话，说什么"我们会一起共度时艰"，这不仅不尊重员工，还可能适得其反。

员工的观察力比领导人想象中更加敏锐。他们见过领导人充满信心的身体语言；光是从领导人的神态举止中，他们就会察觉到有什么不对劲，以及领导人有事瞒着他们。如果你告诉员工，你最关心的是他们的健康和安全，接下来又说，他们需要做出牺牲，不要听了政府官员或健康专家的警告，就大惊小怪，即使身体不适也要来上班，那么，他们自然会开始质疑你所说的每一句话。如果你前言不搭后语，闪烁其词，或者好像在死记硬背律师撰写的发言稿，你可能会无意中让人更加恐惧。

那么，在危机中，你要说些什么呢？请努力想象一下员工会担心什么问题，优先处理这些问题吧。在2008年的金融危机中，许多员工最担心的问题是裁员。在新型冠状病毒肺炎疫情期间，员工最初担心的问题包括：接触到其他员工或顾客传播病原体的风险；学校大范围停课，需要在工作和照顾孩子之间保持平衡，等等。明智的高管会明确地向大家沟通，公司不能维持死板的期望，而是需要灵活处理。2020年4月初，我很高兴地看到，微软宣布由于学校因疫情停课，向员工特别提供为期12个星期的育儿假。大多数公司缺乏所需资源，无法提供这么丰厚的福利，但要是领导人能调整会议、时间表和交付成果，让员工可以在白天腾出一些时间处理私事，员工会注意到领导人付出的努力，对公司更加忠诚。

在其他全国性灾难或危机期间，或许有其他问题更加重要。例如，如果工作一切安好，可是由于发生洪灾，许多员工无家可归，那该怎么办？如果公司的主要食品受污染了，公司努力的方向需要从生产和发货，转为追踪和召回产品，那该怎么办？如果大范围停电，那该怎么办？要重申的是，要想象所有可能严重威胁到一家公司的业务或长远经营能力的情景，是不可能的任务。无论问题在哪里，你的员工都希望C级高管可以提供信息，切实评估现状，在可能的情况下，向大家保证公司会处理他们关注的问题。

尤其是当你怀疑公司必须裁员，或者对策略或近期运营作出重大调整的时候，不要装出乐观的模样。你不可能在所有时候沟通自己知道的所有事情，这也不是明智的做法；或许你需要先确定一些决定因素，再做下一步计划。例如，如果你在募集额外资金，或者在申请有助于留住员工的特别计划，或许在一段时期内，你也不知道一些问题的答案。你可以说，你在研究公司持续经营的每一个选项，一旦知道更多情况，就会告诉大家。

第三步：留意新机会

如果运营环境发生变化，突然间，你的资源与客户需求不匹配了，你就需要发挥创意、拓展新机会。跟利益相关者交流，听取他们的意见，抱着开放的态度，寻求新机会和营商的新方法。

在新型冠状病毒肺炎疫情期间，零售店铺被迫关闭，通常的供应链中断，便捷的在线销售平台随之兴起，为企业带来了新机会。许多餐厅转向外卖或配送模式，转型速度比以往更快。在疫情中，即使旅游网站和房屋共享服务需求低迷，但像Grubhub和Uber Eats这样的公司接获了前所未有的送餐订单，业务量激增。爱彼迎的体验业务推出了网上版本。我听说，有些从事绝对是非必要业务（例如定制T恤衫）的公司改变了线上营销策略，转为推广纸制品等必需品。我的健身教练开始通过Zoom，为我和其他客户线上授课。

要推行变革，需要很大的勇气和辛勤努力，但俗话说："发现需求，满足需求。"这在危机中尤其适用。通过变革，公司有望发掘出新的业务线，搭建新的关系，收获长远的好处。

第四步：秉持诚信，做出艰难抉择

无论是什么类型的危机，只要会对营业收入产生重大影响，公司都必须保护现金流。为此，企业必须砍掉不必要的项目和投资，在某些情况下，还必须裁员。裁员未必是不合乎道德的；不幸的是，在爱彼迎，这是有必要的。有些首席执行官可能会正确地认识到，如果不裁掉一定百分比的员工，公司的财务状况会受到重大打击。通过裁员，余下的员工才有机会让公司维持运营，等待经济复苏的到来。

我知道有些高管遇到危机，会快速采取行动，尽可能削减开支。我甚至听他们说，这是"造成最小干扰、最不残酷"的做法，因为虽然丢掉工作的人会比较难，但领导层接下来可以安慰余下的员工说，公司有足够的业务和现金储备，可以在一定时期内继续雇用他们。我听说，对余下的员工来说，这种做法"消除了恐惧"；也在危机爆发之际，趁许多其他公司还没有裁员，让被裁员工尽早找到了新工作。

我个人认为，一夜之间大刀阔斧地削减成本，并非最佳做法。但无论是快刀斩乱麻还是循序渐进，凡是削减成本，都必须从最高层做起。正如西蒙·斯涅克所说，领导人可能需要"最后吃饭"，可是遇到危机，也需要第一个做牺牲。比起一线员工，领导层的薪酬更为丰厚，更能承受金融风暴的冲击。如果首席执行官实施裁员或削减福利，却又不从领导层团队做起，那是无法取信于人的。

对于一些公司来说，或许不用裁员，也有一些循序渐进的选择。

有些公司可能会首先叫员工用掉所有假期和累积的带薪病假，减少公司的现金义务，希望这期间情况会有所好转，不必裁员。

另一个选择是无薪假——通常是公司向员工提出，员工答应在可预见的未来不拿薪水，但公司会继续缴纳医保和其他福利，认股权会归属到某个日期，届时，公司会重新评估情况。这会发出一个信号：即使公司必须保护现金流，管理层还是希望员工日后可以回来、会回来，想让这个过程变得更简便、更具吸引力。显而易见，员工有机会另谋他就，但也可以同意公司的方法，彼此双赢。员工放无薪假之后，你可以继续向他们表达谢意。亚特兰大一家比萨连锁店迫于无奈，让一些员工放无薪假，但决定定期向这些员工配送免费比萨，为其提供食物的同时与其保持联系。

我建议，企业在公布削减成本的措施（尤其是裁员）时，一定要详细地解释"为什么"。例如，新型冠状病毒肺炎疫情暴发后，万豪国际集团（Marriott）宣布让数万名员工放无薪假。首席执行官阿恩·索伦森（Arne Sorensen）向员工解释道，集团在全球各地的酒店入住率只有25%，相较去年的70%大幅下跌，在中国的酒店入住率更是只有5%~6%。他表示，万豪受疫情冲击的严重程度，远比"9·11"事件更大。全球旅游业几乎陷于停顿，这是众所周知的事实；但企业若能引述具体数据，让员工知道公司在哪些方面遇到困难、困难有多大，就可以让员工深切体会到，公司确实有需要采取行动。如果领导人语焉不详，员工可能会以为管理层对自己漠不关心，揣测高管在权力争斗中取胜或落败，或者传出这样的言论："他们想关掉这个部门很久了，这次只是借题发挥而已。"顺带一提，索伦森还宣布放弃今年剩余月份的工资，高管团队其他成员则减薪50%。

另外，企业在危机中裁员时，如果财务上可行的话，即使会增加开支，也应该为员工提供过渡性援助，包括发放遣散费或延长医疗保健福利。这样做可以对无奈之下被裁掉的员工表示重视和尊重，也能给留下来的员工带来心理安慰：公司是有良心的，会在合理的情况下慷慨地对待员工。整个旅游业的财务状况都受到了重大冲击，爱彼迎也不能幸免，裁员是无奈之举。这对领导人个人和职业上来说，都是一个痛苦的决定。

◆

新型冠状病毒肺炎疫情引发危机，不仅严重影响到爱彼迎的员工，还影响到房东和房客社区。在大多数情况下，爱彼迎允许房东自行设定取消预订的政策。房租收入是一些房东的重要收入来源，他们明确设定了严格的预订标准，如果爱彼迎规定在全球实施旅行禁令期间，房东要退还房费，这会给他们造成很大困难。另一方面，数以百万计的人本来打算出外旅游，但在疫情禁令下，只有购买食品和必需品或出现紧急状况才能出门，在此情况下，为他们依法无法成行的度假旅程收费也是有问题的。

最终，爱彼迎允许许多房客取消预订；但秉持为不同利益相关者着想的一贯理念，也拨出2.5亿美元，为预订政策受到影响的房东提供补偿。此外，也有爱彼迎员工主动伸出援手，令我甚为感动。爱彼迎的每位员工每个季度都有一定的"旅行基金"，可用于爱彼迎订单结算。多名员工提出，要把自己的基金捐给房东。在管理层没有组织的情况下，2000多名员工自发地向有需要的房东捐出了逾100万美元。

◆

总有一天，疫情是会结束的，生活会在一定程度上回归"正常"。届时，无论你在扮演什么角色——家人、父母、朋友、员工、经理、首席执行官——人们总是会记得在遇到危机时，你是怎样做的，怎样对待他们的。在某种程度上，危机是对诚信最好的考验，也是彰显其最宝贵的时刻。

致 谢

> 当你以心中的光芒为守则,身体力行时,这就是百分百的诚信。百分百的诚信会发出对称、优雅、绝妙的乐声。当一个百分百诚信的人走进一个房间时,旁人都感受得到他的气场。他们会想,这就是我想要的。
>
> ——卡洛斯·桑塔纳(Carlos Santana)①,2019年9月

我动笔撰写这本书时,想要重点探讨要怎样有意地、合乎道德地帮助商界人士解决具体的两难困境和情景。在更大的层面上,我还想说,这样做可以让世界变得更加美好。但在写书的过程中,我跟许多人有过引人入胜的对话,他们看问题的角度、生活轨迹、伦理道德框架都不一样。在过去20多年里,我努力帮助公司采取合乎道德的做法,界定了一些定义,也建立了一些框架;但到我写完这本书的时候,我自己对这些定义提出了挑战,也扩大了这些框架。我意识到,人们对诚信的概念有许多不同的理解,有的完全从实际和法律的角度去考虑,也有的像音乐家卡洛斯·桑塔纳有一天早上跟我说的,从精神、几乎是神秘的角度去思考。

但正如卡洛斯所说,当你遇见一个合乎道德的人,无疑会感受到积极的能量,甚至可能深受启发,想要成为更好的人。

首先,我想要感谢吉莉恩,她是我今生的挚爱。没有她,就没有这本书。是她跟我说"你应该写一本书",是她为我和我的编辑蒂姆·巴特利特(Tim Bartlett)牵线搭桥,是她帮我跟合著者琼·汉密尔顿重新建立联系,

---

① 墨西哥裔的美国音乐艺术家。——译者注

是她以经纪人和合作伙伴的身份，在整个过程中为我提供指导。我每一天都把她放在心上，这本书充满了她的智慧、光芒与爱。有你陪伴我度过每一天，我感到尤其幸运。蒂姆·巴特利特和圣马丁出版社（St. Martin）团队是很棒的合作伙伴。感谢你们的指导，感谢你们不仅相信这本书，还相信这本书所传达的讯息。感谢我的合著者琼·汉密尔顿，我们在2010年第一次聊天时，她就劝我写一本书；到2018年，她同意帮这个忙。她所做的远远不只是把我的想法写下来，她还是真正的合作伙伴，为这个项目贡献了自己的故事、高度诚信的精神，再也没有比她更好的写作搭档了。

这本书是我人生历程的回忆录，在这段历程中，一些世界一流的领导人、同事和朋友为我提供了指导。首先是我最好的朋友杰里·埃里克森（Jerry Erickson），亲爱的朋友威尔伯·维托尔斯（Wilbur Vitols）、纳什·肖特（Nash Schott）、乔伊斯·万斯（Joyce Vance）、凯文·埃瑟里奇（Kevin Etheridge）和吉米·迪纳尔多（Jimmy DiNardo）。回顾担任联邦检察官的日子，感谢美国弗吉尼亚州东区地方法院的联邦法官——布赖恩法官（Judge Bryan）、卡赫里斯法官（Judge Cacheris）、希尔顿法官（Judge Hilton）、布林克马法官（Judge Brinkema）、埃利斯法官（Judge Ellis）、赫德森法官（Judge Hudson）、奥格雷迪法官（Judge O'Grady）、休厄尔法官（Judge Sewell），当然还有威廉姆斯法官——是你们塑造了我这个年轻律师。感谢美国弗吉尼亚州东区检察官办公室的整个大家庭，尤其是海伦·费伊（Helen Fahey）、理查德·卡伦（Richard Cullen）、查克·罗森堡（Chuck Rosenberg）、汤姆·康诺利（Tom Connolly）、彼得·怀特（Peter White）、詹姆斯·科米（James Comey）、罗斯科·霍华德（Roscoe Howard）、吉姆·特朗普（Jim Trump）、兰迪·贝洛斯（Randy Bellows）、约翰·纳西卡斯（John Nassikas）、蒂姆·谢伊（Tim Shea）、约翰·罗利（John Rowley）、尼尔·哈默斯特伦（Neil Hammerstrom）、杰伊·阿珀森（Jay Apperson）、安德鲁·麦克布赖德（Andrew McBride）、戈登·克龙贝格（Gordon Kromberg）、约翰·戴维斯（John Davis）、罗西·黑尼（Rosie Haney）、简·珀维斯（Jan Purvis）、拉里·莱泽尔（Larry Leiser）、里奇上将（General Rich）、贾斯廷·威廉姆斯（Justin Williams）、马克·霍考沃（Mark Hulkower），还有我们在河对岸的同事约翰·马丁（John Martin）、约翰·戴恩（John Dion）和罗伯特·米勒（Robert Mueller）。

在eBay，我有幸得到一些最优秀的领导人指导——迈克·雅各布森（Mike Jacobson）和梅纳德·韦布（Maynard Webb）——他们无私地向我传授人生智慧，教导我法律、商业和诚信；非常感谢你们两位。感谢梅格·惠特曼，是你给了我这个联邦检察官加入硅谷的机会，是你支持和信任我。感谢马蒂·阿博特（Marty Abbott），是你坚定地支持我，不容我失败。感谢布赖恩·斯韦特（Brian Swette）、约翰·多纳霍（John Donahoe）、乔希·科佩尔曼（Josh Kopelman）、温迪·琼斯（Wendy Jones）、迈克尔·迪林（Michael Dearing）、比尔·科布（Bill Cobb）、杰米·扬诺内（Jamie Iannone）、拉吉夫·杜塔（Rajiv Dutta）、鲍勃·斯旺（Bob Swan）、克里斯廷·耶托（Kristin Yetto）、杰夫·豪森博尔德（Jeff Housenbold）、玛吉·迪诺（Maggie Dinno）、林恩·瑞迪（Lynn Reedy）、安德烈·哈达德（Andre Haddad）、劳瑞·诺林顿（Lorrie Norrington）、加里·布里格斯（Gary Briggs）、马克·拉巴什（Mark Rubash）、李在现（Jay Lee）、乔·沙利文（Joe Sullivan）、史蒂夫·韦斯特利（Steve Westly）、罗娜·伯恩斯坦（Lorna Borenstein）、亚历克斯·卡沁（Alex Kazim）、基帕·奈特（Kip Knight）和许多其他eBay领导人，是你们给我上了人生中有关领导力的重要一课。感谢无与伦比的eBay法务团队，感谢布拉德·汉德勒（Brad Handler）、杰伊·莫纳汉（Jay Monahan）、杰夫·布里格姆（Geoff Brigham）、肯特·沃克（Kent Walker）、迈克·里克特（Mike Richter）、兰斯·郎西奥乐特（Lance Lanciault）、阿利森·威洛比（Allyson Willoughby）、托德·科恩（Tod Cohen）、艾利森·马尔（Allison Mull）、杰伊·克莱门斯（Jay Clemens）、耿谷（Kyung Koh）、约翰·马勒（John Muller）、斯科特·希普曼（Scott Shipman）、杰克·克里斯廷（Jack Christin）和亚历克斯·本（Alex Benn）。感谢eBay信任与安全团队的大家庭打造出这个备受信任的交易平台——杰夫·泰勒（Jeff Taylor）、露露·劳尔森（Lulu

Laursen）、埃里克·萨尔瓦铁拉（Eric Salvatierra）、马特·哈尔普林（Matt Halprin）、卡罗琳·帕特森（Carolyn Patterson）、迪内希·拉蒂（Dinesh Lathi）和肯·卡尔霍恩（Ken Calhoon），还有维克拉姆·苏布拉马尼亚姆（Vikram Subramaniam）、李彤（Tong Li）、葛欣（Xin Ge）、桑默尔·乔普拉（Sameer Chopra）、玛丽安娜·克隆普（Mariana Klumpp）、迈克·艾农（Mike Eynon）、劳拉·马瑟（Laura Mather）、马汀·涅加德里克（Martine Niejadlik）、格雷斯·莫尔纳（Grace Molnar）、阿姆贾德·哈尼夫（Amjad Hanif）、林达·塔尔戈（Lynda Talgo）、布赖恩·伯克（Brian Burke）、约翰·麦克唐纳（John McDonald）、科林·鲁尔（Colin Rule）、索菲·布朗伯格（Sophie Bromberg）、杰夫·金和杰里米·金兄弟（King brothers Jeff and Jeremy）、拉里·弗里德伯格（Larry Friedberg）、戴夫·斯蒂尔（Dave Steer）、埃伦·西尔弗（Ellen Silver）、萨拉·麦克唐纳（Sarah McDonald）、切特·里基茨（Chet Ricketts）、卡伊·柯蒂斯（Kai Curtis）、肖恩·查芬（Sean Chaffin）、凯西·弗里（Kathy Free）、加里·富尔默（Gary Fullmer）、布赖恩·理查兹（Bryan Richards）、约翰·坎菲尔德（John Canfield）、凯文·恩布里（Kevin Embree）、"eBay 刊登物品违规监察系统"（eLVIS）团队、利萨·明金（Lissa Minkin）、保罗·奥尔德姆（Paul Oldham）、阿曼达·埃尔哈特（Amanda Earhart）、阿米达·塞玛苏克哈（Amidha Shyamsukha）、蒂姆·佩因（Tim Paine）、莫妮卡·帕鲁索（Monica Paluso）、扎克·皮诺（Zach Pino）、苏珊·达顿（Susan Dutton）、常驻犹他州德雷珀的整个优秀团队、约翰·科塔内克（John Kothanek）、阿拉斯泰尔·麦克吉邦（Alastair MacGibbon）、马特·亨利（Mat Henley）、安迪·布朗（Andy Brown）、奥利弗·韦耶格拉夫（Oliver Weyergraf）、迈克尔·帕克（Michael Pak）、加雷思·格里芬（Garreth Griffith）、克里斯蒂安·佩雷拉（Christian Perella）、安杰拉·切斯纳特（Angela Chesnut）、斯托尼·伯克（Stony Burke）、戴夫·卡尔森（Dave Carlson）、杰夫·帕伦特（Jeff Parent）和凯文·神本（Kevin Kamimoto），还有许许多多互联网平台信任与安全领域的先行者。

在Chegg，我有幸遇到一支极其优秀的团队！诚挚感谢我的导师和好朋友丹·罗森维格，感谢希瑟·哈特洛·波特（Heather Hatlo Porter）、查克·盖格、内森·舒尔茨（Nathan Schultz）、安迪·布朗、埃丝特·莱姆（Esther Lem）、珍妮·布朗德穆尔（Jenny Brandemeuhl）、罗伯特·帕克（Robert Park）、米奇·斯波伦（Mitch Spolen）、伊丽莎白·哈尔兹（Elizabeth Harz）、安妮·德万（Anne Dwane）、蒂娜·麦克纳尔蒂（Tina McNulty）、迈克·奥西耶（Mike Osier）、希瑟·塔特罗夫·莫里斯（Heather Tatroff Morris）、约翰·菲尔莫尔（John Fillmore），还有我的好朋友戴夫·博德斯（Dave Borders）！大家团结一致，打造出一个卓越的学习平台。以学生为先！

在爱彼迎团队，诚信从最高层做起，从布莱恩、柏思齐和乔做起。感谢你们创办了一家与众不同的公司，并设定了一个启迪人心的使命，让我们所有人为之自豪。感谢贝琳达·约翰逊、贝斯·埃克斯罗德、格雷格·格里利（Greg Greeley）、乔纳森·米尔登霍尔（Jonathan Mildenhall）、克里斯·勒汉（Chris Lehane）、乔·扎德、亚历克斯·施莱费尔（Alex Schleifer）、戴夫·斯蒂芬森（Dave Stephenson）、弗雷德·里德（Fred Reid）、玛格丽特·理查德森（Margaret Richardson）、艾斯琳·哈塞尔（Aisling Hassell）和梅利莎·托马斯-亨特（Melissa Thomas-Hunt），还有在"刻意诚信"发展征程中发挥领导作用的整个高管团队。感谢全世界最棒的内部法务人才——感谢领导人勒妮·劳森（Renee Lawson）、加思·博索（Garth Bossow）、菲奥娜·多尔曼迪（Fiona Dormandy）、拉菲克·巴瓦（Rafik Bawa）、夏尔达·卡罗（Sharda Caro）、曾传仁（Darrell Chan）、萧锦鸿（Kum Hong Siew）、鲁宾·托克罗（Ruben Toquero）、克莱尔·克维什（Claire Ucovich）和莎娜·托里（Shanna Torrey），以及在他们的领导下，遍布全球各地的150多名律师，是你们与业务团队携手合作，让更多人感受到归属感，并相信带着诚信和微笑从事法律工作，诚挚感谢你们充分发挥真正的团队精神，我有幸能够跟你们合作，是一段无与伦比的人生经历。特别感谢凯特·肖（Kate Shaw）、彼得·尤瑞亚斯（Peter Urias）、萨拉·罗布森（Sarah Robson）、萨曼莎·贝克尔（Samantha Becker）、乔丹·布莱克索恩（Jordan Blackthorne）、朱莉·韦纳（Julie Wenah）、珍·赖斯（Jen Rice）和全体道德顾问，感谢你们在多元化、包容性和道德方面让我受益良多。特别感谢AG Alliance的卡伦·怀特（Karen White）、McGuireWoods律师事务所的杰基·斯通（Jackie Stone），以及杰夫·艾森伯格（Geoff Eisenberg），感谢你们这么多年来的支持、智慧和友谊。

感谢在百忙中抽空为这本书提出宝贵意见的各位——里德·霍夫曼、本·霍洛维茨、乔希·博尔滕（Josh Bolten）、辛·马迪帕利、莉莲·谭、超级律师杰奎琳·卡尔克、司法部长埃里克·霍尔德、斯坦福医疗中心（Stanford Health）的普里亚·辛格（Priya Singh）和戴维·恩特威斯尔（David Entwistle）、戴维·韦斯廷（David Westin）、托马斯·弗里德曼（Thomas Friedman）、丹·艾瑞里、耶尔·梅拉梅德（Yael Melamede）、詹姆斯·赖恩校长、金·斯科特（Kim Scott）、杰夫·乔丹（Jeff Jordan）、保罗·萨利亚韦里、珍妮特·希尔、柴·费尔德布鲁姆（Chai Feldblum）、莎伦·马斯林（Sharon Masling）、吉姆·摩根（Jim Morgan）、唐纳德·海德、吉姆·辛尼格和卡洛斯·桑塔纳。

最重要的是，感谢我的家人。感谢我亲爱的孩子们比安卡和克利夫，为人父亲是我做过最艰难的工作，在这过程中，你们以自己的方式帮助我成长，帮助我思考怎样去传达诚信的信息。你们是最棒的孩子，我的生命中有你们，为此感到无比幸运。感谢贾斯廷·马努斯（Justin Manus）、曼迪（Mandy）、布莱克、尼克、布罗克和玛丽安娜·萨尔兹曼（Mariana Salzman）、马克（Mark）和玛拉·迪布瓦（Mara DuBois）、伊丽莎白·马格努斯（Elizabeth Manus）、朱马和莉萨·布洛克（Jom and Lisa Bloch）、亚历克西斯（Alexis）、乔丹（Jordan）、卡罗琳（Caroline）和巴比尤斯（Babyus），感谢你们张开双臂，欢迎我加入这个幸福的大家庭。感谢我亲爱的舅舅克利夫·沃德尔（Cliff Waddell），是你供我上大学和法学院，更重要的是，在我成长的整个过程中，充当我的导师、父亲般的人物和朋友；没有了你，就没有这一切。感谢我的父亲，希望你在天之灵，会为我这个

"伙计"感到自豪。感谢我的外婆,你一直以来都给了我纯粹的爱与支持。当然,还要感谢我的第一位老师、诚信的典范——我的母亲姬蒂·切斯纳特。这本书是送给你的,离不开你对我的关爱——母亲,我多么希望你还在世,能够去当地书店买第一本,坐在你最喜欢的摇摇椅上看书。

最后,感谢曾经受到"刻意诚信"启发、想要在自己的工作场所实施诚信的所有人。在这里,我送你一句卡洛斯·桑塔纳跟我道别时说过的话:"去洗衣店,取出斗篷,一飞冲天吧。"